U0474602

卓越教师 教学主张丛书

厦门市卓越教师培育项目成果
西南大学教育学"双一流"学科建设实践成果
总主编 陈珍 朱德全

和润语文
——小学语文教学新探

汤吟莹 著

西南大学出版社
国家一级出版社 全国百佳图书出版单位
·重庆·

图书在版编目(CIP)数据

和润语文：小学语文教学新探/汤吟莹著.
重庆：西南大学出版社，2024.10.--（卓越教师教学主张丛书）.-- ISBN 978-7-5697-2729-6
Ⅰ.G623.202
中国国家版本馆CIP数据核字第2024SG3752号

和润语文——小学语文教学新探
HE RUN YUWEN——XIAOXUE YUWEN JIAOXUE XINTAN

汤吟莹　著

责任编辑：邓　慧
责任校对：徐庆兰
封面设计：闰江文化
版式设计：散点设计
排　　版：张　祥
出版发行：西南大学出版社（原西南师范大学出版社）
　　　　　地址：重庆市北碚区天生路2号
　　　　　邮编：400715
　　　　　市场营销部电话：023-68868624
印　　刷：重庆亘鑫印务有限公司
成品尺寸：170 mm×240 mm
印　　张：17.5
字　　数：328千字
版　　次：2024年10月　第1版
印　　次：2024年10月　第1次印刷
书　　号：ISBN 978-7-5697-2729-6
定　　价：55.00元

编委会

总主编
陈　珍　朱德全

副总主编
洪　军　刘伟玲　庄小荣　潘世锋　罗生全　周文全

执行主编
范涌峰　魏登尖

编委（以姓氏笔画为序）
王天平　王正青　牛卫红　艾　兴　叶小波　朱德全
庄小荣　刘伟玲　陈　珍　陈　婷　范涌峰　罗生全
周文全　郑　鑫　赵　斌　侯玉娜　洪　军　唐华玲
　　　　　　　　　　　　　　　韩仁友　潘世锋　魏登尖

总序

习近平总书记在2024年全国教育大会上指出,要实施教育家精神铸魂强师行动,加强师德师风建设,提高教师培养培训质量,培养造就新时代高水平教师队伍。《中共中央 国务院关于弘扬教育家精神加强新时代高素质专业化教师队伍建设的意见》指出,要加强中小学学科领军教师培训,培育一批引领基础教育学科教学改革的骨干。强化中小学名师名校长培养。

厦门市历来重视名师队伍的培育培养工作,根据教师专业成长规律,经二十年探索,逐步形成了"骨干教师—学科带头人—专家型教师—卓越教师"的金字塔式名师阶梯成长体系。自2021年起,厦门市教育局与西南大学开展战略合作,共同推进厦门教育高质量发展和教师队伍建设。"厦门市首期卓越教师培育项目"是由厦门市教育局与西南大学教育学部联合倾力打造的精品培训项目,也是厦门市迄今为止最高层次的教师培训项目。该项目旨在打造一支具有教育情怀、高尚师德,富有创新精神,具有鲜明教育教学思想和教学主张,在教育教学和教育科研上发挥领军作用的高层次教育人才队伍。项目以产出导向为理念,坚持任务驱动,通过个人自学、高端访学、课题研究、讲学辐射、挂钩帮扶、发表论文、出版专著、提炼教育思想、推广教学主张等方式优化培育过程。

三年琢磨,美玉渐成。通过三年的探索,围绕成为"有实践的思想者"这一核心目标,每一位卓越教师培育对象形成了特色鲜明、理念前沿的教学主张,并以教学主张为中心形成了一本专著,从而汇集成目前呈现在大家面前的"卓越教师教学主张丛书"。本丛书,既是"厦门市首期卓越教师培育项目"三年实施成果的沉淀,是每一位卓越教师培育对象思想的结晶,也是西南大学教育学"双一流"学科建设的实践成果。

仔细阅读本丛书,可以欣喜地看到,卓越教师培育对象们不仅能敏锐地捕捉到教育教学领域的难点、热点问题,揭示其中的本质规律,还能结合本地教学实际智慧地提出解决方案。总体来说,本丛书有以下三个方面的特点。

一是有较浓厚的学术气息。29位培育对象中有获得国家、省级基础教育教学成果奖的教师,有正高级教师,有省特级教师,但他们还在不断突破,追寻对教育教学本质的理解,追寻从实践到思想的蝶变,追寻高水平的专业表达。他们从实践中提炼出主张,再用主张引领实践,他们在书稿中融入了理论的阐释,学会了建构模型,并借助模型简洁地表述自己的教育教学思想,读起来不生涩也不单调。

二是有较强的系列探索味道。《义务教育课程方案(2022年版)》提出,应做好学段间的教育教学衔接。29位培育对象中,既有教育科研专职人员和学校的管理者,也有班主任、一线教师等,研究成果覆盖了小学、初中和高中的大部分学科,最终形成了29本培育对象教学主张的专著和1本全景式呈现卓越教师培育的经验和初步成效的论著。因此,本丛书既有基于教育者几十年教学实践的思想提炼,又有深入课堂的案例剖析,可以"用眼睛来读",作为教师专业发展的自读文选;也可以"用行动去做",作为教学范例直接进入课堂实践,在行动研究中孵化、创生;也适合专门研究者或管理人员参阅,从中窥探从小学到高中的教育教学重点与发展脉络。

三是有鲜明的课程育人特色。本丛书的撰写以学科课程为载体，以学科课程核心素养为目标，积极探索新时代背景下的育人方式变革，寻求育人最佳路径，以德施教，立德树人。因此，单看每本专著，已能感受到其中鲜明的课程育人特色，综合丛书来看，这一特色更加明显。

期盼厦门市首批卓越教师培育对象大力弘扬践行教育家精神，追求卓越的步伐永不停留，不断完善、应用和推广自己的教学主张和教学成果，为厦门教育做出更多更大的贡献。也期盼本丛书能为广大中小学教师深化教学改革提供参考，为教育学"双一流"学科服务教育实践提供借鉴。

是为序。

陈 珍
（中共厦门市委教育工委书记、厦门市教育局局长）
朱德全
（西南大学教育学部部长、西南大学教育学一流学科建设"首席责任专家"、国家重大人才工程特聘教授、国务院学位委员会学科评议组成员）

序一

感谢汤吟莹老师的信任,邀请我为她的新作《和润语文——小学语文教学新探》作序!这本书无疑是汤老师近三十年来在语文教育领域潜心钻研实践的结晶。随着教育改革的不断推进,语文教学的定位、目标和方法也在不断调整。然而,如何在小学语文课堂中真正做到"立德树人",通过语文教学实现育人目标,进而达到知识传授与人格培养的有机统一,始终是每位语文教育工作者值得深思的问题。而汤老师提出的"和润语文"正是对这一问题的回应。

对许多教学经验丰富的语文教师而言,近二十年来的语文课程改革似乎一直处于摇摆和争议之中。以语文课程中人文性与工具性的关系讨论为例,如今,语文课程的人文性与工具性的统一,已毋庸多加辩论,并且在部编版教材中也通过语文要素和人文主题的编排得到了更具体的体现。然而,在语文课堂中,工具性和人文性的失衡仍随处可见。有一位教研员曾形象地比喻过:工具性与人文性之间的关系如同"盐与水"一般,如果一堂课的语文要素或工具性浓度过重,便容易沦为某种技能的机械操练。这正是汤老师观察到的语文课堂中常见的问题,她将语文教育中的课堂样态不"和"、人文工具不"谐"、内涵外延不"融"以及教学评价低"效"归纳为语文教育的四大问题。汤老师亲历了语文课程改革中的争论,并在实践中积累了丰富的经验,她深信通过"和"的思维去思考这些问题,可以找到一条平衡的路径。

汤老师对语文教育的本质及其核心的把握,充分体现在她的"和润语文"主张之中。她认为,工具性与人文性、教师的主导地位与学生的主体地位、课堂内外的学习都需要"和"的理念作为指导,而这正是最能体现教育实践智慧的关键所在。"润"是目的,也是过程与方法!"和"的方式,是为了达成课堂能够润泽学生的生命,使学生能够浸润在课堂之中!"和润语文"的核心理念,源于中华优秀传统文化中的"和"与"润",蕴含着汤老师对教育的深邃理解和对中华优秀传统文化的学习体悟。书中指出,"和润语文"不仅强调课堂中的师生情感交融、言意和谐、课内外相生相济,还致力于培养学生的语文素养和人文精神。汤老师深知,语文教育的终极目标不是知识的传授,而是引导学生在语文学习中体验生命的润泽与心灵的丰盈,从而实现全面发展。这一教学理念将学生放在教育的中心位置,关注他们的情感体验、思维发展和个性成长,追求的是知识与价值观教育的双赢。

在"和润语文"理念的指引下,汤老师提出了系统而实用的教学实施路径。书中的"三环六步"教学设计不仅提供了营造和谐课堂氛围的方法,还为教师设计互动式和体验式教学策略提供了具体的操作指南。本书中还包含了大量的教学实例,展示了如何在"和润"理念下设计针对不同单元和课文的情境,如何进行提问与追问,如何进行反馈、作业设计以及跨学科教学。无论是"和美情境,激发学生学习兴趣",还是"言意共生,生成崭新的'人的世界'",都充满了对学生人文情怀的关切和对教育美学的追求。通过这些案例,教师可以更好地理解如何在课堂中践行"和润语文"的理念。

在今天的语文教学改革中,各种观念和流派依然很多。《义务教育课程方案(2022年版)》以及《义务教育语文课程标准(2022年版)》的颁布,也给语文教育界带来了不少冲击,比如"语文学习任务群"的讨论引发了广泛的关注。汤老师在这本著作中对《义务教育语文课程标准(2022年版)》进行了解读,并尝试以"和润语文"的教学主张,将当前语文教学中的诸多形式与理念结合起来,如单元整体教学、大单元教学、项目化学习、跨学科主题学习等。这种尝试具有一定风险,如果教师没有一个稳定的价值内核,很容易被这些五花八门的改革理念扰乱节奏,迷失方向。我没有深入研究《义务教育语文课程标准(2022年版)》及其提出的学习任务群的概念,但长期以来对课程改革的关注,使我比较能够确定的是,过去二十余年来,我国课程改革的核心价值导向始终如一,即要通过课程改革更好地实现育人目标! 在"育人为本"这个价值导向下,在凸显学生学习主体地位的目标导向下,许多改革的理念与方式,都是殊途同归。换言之,抓住"育人为本"与"学生学习主体"核心价值内核,在改革的各种概念迷丛中,教师方有可能做到气定神闲!

汤老师不仅是教学经验丰富的学科专家,亦是学校的管理者。我想,教学主张的提炼,对她的思维和思想而言,都是一次淬炼。一个清晰的主张,应该亦是围绕教育的育人本质展开的。尽管主张的提法多样,但其背后的教育价值、信念,会有形或无形地影响学校的日常管理和领导方向。这些主张会带来一种实践自觉,这在领导一所学校过程中至关重要! 在未来,我们还会遇到新的理念、新的讨论,但是只要牢牢把握住语文的本质以及教育的核心价值取向,我相信,作为一所学校的领头羊,汤校长自能引领团队穿过理念的迷雾,朝着正确的方向不断前行。

我读汤老师的"和润语文"主张时,脑海中总会想起于漪老师在《点亮生命灯火》一书中引用的一段话:"教师所需要做的就是带着学生,沿着文字,走进作者的生命世界,去倾听、去感悟,给学生自由思考的空间和表达的机会。在课堂上,我们为学生打开一扇门或者推开一扇窗,让学生怀着莫大的好奇穿过门,穿过窗,进入更为广阔的语文天空,体验、收获、感受生命的美好,聆听生命的须臾,丰富生命的内蕴,语文教学的生命由此盛大空灵。"这段话呈现出的观点,与"和润语文"的主张有些不谋而合。我想,不同时期、不同情境的语文育人工作者,他们的教育追求始终都是相通的。

最后,向汤老师及其团队在"和润语文"上的探索与实践致以崇高的敬意!

郑鑫

写于西南大学

序二

深耕语文一线课堂二十六年,我越来越深切地体会到,身为一名语文老师的幸福。我一直在思索,这幸福的来源是什么?那就是我的语文教学主张——"和润语文"。

去年,我参加了一个男孩的婚礼,他和家人邀请我做他的证婚人。这是一段横跨二十年的缘分。那时我初为人师,他刚读三年级,识字写字上遇到巨大的困难,用今天的话说,是读写障碍,他对语文学习也产生了畏惧和抗拒。当时我跟他说:"不要在乎分数,跟着汤老师一起去享受语文的快乐和美好。"他作业质量堪忧,我让他单独交给我面批,我到现在都清晰地记得他一到学校就拿着作业来找我的兴奋模样;他很有表演天赋,语文课上我经常创设情境让他和同学们表演,他的演绎总是博得同学们阵阵喝彩;后来我干脆在班级成立了话剧社,他来当社长,他和同学们一起读书,一起改编,自导自演,热情高涨,还在全校舞台演出……不知不觉间,他的语文成绩从不及格提升到六十、七十、八十分,甚至九十多分。此后,每一年的教师节,他都会给我写一封信,有一封信中他写道:"您的理解、包容和等待,还有那妙趣横生的语文课堂,每天的面批时光,都是我无比珍贵美好的记忆。感谢您点燃了我的信心,和对语文的热爱,感谢您春风化雨般温暖了我的童年,乃至整个人生……"有时我在想,语文是什么?我想语文是一种诗性的光辉,一种自由的精神,一种高贵的灵魂,一种抒写生命、寄托生命、实现生命自身价值的感性存在。我期望,身为语文老师的我们,能够构建一种师生情感交融的课堂,它指向生命,指向心灵,润泽心灵,润泽生命。

国家鼓励语文教学改革,但是这种改革碰到刚性教育体制,常常做"钟摆运动"。二十多年来,我一直在思索并积极实践着语文教学如何突破应试教育偏重智育的弊病,如何实现语文工具性和人文性的统一。当我还是一名普通的语文老师时,我在班级开展"阅读比赛"活动,学生们你追我赶地阅读一本一本好书,做摘抄,开读书会,班级语文成绩始终在年级中名列前茅;当我担任学校语文教研组组长时,我研发并推广了《阅读手册》,每个年级一本,更精准地引领一到六年级学生开展课外阅读和课外积累,在市阅读能力测评中,我校阅读水平遥遥领先;当我转岗校级领导时,我开始着力创建"阅启航"校园阅读系统,推进缤纷阅读工作,通过开展丰富多彩的阅读活动、创建多元的阅读评价系统,总结阅读推进实践模式,成果丰硕,获《中国教育报》专题报道……阅读是言意相谐的催化剂,我希望我们的语文课能立足言之根本,求索意之灵魂,翘望人之生长,"言""意"彼此交融、彼此支撑、彼此相长之实,从而实现学生语文学习的双峰体验,我相信只有言意相谐,学生才能成为知情意统一、具体而完整的人,全面发展才能真正得以实现。

语文课堂只是语文的课堂吗?在我任职的福建省厦门实验小学,各年级学生每学期都有丰富的走进植物园、走进博物馆、走进科技馆、走进艺术馆课程,故事家长课堂、夏令营、冬令营、班级假日小队也是带领孩子们走进生活、融入社会的常设平台,这也为我的语文教学提供了无比广阔的天地。我将语文教育的视角延伸到孩子学习生活的方方面面,让学生利用各种机会来提高语文实践能力,开展了一系列观察日记、阅读分享、诗歌创作活动;

在学校课程建设层面,我积极推进语文教育与其他学科相融合,以保护孩子认知世界的浪漫和完整……我相信,内外相生相济,将使学生的语文学习拥有"源头活水"。

讲完这三个故事,也就基本阐释了我的语文教育主张——"和润语文",以及实施路径——教学相长、言意共生、内外相生。

"和润语文"是指在开放的、五育融合教育理念下,借鉴古今中外哲人智慧的基础上所追求的语文教育思想,其突破应试教育偏重智育的弊病,贯通教材内外、打破学科壁垒、连接课堂内外,构建"融通之和,润泽生命"的语文课堂,推动儿童身心全面发展。

"和"是指师生情感交融、言意和谐、课内外相生相济。"润"是指达到和谐目的、和谐状态的方法、途径。"和"是一种新思维,"润"是新工艺,"和"在理念层面上指导"润","润"在操作层面上指导"和","以和润情"、"以和润思"、"以和润心"。和润语文追求学生丰厚的语文素养、生命的灵动和精神的润泽。

我期盼着,我们的语文教育使学生的生命得以润泽,达到一种应然状态,在提升素养的同时,建立起自己的精神家园,让语文教学实现终极目标。

汤吟莹
福建省厦门实验小学

目录

第一章　小学语文教学的现状与困境

第一节　课堂样态不"和"之因··················003
第二节　人文工具不"谐"之痛··················006
第三节　内涵外延不"融"之举··················008
第四节　教学评价低"效"之困··················010

第二章　和润语文的核心内涵

第一节　和润语文概念界定····················015
第二节　和润语文的理论基础··················016
第三节　和润语文的基本特点··················021

第三章　和润语文的理念依据

第一节　研究背景：呼应"核心素养"的时代需求··············027
第二节　对接课标：推动自主合作探究学习方式落地············036
第三节　学科本位：落实学习任务群的课程内容变革············046

第四章　和润语文的实施路径

第一节　教学相长——打造"互动·体验"的教学策略……………059

第二节　言意共生——探寻"生言·生意"的有效策略……………082

第三节　合和共生——开展"多维·融通"的课程整合……………118

第四节　多维互嵌——促进"多元融合"评价体系构建………138

第五章　和润语文案例式解读

第一节　教学相长篇………………………………………………181

第二节　言意共生篇………………………………………………194

第三节　和合共生篇………………………………………………210

第四节　多元评价篇………………………………………………234

第一章

小学语文教学的现状与困境

第一节 课堂样态不"和"之因

在课堂教学中,构建充满"和"的生命课堂,让深度学习在课堂中真正真实地发生应是每一位教师的追求目标。语文课堂,应注重关注学生的身心健康和情感需求,关注激活生命自觉和生命活力,关注提升生命价值和生命幸福。现实中,我们期待中的灵动课堂却成了"水中月""镜中花",究其原因主要在于以下几个方面。

一 师生关系不够融洽

(一)师道尊严思想主导

以教师为中心的传统师生关系在几千年的传统文化中根深蒂固。古代师者手持长长的戒尺,以此震慑和惩戒违反课堂纪律、不认真读书的学生。它捍卫了师道尊严,让淘气、落后的学生心知敬畏,效果非常好。而当戒尺"扑挞"学生慢慢退出历史舞台后,"威严"成为教师替代"戒尺"的法宝。大部分教师认为,教师的威严是教师身上一件很好的"武器",它不但有利于提高教学成绩,而且对规范学生行为有奇效。有它,学生会敬畏教师,教师布置的任务,学生会完成得很好;而无它,学生对教师布置的作业就会随意应付,得过且过。然而,一味地威严,无法带来和谐的师生关系,无法让学生愉悦地投入到学习中。

(二)缺乏情感的流动

我们常常看到这样的现象:课堂上,学生欲言又止。因为担心畏惧,不敢向威严的老师表达自己的观点和需求。学生一次又一次高高举起的手,难以进入教师的视野,教师一味沉浸在自己的教学世界里"难以自拔"。课堂上缺乏情感的交流和互动,当教师只顾着自己讲解,而忽视了学生的反应和问题时,就可能无法了解学生的认知水平和困惑所在。缺乏带着情感的有效互动与反馈,教师就无法真正评估学生的学习效度,学生也可能因此而失去学习的动力。

二 忽视学生真实需要

教育的真谛是什么,那就是从学生的需求出发,真正关注学生在学习过程中所展现的珍贵的"思考"和对任务本身的"好奇心",但我们却常看到教师忽视学生真实需求,未能给予学生个性化的指导和帮助,忽略了对孩子来说更有价值的内容。

(一)忽视学生的情感体验

核心素养不仅包括语文知识、技能,还包括学生的情感、态度、价值观等方面,这些素养相互交织,共同构成了学生综合素养的基石。当学生对某门学科或某个话题感兴趣时,他们会更加主动地参与到学习中去,更加积极地思考和探索。然而,在实际的教学中,一些教师仅从授课者的角度出发,这可能会忽视学生的兴趣和动机,缺少对学生情感体验的关注,使学生在学习中感到枯燥、乏味,对语文失去兴趣。学生的学习可能会变得被动和机械,缺乏主动性和创造性,导致学习效果不尽如人意。长期下去,不仅会影响学生的学习效果,还会影响学生的心理健康和全面发展。

(二)忽视学生的认知水平

教学中,许多教师可能会因为过度关注教学进度、内容深度等,而忽视对学生认知水平的评估,教学内容过于复杂或简单,教学设计和实施未考虑到学生的认知发展阶段,教学目标、内容和难度超越或不及学生的理解能力,缺乏对个性化的关注,这导致学生在学习过程中感到困惑或无趣,最终影响学生的学习效果和兴趣。

(三)忽视学生的个体差异

学生是课堂教学的主体,每一个学生由于成长过程的差异,其学习能力存在着一定的差异性。教师在教学中未能针对不同学生的学习风格、能力和需求采取差异化教学策略,就会影响学生的个性化学习,无法发挥学生的主体作用,无法使学生获得更好的自身发展。

(四)忽视学生的实践体验

体验式学习是一种通过实践体验来获取知识和技能的学习方式,可以激发学习兴趣,提高学习动力。相比于传统的课堂教学,体验式学习更加生动有趣,能够激发学生的好奇心和探索欲,让知识变得更具吸引力和实用性。目前小学语文教学往往忽视学生的实践体验,语文学习没有走向广阔的天地,仅注重课堂讲授,忽略了语文学习的实践性和应用性,导致学生无法真正掌握语文知识,更无法将其应用于实际生活中。

第二节 人文工具不"谐"之痛

语文是一门人文性和工具性统一的学科。语文教学,不能走两个极端,工具性和人文性两者必须有机地统一和融合。如果不强调语文教学的工具性,忽视语言是交际交流、表情达意、认识世界和改造世界的工具这一基本事实,那么语文教学会像没有躯体的灵魂,失去语言应有的作用。但如果过分强调工具性,忽视语言同自然、社会、人类历史和精神活动的密切关系,语文教学就会不符合语文学科的教学规律。当今的大环境下,小学语文教学的人文性和工具性不"谐"之痛主要表现在知识学习与人文精神培养的脱节、情感体验和审美教育的缺失以及外部环境对人文教育的制约等方面。

一 机械的工具性教学

社会需要人们具备写好文章、善于表达自己的思想、更好地理解别人的言语、读懂各种文章的语文素养。语文教学必定围绕读写听说的训练来展开。但是,语文教学对语文学科的工具性强调过头,以知识为纲要,以训练为主体,教学内容被分解成一个个与心灵绝缘的知识点和训练点,这样的语文教学将导致语文学科失去"灵魂"。阅读教学庖丁解牛式肢解课文,使之成为知识的例证;写作教学则遵从"套路""模式",一味要学生照搬范文。语文教材中的文本通常都是经过精心挑选的经典之作,它们不仅具有独特的文学价值,而且蕴含着丰富的人文精神,但语文往往被当作了一般意义上的工具,教师进行机械的工具性教学,学生也被工具化了,成了知识的奴隶,学生的个性发展被扼杀,学生的全面发展更无从可言。

二 虚泛的人文性渗透

我们经常看到,有些语文课程在教学过程中突出培育人文精神,不断排斥理性思维能力,语文学科本位知识的基础训练在课堂教学中被淡化了。有些教师在教学中只注重文本的表面解读,缺乏由文本品读而得来的深度的情感体验,仅在情境渲染方面下功夫,认为为了人文性的渗透理应把课堂打造成情感大片。例如在部编版教材五年级上册课文《慈母情深》的课堂教学中,通过多媒体播放《母亲》这首歌,达到渲染悲伤气氛的目的。结课时,仍有学生伏在课桌上流泪,孩子们对母亲的爱似乎得到了升华,似乎体会到了传统文化中孝的内涵。这是我们曾熟悉的语文课堂教学所追求的成功范例。然而,语文教学应该演变成这种含泪的情感大片吗?这种教学方法过于追求语文教学的社会化、人格化与个性化,只注重人文精神的培养而忽视了工具性,导致学生无法真正透过文本的字里行间,理解和感受文本中所蕴含的多元化的价值观,也无法真正形成深刻的、发自内心的情感共鸣。

三 工具性和人文性的简单相加

当下的语文课堂还呈现这样的状态:一节课下来,教师看似既关注了学生语言的积累和运用,又把文章的思想内涵告诉了学生。但是细细品来,教师并未真正以丰富学生语言积累为目的来提升学生运用语言文字的能力,并未在提高阅读教学效益的同时让语文教学变成一张纵横交错的立体三维网,从而促进学生在兴趣、知识、能力、情感态度和价值观等方面的发展,以达成新课改三维目标的统一,实现语文学科工具性与人文性合一的价值目标。这样的"统一"只是简单的"相加",并未实现人文性和工具性的真正融合统一。

第三节 内涵外延不"融"之举

语文教学的内涵主要指向语文课程内部的知识、技能和情感态度,而外延则涉及语文与其他学科、生活的联系。《中国学生发展核心素养》报告提出了"文化基础、自主发展、社会参与"三个维度的核心素养,报告要求,学生在文化基础有所提高的情况下,能运用已有知识和个人技能认识自我、发展自我,并积极认识社会、参与社会、改造社会。但在有些教师眼中,语文教学改革无论走向何方,课堂还是那样万变不离其宗,教师依然是就教材教教材即可。教材里的知识之间有什么联系,教材中的文本与学生的生活到底有着怎样的关联,似乎难以进入教师的视野。

一 忽视教材内部的有机联结

语文学科的知识和技能是一个有机的整体,它们相互联系、相互促进。在教学过程中,教师应当注重引导学生发现不同知识点之间的内在联系,帮助学生构建完整的语文知识体系。然而,在实际教学中,由于种种原因,教材内部的有机联结往往被忽视。一些教师过于注重知识点的讲解和技能的训练,而忽略文本的整体性和内在联系,这种教学方式可能会导致学生的知识结构零散、不完整,影响学生语文核心素养的提升。

二 忽视课堂内外的有效融通

生活的本质实际上与语文课堂的外延是一致的。美国教育家杜威曾提出"教育即生活"。语文教材中的课文亦是人类生活、情感的真实反映。例如部编版教材六年级上册《少年闰土》记载了鲁迅幼时的玩乐、读书生活,但很多教师教学时却并未把文本和学生当下正在经历的童年生活相融通。教师秉持着"用教材教教材"的观念,析词剖句,把握情感,领悟主旨,没有将语文课堂引向生活,引导学生关注内心,关注身边的人和事。目前,很多教师并未将语文教学的视角有机地延伸到孩子学习生活的方方面面,没有让学生利用各种机会来提高语文实践能力。例如,在写作教学中,如果教师只是一味让学生模仿范文,而不引导他们观察生活、体验生活,那么学生的写作能力就难以得到真正的提高。

语文核心素养包括了语言建构与运用、思维发展与提升、审美鉴赏与创造、文化传承与理解等方面。如果语文教学脱离了实际生活,那么学生就难以真正地提升这些核心素养。

三 忽视校内外资源的协同融合

家庭与社会教育资源是小学语文教学的有益补充。在当今的核心素养视域下,小学语文教学不再仅仅是课堂上的知识传授,而是需要与家庭、社区等多元化资源进行深度整合。家庭是孩子的第一所学校,父母是孩子的第一任老师。然而,很多小学语文教学却忽视了家庭的地位和作用,教师往往未能充分发挥家庭在孩子成长中的作用,未能充分利用校内外的丰富资源,如图书馆、博物馆、社区等,来拓宽学生的知识视野和提升学生的语文实践能力。学校与家庭、社区之间的教育合作不足,未能形成良好的教育生态,限制了学生的全面发展。

第四节 教学评价低"效"之困

在新时代的语文教学中,立足"教学评"一体化评价不仅是对学习的评价,更是旨在促进学习的评价。当前由于升学竞争的下移,评价体系中存在着被忽视、异化、窄化等问题,未能发挥其应有的作用,在一定程度上影响着语文教学质量和学生的全面发展。

一、聚焦知识,忽略非智力因素评价

非智力因素是指智力因素以外的心理因素,包括情感、意志、兴趣、性格等方面。在小学语文教学中,非智力因素的作用不容忽视。

传统教学,过分强调智力因素的重要性,如"一卷定终身"。传统教学在知识掌握准确度等方面的确有独特优势,但我们必须看到,仅关注智力因素,在知识的实践、运用、创新方面就会存在着严重不足。纵观传统教育评价,不难发现,对学生非智力因素的评价几乎是一片空白,这种单一的评价方式难以全面反映学生在语文学习过程中的努力、进步和独特的才能。比如,有的学生可能在口语交流、写作创意等方面表现出色,但由于在传统考试中未能充分展现,其优势未得到应有的认可。"一卷定终身"的评价模式促使教育者仅停留于传道、授业、解惑,而无暇顾及学习者的动机、兴趣、情感、态度等非智力因素。

二、注重结果,忽视过程性评价

单一的结果性评价无法全面反映学生的实际能力和素养,需要引入过程性评价来弥补这一缺陷。但过程性评价的概念多元、内涵复杂,使得教师在实施过程性评价的过程中面临诸多困境,如教师的评价素养不足,针对评价内容的过程性评价活动难以设计,评价方法、评价工具使用效果难以持续等。因此,我们不难看到,在阅读教学中,教师往往只关注学生的阅读理解能力和答题技巧,

而忽视了对学生阅读兴趣、审美能力等方面的培养和评价;在写作教学中,教师往往只关注学生的写作技巧和表达能力,而忽视了对学生思维能力、情感态度等方面的培养和评价;教师忽视学生在课堂上、完成作业、小组合作等方面的表现,未能及时给予学生反馈和指导,无法及时有的放矢激励他们更加努力地学习。一、二年级的非标准化测试则流于形式的异化,有些学校甚至由于教师考核需要,将学生的期末评价作出两套方案,以标准化为准,非标准化的闯关测试只是形式化的过场,并没有真正为学生作出有效评价。又或者参与闯关评委没有经过系统化训练,他们临阵磨枪,夹带个人感情因素,使测试的效度失真。面对诸如此类的情况,我们不得不忧心改革的变形影响"双减"政策的落地,为师生带来不必要的负担。

这种重结果轻过程的教学评价方式,不仅限制了学生的全面发展,也违背了核心素养的教育理念。

三 标准单一,忽略多主体评价

在传统教学当中,评价主要是由教师来完成,因为教师的评价内容具有一定的权威性。但这样的评价方式无法多元、全面、立体地提升学生的素养和能力。而多主体评价有效地打破了传统评价的弊端,将"一锤定音"式评价转化为多元化评价。这种评价方式更加主张学生本人、家长、教师等不同主体都参与到评价环节,让评价更加客观,为后续多元评价的开展奠定良好基础。学生自评有助于培养学生的自我认知能力,让他们更加了解自己的优点和不足。互评则可以帮助学生互相学习、互相促进,增强团队合作意识。教师评价则可以更全面地了解学生的学习状况,提供针对性的指导和建议。每个学生的学习情况、兴趣爱好和个性特点都不尽相同,如果教师在评价学生时,标准太单一,就无法做到尊重学生的差异,关注学生的个性发展,提供多样化的指导和支持。

第二章

和润语文的核心内涵

第一节 和润语文概念界定

和润,这一词语源自中国传统文化,富有深厚的文化内涵。"和"是指师生情感交融、言意和谐、课内外相生相济。"润"是指达到和谐目的、和谐状态的方法与途径。"和"在理念层面上指导"润","润"在操作层面上指导"和","以和润情""以和润思""以和润心"。

"和润语文"就是在开放的、五育融合的教育理念下,在借鉴古今中外哲人智慧的基础上所追求的语文教育思想,其突破应试教育偏重智育的桎梏,贯通教材内外,打破学科壁垒,关注课堂内外,构建"融通之和,润泽生命"的语文课堂,推动儿童身心全面发展。和润语文追求的是学生丰厚的语文素养,灵动的生命,精神的润泽。

其一,师生融洽。师生相融的课堂必须指向生命,指向心灵,润泽心灵,润泽生命。学生是课堂的主体。教师和学生在课堂上的主体角色不断变换,多样性的统一和对立性的相济使课堂呈现一种"和而不同"的样态。

其二,言意相谐。语文工具性和人文性的统一决定语文课应追求言意交融。"言意相谐"旨在立足"言"之根本,求索"意"之灵魂,翘望"人"之生长。"言意相谐"不仅着眼于"言意兼得""文意兼得"之意,更落点于"言""意"的彼此交融、彼此支撑、彼此相长之实,从而实现学生语文学习的双峰体验,使学生成为知情意统一、具体而完整的人,真正实现全面发展。

其三,内外相生。实际上,语文学习的外延和生活的外延相等。生活中人们无时无刻不在运用语文,学生也就可以处处学习语文。"世事洞明皆学问,人情练达即文章",对语文学习而言,的确如此。将语文教育的视角延伸到生活的广阔天地,学生就能利用各种机会来提高自己的语文实践能力,将语文教育与其他学科、其他生活领域建立起联系,内外相生相济,学生的语文学习就有了"源头活水"。

总之,我们的语文教育行为应该使学生的生命得以润泽,并达到一种应然状态,在提升学生语文素养的同时,帮助学生建立起属于自己的精神家园,让语文教学实现它的终极目标。

第二节 和润语文的理论基础

和润语文的教学理念和方法不是凭空产生的,而是基于广泛的理论基础。这些理论从不同的角度为和润语文提供了指导,为和润语文关注学生的主动性、个体差异和认知过程的教学方式提供了理论支持。

一、人本主义——"和润语文"的价值旨归

人本主义心理学派是美国当代心理学主要流派之一,以马斯、罗杰斯等为代表。人本主义强调人的尊严、价值、创造力和自我实现,把人的本性的自我实现归结为潜能的发挥,而潜能是一种类似本能的性质。人本主义最大的贡献是看到了人的心理与人的本质的一致性,主张心理学必须从人的本性出发研究人的心理。它强调爱、创造性、自我实现、自主性、责任心等心理品质和人格特征的培育,对现代教育产生了深刻的影响。

人本主义教学思想不仅关注教学中认知的发展,更关注教学中学生情感、兴趣、动机的发展规律,注重对学生内在心理世界的了解,以顺应学生的兴趣、需要、经验以及个性差异,达到开发学生的潜能,激发认知与情感的相互作用,重视创造能力、认知、动机、情感等心理方面对行为的制约等作用。

(一)满足学生的需要,培养"完整人"

人本主义提出,教育的目的是培养人格健全、和谐发展和获得自由的"完整人"。这样的"完整人",首先是多种多样的潜能得以发挥,表现为各个层次的需要得以和谐实现;其次是情意发展与认知发展的和谐统一,唯有借助于情意教育和认知教育的统一,整体人格成长才有可能。此外,人本主义还认为情意是行为和智慧的基础,要求将教学内容与方法植根于情意的土壤之中。

(二)主张意义学习和自发的经验学习

人本主义指向一种使个体的行为、态度、个性以及在未来选择行动方针时发生重大变化的学习,提倡对知识的灵活理解,而不是消极接受。在这种学习中,要求学生能在相当大的范围内自行选择学习材料,自行安排适合自己的情境,提出自己的问题,确定自己的学习进程,关心自己的学习结果。此外,人本主义还用"自发的经验学习"来描述其所提倡的这种学习类型。其特征是:第一,它使整个人沉浸于学习之中——躯体的、情绪的和心智的;第二,教学的方向来自学生;第三,使学生产生不同的行为和态度;第四,根据学习者而不是教师的学习活动进行评价。

(三)促进学生学会学习并增强其适应性

人本主义主张教学的目标应该是促进变化、改善学习。变化是确立教学目标的根据,而对这种变化的适应取决于学习过程而非静态的知识。所以,应该把学生培养成"学会如何学习的人"与"学会如何适应变化的人",从而成为能顺应社会要求,充分发挥作用的人。为实现该目标,罗杰斯还提出了一种新的教学方法——非指导性教学。它鼓励学生充分自信,从而使学生产生能超越自己的思想,开发出自己的潜在能力,最终达到学会学习、完善个性的教育目的。

在当今教育环境中,核心素养已经成为语文教育的重要目标。和润语文,作为一种以学生为中心的教育理念,正是核心素养视域下人本主义的体现,它强调教学应以学生为中心,关注每个学生的个性和需求,尊重学生的主观能动性。和润语文注重学生的全面发展,不仅包括知识和技能的学习,也涉及情感、态度和价值观的培养。

二 儒家文化——"和润语文"的理念指引

儒家思想是中国传统文化的重要组成部分,它源于春秋战国时期的社会变革和思想解放,经历了两千多年的演变和发展,对中国历史和文化产生了深远影响。儒家思想的创始人是孔子,被后人尊称为"至圣先师""万世师表"。孔子的思想主要反映在他的言行和教育实践中,他的弟子和后学将其记录在《论语》等著作中,成为儒家学派的经典学说。这些经典语言简洁明快,富有哲理和趣味,具有很高的文学价值和艺术魅力。孔子的思想以仁、礼、义、智、信等为核心,主张人性本善,倡导修身、齐家、治国、平天下的理想,强调教育的重要性和普及性,提出了"有教无类""因材施教""教学相长"等教育思想和方法,对后世的教育事业产生了深远的影响。

儒家思想是教育的根本和灵魂,它为和润语文的理念提供了思想基础和理论支撑,提供了精神动力和价值导向。和润语文汲取了儒家教育理念,强调仁爱、礼仪、和谐与中庸之道,倡导在教学中培养学生的道德素养和社会责任感。在探索儒家思想与和润语文理念之间的关联时,可以看到儒家思想中的一些核心价值与和润语文的教学理念不谋而合。这些核心价值,诸如人文关怀、和谐共处、中庸之道等,都在和润语文的教学实践中得到了充分体现和应用。儒家思想与和润语文理念在教学实践中有着紧密的联系。通过借鉴和应用儒家思想中的核心价值,教师可以更好地实施和润语文教学理念,促进学生的全面发展。

(一)儒家思想强调人文关怀,关注人的内在品质和道德修养

在和润语文的教学中,教师不仅注重培养学生的语言技能,更关注学生的心灵成长和道德教育。他们努力引导学生感悟文学作品中的人文精神,培养学生的审美能力和人文情怀,使学生在学习语言的同时,也能得到人文精神的滋养。

(二)儒家思想为中国教育提供了独特的方法和方式

因材施教、教学相长、启发诱导、举一反三、温故知新等教育方法和方式,都是儒家思想的方法和方式,它们体现了儒家思想对教育方法和方式的探索与创新。儒家思想提倡和谐共处,主张人与人、人与社会、人与自然的和谐。在和润语文的教学中,教师注重营造和谐的课堂氛围,促进师生、生生之间的交流与互动。他们鼓励学生发表自己的见解,倾听他人的观点,以开放、包容的心态对待不同的声音。这种教学方式有助于培养学生的团队合作精神和沟通能力,促进课堂生态的和谐发展。

(三)儒家思想强调中庸之道,主张适度、平衡的原则

在和润语文的教学中,教师注重平衡各种教学资源和方法,避免过于偏重一方而忽视另一方。教师应努力寻求最佳的教学效果,使学生在听说读写各方面都能得到均衡发展。同时,教师还注重培养学生的思辨能力,引导学生在面对各种信息和观点时能够独立思考,避免极端和片面。

三 建构主义——"和润语文"的探究性学习路径

建构主义理论兴盛于20世纪80年代,已经逐步走向成熟,其理论渊源可追溯到皮亚杰、维果茨基等人的观点。建构主义提倡在教学过程中以学生为中心,充分尊重学生的主体性和学生的已有经验,反对人为强加灌输,倡导教师帮助学生主动地去进行意义建构。

建构主义理论的学习观认为,学习不是单一的由教师向学生传输知识的过程,而是学生自主对知识进行建构的过程;学生不应只是被动的接受者,更应是意义的主动建构者。每一位学习者都应以自身原有的认知结构和背景经验为基础,对新知识呈现出自己的理解,当原有的经验因新的知识经验而发生变化时,这一学习过程才可以称之为主动建构。和润语文的理念即充分引导学生,通过各种生动有趣的情境及形式,将学生引入特定的学习环境中,激发其学习兴趣,引导学生主动积极进行建构。

建构主义的知识观认为,知识并不是问题的最终解决方法,也不是现实的简单反映,它只是人们对于客观现实的一种解释或假设,是不断变化的。不同的个体会因为自身的经验、背景等差异而对同一个问题有着不同的理解和看法,而这些理解和看法是由特定情境中的学习认知决定的。另外,知识是个人经验的反映和总结,并不是世界真理和法则的总概括。

建构主义者强调,每一位学习者的脑中都有着一定的知识储备,且他们已经在原来的生活中积累了大量经验。所以,在教学的过程中,教育者应该充分重视学生原有的知识经验,把学生现有的知识经验作为新知识的生长点,引导学生从原有的知识经验中"生长"出新的知识经验。

建构主义主张学生是学习的主体,强调学生在学习过程中的主体地位。因此,建构主义提倡让学生通过自主、合作、探究的方式,在具体情境之中进行学

习,提倡师生间增加沟通与交流,如进行合作学习等。同时,教师应用心倾听学生的真实想法,思考学生想法的由来,并对其加以正确引导,以更好地激发学生的学习兴趣和积极性,培养学生的问题解决能力和创造性。

在和润语文的教学实践中,合作、探究学习是主要的学习方式。探究学习是和润语文教学的核心实践路径之一。教师通过设计问题情境、提供探究资源等方式,引导学生自主探究、发现问题、解决问题。在这个过程中,学生的创新思维能力和问题解决能力将得到有效提升,批判性思维能力也能得到训练与提升。

第三节 和润语文的基本特点

一 以和润情——激发学习动力

和润语文强调的是在语言文字的学习中,以和谐和润泽的方式引导学生感受语言之美,激发学生的学习动力,培养他们的语言运用能力和人文素养。

（一）和谐性

和润语文追求的是课堂氛围的和谐,教师与学生、学生与学生之间的关系和谐融洽。在这样的氛围中,学生能更好地投入到学习中,更加积极地表达自己的观点和感受。教师也会以更加包容和理解的态度对待学生,促进他们的个性发展。

（二）润泽性

和润语文强调的是一种潜移默化的教育方式,像春雨般润物细无声。通过引导学生参与丰富多样的语言活动,让他们在沉浸式的实践中体验语言文字的魅力,关注学生的内在心智。和润语文注重情感教育,教师的举手投足、言语之间无不关注着学生的心灵人格,充满人文关怀,让学生在学习过程中能够感受到教师的关爱和期待,从而增强他们的学习动力。

（三）人文性

和润语文注重培养学生的语文素养和人文精神。通过阅读经典文学作品,让学生感受到人类文化的丰富多样,提高他们的审美能力和人文素养。同时,和润语文也强调学生在学习过程中的主体性,鼓励他们主动探究、独立思考,培养他们的创新精神和批判性思维。

以和润情,追求和谐、和润、人文的教育方式,旨在激发学生的学习动力,在充满愉悦、宜人心境的课堂中,培养他们的语言运用能力和人文素养。这种和谐的学习氛围,为学生的全面发展打下坚实的基础。

二 以和润思——启发思维能力

和润语文,其基本特点还体现在对启发思维能力的重视上。这种教育理念强调的是通过和润的方式,引导学生深入思考,培养他们的思维能力和创新精神。

(一)和润教学环境的营造

和润语文提倡创造一个和谐、温馨的教学环境,让学生在这个环境中自由表达、交流思想。教师以和蔼的态度、富有亲和力的语言,引导学生积极参与课堂讨论,激发学生的思维活力。这样的环境有助于学生在轻松愉快的氛围中,主动思考问题,提高思维能力。

(二)文本解读的多元化视角

和润语文注重从多元视角解读文本,鼓励学生提出自己的见解,培养他们的批判性思维。教师引导学生从不同角度审视文本,挖掘其中的深层含义,激发学生的想象力。这种教学方式有助于学生形成独立思考的习惯,增强他们的创新能力。

(三)启发式问题设计的运用

和润语文提倡设计具有启发性的问题,引导学生展开深入思考。这些问题不仅要求学生理解文本内容,还要求学生能够运用所学知识解决实际问题。通过这种问题设计方式,学生能够在解决问题的过程中锻炼思维能力,提高分析问题和解决问题的能力。

(四)互动式学习的提倡

和润语文强调互动式学习,鼓励学生之间的合作与交流。通过小组讨论、角色扮演等形式,学生可以在互相交流中拓宽思维视野,激发创新灵感。这种学习方式有助于培养学生的团队合作精神,提高他们的沟通表达能力。

(五)情感教育的渗透

和润语文注重情感教育的渗透,关注学生的情感体验。教师通过富有感染力的语言、生动的课堂情境创设等方式,激发学生的情感共鸣。学生在情感体验中能够更好地理解文本内涵,提升人文素养和审美能力。情感教育的渗透有助于学生在思考问题的过程中融入情感因素,丰富他们的思维内涵。

(六)综合性评价的实施

和润语文采用综合性评价方式,关注学生的全面发展。评价内容包括学生的思维能力、情感态度、合作精神等方面,注重以多样化的评价手段来衡量学生的学习成果。这种评价方式有助于激发学生的内在潜力,促使他们积极主动地发展思维能力。

和润语文的基本特点主要体现在通过营造和润的教学环境、多元化视角解读文本、启发式问题设计、互动式学习、情感教育渗透以及综合性评价的实施等手段,启发学生的思维能力。这种教育理念旨在培养具有创新精神和实践能力的人才,为学生未来的发展奠定坚实的基础。

三 以和润心——实现人的"生长"

和润语文,一个富有诗意和深意的名字,代表着一种教学理念和方法的精髓。它以润物细无声的方式,潜移默化地影响着每一个学习者,引导他们走向知识的海洋,实现人的"生长"。首先,和润语文强调的是和谐与和润。在教学方法上,它注重教师与学生、教与学、内容与形式等多方面的和谐统一。在教学内容上,和润语文关注知识的丰富性、多样性和深度,力求使学生在学习的过程中得到全面的发展。其次,和润语文注重人文关怀。它不仅仅是一种知识的传授,更是一种情感的交流和价值观的引导。通过对文学作品的学习,学生可以感受到人性的美好、生活的真谛,从而培养出人文素养和审美能力。此外,和润语文强调个体差异和个性发展。每个学生都是独一无二的,和润语文鼓励学生在学习中发现自己的特长和兴趣,通过自主学习和合作学习等方式,实现个性的充分发展。最后,和润语文具有开放性和包容性。它不局限于课堂和教材,而是将学生的学习视野引向更广阔的世界。通过课外阅读、写作实践、社会调查等多种形式,学生可以接触到更丰富的知识和更广泛的人群,从而培养出开放的心态和跨文化交流的能力。总之,和润语文是一种以人为本的教学理念和方法,它以润物细无声的方式实现人的"生长",使学生在知识、情感、价值观等方面得到全面的发展。

第三章

和润语文的理念依据

第一节 研究背景：呼应"核心素养"的时代需求

随着社会经济的快速发展，人们对教育的需求也越来越高。核心素养作为一种全面素质教育的理念，已成为教育改革的重要内容。核心素养是什么？是指学生在接受教育过程中，逐步形成的适应个人终身发展和社会发展需要的必备品格与关键能力。新课标的实施让核心素养成为一把衡量教育的"新标尺"，从知识教学走向素养教学，让教育能真正地赋能学生的未来发展，为生命成长奠基。

一、核心素养的提出及其在教育领域的重要性

随着全球化和信息化时代的到来，社会对人才的需求已经不仅仅停留在知识的积累上，而是更强调人的全面发展与综合能力的培养。为了应对这一变化，许多国家纷纷开始了教育改革的探索与实践，核心素养的提出便是这一背景下的产物。核心素养的提出旨在培养学生的关键能力和必备品格，以适应未来社会的挑战和变化。

核心素养是指学生应具备的、能够适应终身发展和社会发展需要的必备品格和关键能力。它是学生在接受教育过程中，逐步形成和发展的知识、技能、情感态度与价值观的综合体现。核心素养的提出，要求教育者不仅关注学生的学科知识掌握情况，更注重学生的综合能力和品质培养。

核心素养在教育领域的重要性不言而喻。

首先，核心素养的提出有助于推动教育改革的深入发展。传统的教育模式往往过于注重知识的灌输和应试能力的培养，忽视了学生的全面发展和综合素质的提升。核心素养的提出，要求教育者关注学生的全面发展，注重培养学生的综合能力和品质，从而推动教育改革的深入发展。

其次，核心素养的提出有助于提高教育质量。教育的核心目标之一是培养高素质的人才，而核心素养的培养则是实现这一目标的重要途径。教育者应该根据学生的实际情况和发展需求，制定针对性的教学计划和教学方法，注重培养学生的创新精神和实践能力，提高学生的综合素质。

最后，核心素养的提出有助于培养学生的终身学习能力。在当今社会，知识的更新速度越来越快，终身学习的能力已经成为人们适应社会发展的必备能力。核心素养的提出，要求教育者注重培养学生的自主学习能力和终身学习的意识，使学生能够在不断变化的社会环境中持续学习和发展。

二　小学语文核心素养的内涵

随着社会的进步和教育理念的更新，人们对于小学阶段的教育要求也越来越高。语文学科作为基础教育的重要组成部分，其教学质量和效果直接关系到学生的全面发展。因此，针对小学语文学科，提出并强调其核心素养的培养具有重要的现实意义和深远的发展价值。

"语文素养"这一概念是随着2001年《全日制义务教育语文课程标准（实验稿）》的颁布正式出现在课程文件中的。"核心素养"这一概念是2010年之后，随着我国教育研究者对国外教育研究动态的介绍，逐渐出现在我国教育领域中的，后又因2016年《中国学生发展核心素养》的公布，成为教育界普遍关注的重要概念。"学科核心素养"和"语文学科核心素养"作为课程术语正式使用，则是源于2017年版高中各科课程标准的修订。

《普通高中语文课程标准（2017年版）》在明确了什么是学科核心素养的基础上，对语文学科核心素养进行了具体的说明："学科核心素养是学科育人价值的集中体现，是学生通过学科学习而逐步形成的正确价值观念、必备品格和关键能力。语文学科核心素养是学生在积极的语言实践活动中积累与建构起来，并在真实的语言运用情境中表现出来的语言能力及其品质；是学生在语文学习中获得的语言知识与语言能力，思维方法与思维品质，情感、态度与价值观的综合体现。"并将语文学科核心素养概括为四个方面，即"语言建构与运用""思维发展与提升""审美鉴赏与创造""文化传承与理解"。

《义务教育语文课程标准（2022年版）》中指出："义务教育语文课程培养的

核心素养,是学生在积极的语文实践活动中积累、建构并在真实的语言运用情境中表现出来的,是文化自信和语言运用、思维能力、审美创造的综合体现。"就这一表述看,小学语文核心素养分为四个方面,即"文化自信""语言运用""思维能力""审美创造"。

(一)文化自信:立德树人在语文课程中的根本宗旨

《义务教育语文课程标准(2022年版)》指出:"文化自信是指学生认同中华文化,对中华文化的生命力有坚定信心。通过语文学习,热爱国家通用语言文字,热爱中华文化,继承和弘扬中华优秀传统文化、革命文化、社会主义先进文化,关注和参与当代文化生活,初步了解和借鉴人类文明优秀成果,具有比较开阔的文化视野和一定的文化底蕴。"

将文化自信列于核心素养之首,具有深刻的政治背景和深远的历史意义。任何课程都包含文化,都是文化的载体。但是,要想让学生理解、热爱中华文化,建立自觉、自信的文化意识,语文课程无疑是最好的阵地、最佳的路径。国家通用语言文字是中华民族的精神家园,语文课程对继承和弘扬中华优秀传统文化、革命文化、社会主义先进文化,推动文化的创新发展,具有不可替代的优势。

需要特别强调的是,文化自信中的"文化",不是泛泛的普适意义上的概念称谓,而是特指、专指"中华文化"。文化自信,是对中华文化的高度认同、自觉接纳、衷心热爱,是对中华文化生命力的坚定信心、持久信念、崇高信仰。

"中华文化"包括"中华优秀传统文化""革命文化""社会主义先进文化"。"中华优秀传统文化"是中华文化的根系与血脉,凝聚了中华民族几千年来认同并奉行的思想理念、价值观和民族精神,是中国特色社会主义植根的文化沃土。"革命文化"是中国人民在中国共产党的领导下于革命实践中形成,并在建设、改革的进程中不断与时俱进、完善创新的物质文化和精神文化的总和,已经深深融入中华民族的血脉和灵魂,成为社会主义核心价值观的丰富滋养。"社会主义先进文化"是指以马克思主义为指导,继承和弘扬中华优秀传统文化和革命文化,吸收借鉴世界优秀文化成果,集中体现中国人民在新的历史条件下精神追求的文化。其精髓是社会主义核心价值体系。中华文化是语文课程的核心主题和主要内容。

(二)语言运用:语文课程核心素养的基础与载体

《义务教育语文课程标准(2022年版)》指出:"语言运用是指学生在丰富的语言实践中,通过主动的积累、梳理和整合,初步具有良好语感;了解国家通用语言文字的特点和运用规律,形成个体语言经验;具有正确、规范运用语言文字的意识和能力,能在具体语言情境中有效交流沟通;感受语言文字的丰富内涵,对国家通用语言文字具有深厚感情。"

需要强调的是,语文课程中的"语言"不仅指社会的理性语言,更指具体语境中含有个人理解体验的言语和优质的母语语感。它是社会约定与主体建构的统一,是共同规则中的语言和具体运用中的言语的统一。

根据《义务教育语文课程标准(2022年版)》的表述,语言运用主要包括语料积累、语感建构、语理习得、语言表现等几个部分。

1.语料积累

所谓语料积累,是指在语言文字的阅读过程中,识记、储备并整理文质兼美、丰富多样的语言材料,这是语言运用的基础。俗话说"巧妇难为无米之炊",从语言运用的角度看,这里的"米",既指表达素材的储备,也指语言材料的收藏,两者缺一不可。没有足够数量、相当质量并且结构化的语料储存,语言运用能力的培养就会失去基础,成为无本之木、空中楼阁。

2.语感建构

所谓语感建构,就是在丰富的语言实践过程中,强化语言直觉和感受,积淀语言的感性图式,优化语言的生成品质。语感建构,包括输入型(听与读)与输出型(说与写)两大类,这是语言运用的核心。根据王尚文等人的研究,语感是个体的人与言语世界的直接联系,是思维并不直接参与作用而由无意识替代的在感觉层面进行言语活动的能力。语文课程的教学目的,就是培养学生的语用能力,而语用能力的核心就是语感。

3.语理习得

所谓语理习得,就是在丰富的语言实践过程中,感受并发现国家通用语言文字的运用规律,在具体语境中体验语用知识的生成过程,并逐渐融入个体的语用知识结构中,这是语言运用的必要补充。需要强调的是,这里所谓的"语理",不是指一般意义上的语言知识,而是对语言现象的理性认识,是对语言运用规律的自觉把握。

4.语言表现

所谓语言表现,就是在真实的语言交际环境中,学会用口头语言文明地进行人际沟通和社会交往。能根据需要,用书面语具体明确、文从字顺地表达自己的见闻、体验和想法。在日常生活过程中,不断增强自身的语言意识,提高语言表现力和创造力。这是语言运用的终极指向,是语文课程核心素养的集中体现。

语料积累是语言运用的基础。众所周知,量变是质变的前提,语料积累以及随之而生的语言实践经验,正是语言运用的量变过程。语言表现则是语言运用的最终目的。所谓出口成章(口才)、下笔成文(文才),既是语言运用的直接体现,也是核心素养的关键能力。语感建构是语言运用的核心,一方面,通过语料积累,形成输入型语感;另一方面,通过语言表现,形成输出型语感。无论是语料积累还是语言表现,其运行机制和操作图式都取决于语感建构。而语理习得是对语感的理性认识,它以隐性的方式影响并提升语感品质。

(三)思维能力:内化语文课程核心素养的关键所在

《义务教育语文课程标准(2022年版)》指出:"思维能力是指学生在语文学习过程中的联想想象、分析比较、归纳判断等认知表现,主要包括直觉思维、形象思维、逻辑思维、辩证思维和创造思维。思维具有一定的敏捷性、灵活性、深刻性、独创性、批判性。有好奇心、求知欲,崇尚真知,勇于探索创新,养成积极思考的习惯。"

语言和思维密不可分。一方面,语言和思维相互依存。思维离不开语言,思维形式中的概念对应着语言中的词语,判断对应着句子。没有词语,概念就无法表达;没有句子,判断就无法进行。同样,语言也离不开思维。理解语言,必须深入内部思维过程。运用语言,也必须经过思维才能表情达意。另一方面,语言和思维相互作用。一个人在头脑中思考问题的时候,凭借内部语言进行思维加工。要把思维结果传递给他人,就必须将思维结果转换为外部语言。思维的明晰性体现为语言的准确性,思维的条理性体现为语言的连贯性,思维的形象性体现为语言的生动性,反之亦然。

根据《义务教育语文课程标准(2022年版)》的表述,思维能力主要包括直觉思维、形象思维、逻辑思维、辩证思维、创造思维等几种类型。

1. 直觉思维

直觉思维是指对一个问题未经逐步分析,只是依据内因的感知迅速对问题答案作出判断和猜想;或者,在对疑难问题百思不得其解时,突然对问题有了某种灵感和顿悟,甚至对未来事物的结果产生某种预感。其实,无论是语言理解还是语言运用,都是从直觉思维开始的。

2. 形象思维

形象思维是指在认识世界的过程中,用直观形象的表象去解决问题的思维方法。它是在对客观形象体系进行感受、储存的基础上,结合主观认识和情感进行识别,并用一定的形式和手段创造、描述形象的思维类型。

3. 逻辑思维

逻辑思维是指在认识事物的过程中借助概念、判断、推理等思维形式能动地反映客观现实的认识过程,又称抽象思维。只有经过逻辑思维,人们对事物的认识才能达到对具体对象本质规律的把握,进而认识客观世界。它是认识的高级阶段,即理性认识阶段。

4. 辩证思维

辩证思维是指以变化发展视角认识事物的思维方式,通常被认为是与逻辑思维相对立的一种思维类型。在逻辑思维中,事物一般是"非此即彼""非真即假",而在辩证思维中,事物可以在同一时间里"亦此亦彼""亦真亦假",但并不妨碍思维活动的正常进行。辩证思维最主要的特征是事物普遍联系的观点、发展变化的观点和对立统一的观点。

5. 创造思维

创造思维是指以新颖独特的方法解决问题的思维过程。通过这种思维,能突破常规思维的界限,以超常规甚至反常规的方法、视角去思考问题,提出与众不同的解决方案,从而产生新颖、独到、有社会意义的思维成果。

思维都始于直觉,最终又归于直觉。直觉思维是一切思维的基础,比较而言,直觉思维与形象思维联系更为密切,都属于人的右脑思维范畴。而逻辑思维与辩证思维联系更为密切,两者具有鲜明的理性思维特征,都属于人的左脑思维范畴。创造思维则是以上所有思维类型的综合与融通,是一切创造活动的灵魂与核心。

(四)审美创造:提升语文课程核心素养品位的必由之路

《义务教育语文课程标准(2022年版)》指出:"审美创造是指学生通过感受、理解、欣赏、评价语言文字及作品,获得较为丰富的审美经验,具有初步的感受美、发现美和运用语言文字表现美、创造美的能力;涵养高雅情趣,具备健康的审美意识和正确的审美观念。"

如果我们将"审美"界定为按照美的取向对事物或艺术品进行领会和鉴别,那么任何课程都要面对审美问题。语文课程的审美,一方面是对语言作品的审美,也就是说,是以具体的语言作品作为审美对象;另一方面是以语文的方式进行审美,也就是说,审美是以语言文字为载体,在语言实践活动中实现的。

根据《义务教育语文课程标准(2022年版)》的表述,审美创造主要包括审美感受、审美理解、审美鉴赏、审美欲望、审美表现等几个环节。

1.审美感受

审美感受是一切审美活动的基础。朱光潜先生说:"美感起于形象的直觉。"让学生通过感官感受到语言之美,这需要对语言有较强的感受力。例如,对语言表现出的音乐美的感受,就包括由声韵、平仄、重音、停顿等构成的语音链;对语言表现出的空间美的感受,就包括对形态各异、颜色丰富的自然景观的描写;对语言表现出的时间美的感受,就包括对事物发展与运动规律的描写及对自然哲理的思考。由语言内容和语言形式所直接引发的审美感受,是学生审美创造最基本的要素。它是学生对语言文字感性形式的一种直接观照,能使学生在精神上获得极大的满足感、愉悦感。

2.审美理解

审美理解是学生通过丰富的想象、深入的回味将语言美的画面在头脑中呈现并直觉把握其意义的过程。学生以自己的审美与语言作品中产生美感的元素互相作用,由此产生浮想联翩的效果及对美的辨别,并获得审美享受。例如,欣赏古诗词中那些大气磅礴的诗句,可以提升学生的人生境界;而还原那些描写外貌的词句,可以帮助学生透视人物的性格特征。总之,审美理解使学生对文字底蕴的把握变得更加深刻。

3.审美鉴赏

审美鉴赏是指学生以独特的审美价值观对语言文字的内涵和特征作出价值判断的过程。在语言文字的理解过程中,审美鉴赏主要是对文本的真实性、真理性、道德性以及风格的独创性所作的一种价值判断;在语言文字的运用过程中,审美鉴赏主要是将自己的审美价值观渗透及融入立意、选材、谋篇布局、遣词造句的过程中,并通过人物塑造、环境刻画、情节叙事、意象选择等形式表现出来。

4.审美欲望

审美欲望是指在对语言文字进行相对理性的评价和判断过程中,即在美的认识过程所引发的一种爱的情感。这种情感驱使学生对语言文字作品中的语言、形象、情感、思想等产生持续的回味、怀恋和向往。情感永远是审美的核心,审美欲望使原本伴随着审美感受产生的短暂的情感体验,升华为深刻而长久的审美心境,它是促使学生追求美、创造美、为了美奋斗不息的精神动力。

5.审美表现

审美表现是指学生在原有文本的启发下,发挥主观想象,对文本中有价值的信息进行假设、推想、创造的过程。它的出发点是审美感受,并且在丰富的语言实践过程中不断完善审美感受,它的落脚点是对语言形象、语言意境的重塑。例如,通过对叙事环境的重新构想、人物关系及情节的重新设计,完成对文本空白的创造;通过对外貌、心理活动及行为的想象,完成对人物形象的塑造。

一般而言,审美过程包括准备、观照、效应和外化四个阶段。准备阶段,主要是审美对象——语言文字及作品的呈现;观照阶段,是对语言文字及作品产生审美感受与理解,形成直接的审美经验;效应阶段,是在脱离具体的语言文字及作品之后,对审美经验的理性鉴赏与认识,并形成持续的审美欲望;外化阶段,则是运用语言文字表达美、创造美。

和润语文作为一种新的教育理念,注重情感教育和人文关怀,符合新课标背景下小学语文核心素养培养的要求。通过创设情感教学情境、丰富语言实践活动、拓宽文化视野、培养审美鉴赏能力等实践,形成富有情感、充满人文关怀的教学方式,培养学生的语文核心素养。

第二节 对接课标：推动自主合作探究学习方式落地

《义务教育语文课程标准（2022年版）》指出："增强课程实施的情境性和实践性，促进学习方式变革。""义务教育语文课程实施从学生语文生活实际出发，创设丰富多样的学习情境，设计富有挑战性的学习任务，激发学生的好奇心、想象力、求知欲，促进学生自主、合作、探究学习。"明确提出要对学生的学习方式进行变革，促进学生自主、合作、探究学习。

一、自主学习、合作学习、探究学习简析

（一）自主学习

自主学习是与传统学习相对应的一种新型学习方式。顾名思义，自主学习是以学生作为学习的主体，通过学生独立地分析、思考、探索、实践、质疑、创造等来实现学习目标。倡导自主学习，是要改变过去那种过于强调"接受学习"的倾向，而不是完全否定传统的学习方式。

自主学习有三个方面含义：由学习者态度、能力和学习策略等因素组成的主导学习的内在机制；学习者对自己的学习目标、学习内容、学习方法以及使用的学习材料的控制权；学习者在总体教学目标的宏观调控下，在教师的指导下，根据自身条件和需要制定并完成具体学习目标的学习模式。

自主学习具有自立性、自为性和自律性的特点。自立性是自主学习的基础，自为性是自主学习的实质，自律性则是自主学习的保障。这三个特性说明了同一个思想：学习主体是自己，自己是学习的主人，学习归根结底是由学习主体自己主导并完成的。

1.自主学习的步骤

第一，制定计划。制定计划并严格按照计划开展学习。

第二,确立目标。必须确立一个目标,有利于明确学习目的。

第三,确定范围。明确学习的内容,更好地进行学习。

第四,营造学习的氛围和环境。可以和好朋友一起开展学习上的比赛,让学习的环境活起来。

第五,自我检查和反思。找出自主学习中出现的问题和漏洞并改正。

2.自主学习能力的培养方式

第一,指导学法。指导预习,鼓励学生独立思考,勇于质疑问难。

第二,提供讨论交流的机会。为学生提供畅所欲言、各抒己见的机会,创设一个民主、平等、和谐的环境,让学生充满自信。

第三,明确目标,为自主学习提供方向。指导学生制定近期、具体的学习目标,设定跳一跳可以够得着的目标,再把复杂目标分解成具体的、简单的学习目标。

第四,培养兴趣,引发自主学习的内驱力。揭示知识产生的背景,增强教学的趣味性,培养学生乐于学习的情感;增进师生情感交流,点燃学生炽热情感;引导全体学生积极参与学习过程,体验成功的喜悦。

第五,养成习惯,使自主学习得以持续进行。养成认真阅读的习惯、独立思考的习惯、倾听与表达的习惯、质疑与补充的习惯等。

第六,分析成败的原因。失败的时候,不要打击学生,要静下心来一起跟学生分析失败的原因,并给予鼓励,让他们不灰心,继续学。成功的时候,也不要让学生太得意,分析一下这次成功的原因,让他们正确认识成功。

第七,树立责任意识。学习是自己的事情,不应要求师长去承担本该属于自己的责任。当学生具有高度的学习责任感时,他们便会主动地去学习,并努力去学习。

第八,家校配合。在关注学生的学习表现这个问题上,家校要相互配合,多联系沟通。一旦遇到问题,家校要形成一股强大的教育合力,来引导学生走出学习上的困境,达到进步的目的。

(二)合作学习

合作学习是指学生为了完成共同的任务,有明确的责任分工的互助性学习。合作学习鼓励学生为小组的利益和个人的利益一起学习,在完成共同任务的过程中实现自己的理想。

合作学习是一种古老的教育观念和实践。大约在18世纪初,英国牧师贝尔和兰喀斯特广泛运用过小组合作学习的方式。19世纪初合作学习观念传到美国,在教育家帕克和杜威的积极引导下,合作教学法在美国教育界占据了主导地位。然而,由于公立学校强调人际的竞争,合作教学法从20世纪30年代起失去了主导地位。20世纪70年代合作学习观念中道复兴,再度成为美国教育界的时尚,并在20世纪70年代中期至20世纪80年代中期取得实质性进展。由于它在改善课堂内的社会心理气氛,大面积提高学生的学业成绩,促进学生形成良好认知品质等方面实效显著,很快引起了世界各国的关注,并成为当代主流教学理论与策略之一。20世纪80年代末至20世纪90年代初,我国也出现了合作学习的研究与实验,并取得了较好的效果。

合作学习是一种结构化的、系统化的学习策略,由2—6名能力各异的学生组成一个小组,以合作和互助的方式开展学习活动,共同完成小组的学习目标,在促进每个人的学习水平的前提下,提高小组成绩,获取奖励。

合作学习的教育功能在于培养合作精神、交往能力、创新精神、竞争意识、平等意识、承受能力,激励主动学习。

合作学习的操作要点:明确学习目标、认可既定目标、恰当选择内容、提前进行指导、控制小组成员差异、同等成功机会、积极相互帮助、当面直接讨论、掌握社交技能、加工内部知识、掌握所学知识、保证学习时间、完成个人职责、表扬学习成果、总结学习结果等。

1.合作学习的运作理念

(1)协作学习观

学生以小组为单位,通过合作和协作,完成学习任务,提高学习成绩,这是合作学习的初心,也是合作学习的主要目标。

(2)学生主体观

学生主体观是21世纪中国现代教育观念的核心,把学生放在教学的主体位置,是中国现代教育改革的主要目标。合作学习模式恰好适应了学生主体的教学需要。要设计选择利于学生全程参与的学习内容和学习过程,让学生在参与学习过程中,学习知识、形成核心素养,使学生真正成为学习的主体。

(3)面向全体观

素质教育的核心是面向全体学生,推动义务教育高质量发展。合作学习的教学模式是实现这一教育思想的有效途径。合作学习是以小组为单位的,小组成员按学习能力和学习成绩的优、中、差三类搭配安排的。科学合理地分组进行合作学习,是实施面向全体学生的素质教育的有效措施。

(4)创新教学观

合作学习中的主体学习、全体参与以及小组讨论和合作的形式,为创新教学创造了极好条件。小组讨论民主的形式、宽松的氛围,会触发学生的创新思维,形成创新意识。形式多样的小组活动,使学生不仅能达到学习目标,还能学会学习,学会创造,形成创新能力。

(5)教师主导观

合作学习强调学生主体地位,也重视教师的主导作用。教师要激励学生的认知、情感和动机,为学生的参与创设一个充满民主、和谐、愉悦和智慧的学习氛围,从而产生师生合作参与、同频共振的激励场面,为最大程度地激发学生学习的主体性,促进学生主动参与、主动发展创造良好的条件。

(6)新型师生观

在合作学习中,教师与学生的关系应是情感相通、亲密无间、心灵相容的朋友关系。学校里的学习不是毫无热情地把知识从一个头脑里装入另一个头脑里,而是师生之间每时每刻都在进行心灵的接触。教师肩负着立德树人的重任,其情感对学生有着直接的感染作用。教师的情绪是良好的,情感是积极的,课堂气氛就容易和谐,师生关系就容易融洽。师生之间没有心灵沟通,缺乏情感共鸣,是难以产生"合力效应"的。

(7)思维同步观

课堂教学中师生的思维保持统一,是师生合作的基础。教师不仅要把握好教材纵横的内在联系,理解透每单元、每节课的重点、难点和关键点,还必须在授课前对学生进行定量、定性分析,针对学生已掌握的知识的量和质,找到已知与新知、已能与未能的结合点,然后有针对性地输出信息,以保证与学生思维的同步和统一。

2.合作学习的方式

(1)问题式

问题式即教师和学生互相提问、互为解答、互作教师,既答疑解难又能激发学生的学习兴趣的一种合作学习方式。这种合作学习方式又可分为师问生答、生问生答、生问师答、抢答等形式。在实施教学时,应根据学生的学习心理特征设置问题。

(2)汇报式

汇报式即通过汇报的形式,激发学生学习兴趣,培养学生自主探究学习品质,或作为课堂小结形式,检验学生对所学知识的理解。

(3)讨论式

讨论式即让学生对某一内容进行讨论,在讨论的过程中实施合作学习,以达到完成教学任务的目的。

(4)学科式

学科式即将几门学科联合起来开展合作学习。如语文课学了与春天有关的文章,可让各学习小组围绕春天去画春天、唱春天、颂春天、找与春天相关的各种数据、观察与春天相关的各种事物等,最后写成活动总结。

(三)探究学习

探究学习是指学生在学科领域内或现实生活情境中选取某个问题作为突破点,通过质疑、发现问题、调查研究、分析研讨、解决问题、表达与交流等进行探究学习活动,以获得知识,掌握方法。探究学习的核心是学生要有问题意识。问题是科学研究的出发点,是知识积累、思想发展的逻辑力量,是生长新思想、新方法和新知识的种子。探究学习的主体是学生,但离不开教师的指导和帮助。探究学习从问题或任务出发,必须遵循科学的研究方法。

1.探究学习的特点

(1)主动性

探究学习以学生的主体活动为中心来展开教学过程。学生以自己的经验和知识为基础,经过积极的探索和发现、体验与实践,以自己的方式将知识纳入自己的认知结构中,并尝试用学过的知识解决新问题。教师只是组织者、指导者和参与者。

(2)实践性

学生借助一定手段,运用多种感官,通过主体活动,在做中学,学生实践活动贯穿学习活动的始终。强调学生的感知、操作和语言等外部的实践活动,强调学生的直接经验和间接经验的交融、统一,使认知活动建立在实践活动的基础之上,用学习主体的实践活动促进学习者的发展。

(3)过程性

追求学习过程和学习结果的和谐统一。接受学习,重视学习的结果,更加关注学习的过程。探究学习非常注重学习过程中潜在的教育因素,让学生尽可能地像科学家那样,发现问题、解决问题,经历一个完整的科学研究过程,体验发现知识、再创知识的创新过程。

(4)开放性

探究学习打破了传统教学在统一规定下的教学模式,为学生提供了大胆创新、实现自我超越的学习环境。学生在探究学习的过程中,能够大胆地怀疑,提出问题,探讨解决问题的方案,对不同的结果进行分析,培养创新意识和创造能力。

2.探究学习的实施策略

(1)基本模式

"做中学"模式。教师通过设置适当的活动和任务,让学生投入真实情境中,在亲自动手操作的实践过程中学习知识、掌握科学的思维方法、培养对科学的积极态度。其程序是提出问题—做实验—观察记录—解释讨论—得出结论—表达陈述。

情境探索模式。其核心思想是为不同类型学习者设置适合于他们知识水平和心理特点的特定情境,引导他们进行积极的探索,并在探索过程中自主地选择适当的辅导内容和辅导方式。通过在一系列精心设计的情境中进行探索,学习者不仅会获得基本知识和基本技能,而且能掌握有效学习的方法,发展创新意识和实践能力。

(2)基本策略

力求展示科学家的探究过程,潜移默化地引导学生掌握探究的基本方法:创设科学探究的情境,精心设计教学程序,让学生参与探究过程;精心构思,把思维品质的提升作为重中之重;狠抓"发现问题"环节,突出思维的敏锐性;鼓励提出多种假说,培养批判性思维和创造性思维;指导实验设计,培养思维的启发性和创造性;强调运用思维的概括性去总结规律。

(3)注意问题

在各科目中都可以开展探究学习;不同学段对探究的水平有不同的要求;探究学习要与现代技术,如多媒体和互联网等相结合;探究学习的评价应以形成性评价为主。

二、自主学习、合作学习与探究学习的区别和联系

(一)区别

第一,侧重点不同。自主学习强调个体独立、主动、自觉、自我负责,强调对学习的自我定向、自我监控、自我调节和自我评价,它与被动学习是相对的;合作学习强调以学习小组为依托,以群体的分工协作来进行学习,它与独立学习是相对的;探究学习强调以问题为导向,以探究、发现的方式来习得知识和技能,它与接受学习是相对的。

三种学习方式有着不同的侧重点,反映了三种不同的学习价值取向。自主学习强调的是培养学生独立学习的能力,为其自主地发展和适应社会奠定基础;合作学习强调的是协作、分享精神,为其在社会性群体中的适应和发展做准备;探究学习强调培养学生探究未知世界的能力,为其能够创造出更多的新的思维产品打基础。

第二,对应点不同。自主学习(意义学习)是相对于被动学习(机械学习)而言的,是指教学条件下学生的高质量学习。合作学习是针对教学条件下学习的组织形式而言的,与其相对的是"个体学习"。探究学习(发现学习)是相对于接受学习而言的。自主学习以个体学习为主,合作学习以团队学习为主,探究学习既可以个体学习为主也可以团队学习为主。

(二)联系

第一,自主、合作、探究的学习方式贯穿学习过程的始终。从学习资源的开发来看,教师具有开发课程资源的自主权,学生同样具有开发课程资源的自主权,但教学内容必须吸纳学生的经验。从学习资源的实施过程和方法来看,学

生与课程文本之间是积极互动关系,不是被动接受已定课本。自主、合作、探究,无处不在,教师不应把整个教学过程看成既定教素的演绎,应根据学生的兴趣爱好和探究欲,及时调整既定教素。从学习结果的评价来看,应做到形成性评价与总结性评价、客观性评价与主观性评价、学生自我评价与学生合作评价、教师评价与学生评价的有机结合。

第二,自主、合作、探究的学习方式是一套组合拳。教学过程中要本着充分利用三种学习方式的优势、促进学生发展的原则来寻求最佳的学习方式搭配。一般来说,先要鼓励学生对学习内容进行自主学习;如果自主学习过程中产生疑问,就鼓励个体开展探究学习;如果个体研究还不能解决问题,就组织开展小组或集体合作的探究学习,直至问题解决。

第三,自主学习是合作、探究学习的前提。因为学习是学生独立获取知识、提高能力、锻炼思维的过程,任何人都不能取代学生作为一个独立的"主体"在教学中的地位,外在的任何信息都必须通过学生的独立思考、吸收才会起作用,合作、探究不能取代学生的思考和实践,自主学习应该是教育的最终目的和归宿。

第四,合作学习是以自主、探究为基础的"合力完成任务"或"帮助完成任务"。"合力完成任务"是把一项任务分解成若干个"子项目",每个小组成员负责一个"子项目",各自完成任务后再"组合"的学习方式。"帮助完成任务"是通过自主学习解决不了问题时,求助他人帮助解决问题或合作解决问题的学习方式。

第五,探究是贯穿自主、合作学习过程中的一种态度,一种精神。探究追求的是过程而不是结果,看重的是学生在探究过程中的体验而不是结论。在探究学习中,培养学生敢于质疑、勇于创新的勇气和动手、动脑的能力,鼓励学生用探究的眼光来对待学习中遇到的问题。自主学习,不仅要求学生有主动探究的精神和动机,而且要求学生对自己的探究过程主动进行监控和调节,对自己的探究结果进行总结和评价;合作学习,经常要开展探究活动,分工协作,各展所长,交流研讨,共同解决问题,共同研究成果。

三 和润语文理念下自主学习、合作学习、探究学习方式的核心策略

对接课标,和润语文推崇自主、合作、探究的学习方式,我们认为要把这样的学习方式落地,需主要遵循以下五点核心策略。

第一,确保学生的主体地位。学生是学习的主体。教学活动要面向全体学生,同时又要尊重学生个体的学习自主权。允许学生根据个人的兴趣、能力和特长,自主选择学习内容和学习方式,帮助学生学会自我监控、自我反思。因材施教,开展差异化教学,加强个别指导,探索个性化的教学方法,满足学生多样化的学习需求。

第二,设计真实多样的语文实践活动。贴近学生生活,做好学习活动的设计。注重过程指导,教学活动、问题和支架设计力求层次多、覆盖面广、参与性强。基于语文技能之间的互惠互促关系,倡导说写结合、读写结合、学思结合,追求"教学做"一体设计。改变传统的教学方式,积极利用新媒介促进学习,开展跨媒介教学平台的应用。倡导创意性、趣味化、多样化的作业形式和活动设计。突破学科藩篱,运用不同学科的知识、信息、资料,开展跨学科学习设计。想方设法利用学校、家庭、社区和网络资源,拓展学习的方式、渠道和空间。

第三,倡导新型教学方式的变革。改变传统的课堂中心、讲授为主、烦琐训练的教学方式,积极探索新型教学方式。鼓励开展大单元教学、专题式学习、项目式学习、任务型学习和跨学科学习,积极推行自主、合作、探究的学习方式。教师要灵活运用多种教法,如设境激趣、启发诱导、讨论交流、示范操作、有意义传授、实作演练以及多媒体辅助等,教学手段要使用得当。重视教学活动的复杂情境和螺旋进阶设计,让学生经历知识发现和技能形成的过程,避免简单机械地告知结论。"说到—知道—做到"之间有一个复杂的转化过程。语文实践并不排斥知识,而是要在有效理论和知识指导下开展学科实践。教师应引导学生接触语文材料,参与语文实践活动,发现和掌握语言运用的规律。教学过程力求环环相扣、相机推进、张弛有度、务实高效。学习别人好的教学方法,反对机械照搬;继承传统语文教育的经验,反对因循守旧;学习国外先进的母语教育经验,但要立足中国实际,探索行之有效的教学方法和策略。坚持学科知识、学生认知与社会生活的统一,坚持教学目标、内容和方法的逻辑统一,将教学行为建立在严谨学理和循证实践的基础上。

第四,创新作业布置方式。在"双减"政策背景下,语文教师要转变作业的观念,改变传统的机械、粗糙、烦琐的作业方式,减轻学生负担,提高语文教学效率。作业除书面作业外,还可以是观察、访谈、朗诵、表演、观赏、搜索、制作、研究、汇报、交流、讨论、项目学习、社区服务等各种社会实践活动。要把学生从烦琐枯燥的纸笔作业中解放出来,探索有利于提升学生真实语文能力和全面素质的作业方式。严格控制作业数量,提高作业布置的质量,不任意增加学生的学习负担,探索多样化、个性化、分层次的作业布置方式。

第五,营造良性的教学文化。教学文化是核心素养教育的重要保障。语文教师要厚植人文情怀,高扬人文精神,呵护儿童的天性、个性和创造性,赋予语文教学以生活意义和生命价值。改变讲授为主、整齐划一的控制型课堂,构建平等参与、合作交流、互助探究的教学文化,激发并保护学生的求知欲、自信心和成就感;鼓励学生提出有价值的问题,发表不同意见;重视学生的原初经验和独特发现,形成主动交流、质疑探究、快乐高效的学习氛围。教师要以学习的组织者、参与者、协作者等平等角色出现,不包办代替,不以权威自居,要能自省、善反思、多商量,要有教学民主意识。建立和谐的师生关系,充分发挥师生双方在教学中的主动性和创造性。平等地对待每一位学生,给予每位学生平等参与学习活动的机会,确保学生全体、全面、全程、有效地参与学习。

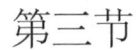

第三节 学科本位:落实学习任务群的课程内容变革

《义务教育语文课程标准(2022年版)》提出了"语文学习任务群",这是一个让大家既感新鲜又难把握的概念。《义务教育语文课程标准(2022年版)》中对学习任务群的概念尚未作出明确的界定,但是为学习任务群的建构指明了实践的方向。

一 "语文学习任务群"的教学解读

《义务教育语文课程标准(2022年版)》中对语文学习任务群作了如下表述:"义务教育语文课程内容主要以学习任务群组织与呈现。设计语文学习任务,要围绕特定学习主题,确定具有内在逻辑关联的语文实践活动。语文学习任务群由相互关联的系列学习任务组成,共同指向学生的核心素养发展,具有情境性、实践性、综合性。"这几句话对学习任务群的功能、定位及特征作了概括性描述,具体包含了三层意思。

(一)学习任务群是形成核心素养的内容载体

通俗地说,语文学习任务群的功能定位可以用一句话来概括:"用语文来做事,在成事中成人。"任务就是做事,语文学习任务就是学生用语文来做事,在学会做事的过程中学会做人。正如崔允漷教授所说:"核心素养就是指能做事,关键能力就是能做成事,必备品格就是习惯做正确的事,价值观念就是坚持把事做正确。"俗话说"巧妇难为无米之炊",核心素养的培养必须有所凭借。《义务教育语文课程标准(2022年版)》指出,语文课程培育的核心素养,是学生在积极的语文实践活动中积累、建构并在真实的语言运用情境中表现出来的,是文化自信、语言运用、思维能力和审美创造的综合体现。语文学习任务就是有内在逻辑关联的语文实践活动,就是核心素养形成与发展的内容载体。

深入地看,用语文做事,用的是语文知识。知识具有三层结构:第一层是概念层面,回答"知识是什么";第二层是逻辑层面,回答"知识怎么来的",揭示了知识产生的路径、方法、过程等,表现为学科方法、学科思维、学科思想等,具有智能生长的意义;第三层是价值层面,回答"知识有什么用"。可见,知识内含着人的素养形成的基本要素和必备养分,就像饭里有人生长必需的营养,所以人吃了饭就能长身体。同样的道理,学生用语文知识来做事,就能将语文知识转化为核心素养。如果学生只用语文知识来考试,那么就停留在了"知识是什么"的理解与记忆层面,在知识的圈子里打转,知识还是知识;如果学生用语文知识来做事,就能进入"知识怎么来的"与"知识有什么用"的探究与运用层面,在问题解决中创造性地运用知识,甚至创造属于自己的个体知识与精神世界,实现知识的素养转化。

(二)学习任务群是语文课程内容的组织方式

《义务教育语文课程标准(2011年版)》中的课程内容,呈现为五个领域:识字与写字、阅读、写作(写话与习作)、口语交际及综合性学习,是按照听、说、读、写、用五个语言文字的运用方式来建构的,每一个领域各成系统。部编版教材则按照五个领域的课程内容,采用人文主题与语文要素"双线组元"的方式编排单元,130多个语文要素是课程内容的具体化,改变了以往教学内容的不确定性。

《义务教育语文课程标准(2022年版)》的课程标准则在此基础上,遵循"少而精、做中学"的原则,进行了结构化的整体建构。

一是突出三大内容主题:中华优秀传统文化、革命文化、社会主义先进文化。三大文化主题的作品占60%—70%,外国优秀文化、科技进步和日常生活等类型作品占30%—40%。

二是设置三个层次六大任务群:第一层,基础型学习任务群(1个),即"语言文字积累与梳理";第二层,发展型学习任务群(3个),即"实用性阅读与交流""文学阅读与创意表达""思辨性阅读与表达";第三层,拓展型学习任务群(2个),即"整本书阅读"与"跨学科学习"。

由此可见,学习任务群是课程内容的组织与呈现方式,类型和层次是按照内容与形式的整合程度来设置的。从内容的载体形式来看,有语言文字,包括字、词、句等;有语言作品,包括实用性作品、文学性作品、思辨性作品等;还有文物、旧址、媒介及活动等,据此可以建构不同类型的任务群。从内容的整合程度来看,从语句到语篇,从语篇到整本书,从单学科到多学科,据此可以建构不同层次的任务群。俗话说"饭要一口一口地吃",结构化的学习任务群正是按照用语文做事的实践逻辑来建构的,由浅入深,由易到难,从简单到复杂。

(三)学习任务群是学生必须经历的学习规定

学习任务群是结构化的课程内容,增强了学科知识之间、学科与生活之间、学生与生活之间、学科与学科之间的多重联系,具有情境性、实践性与综合性。布鲁纳的发现学习理论表明,结构化课程与发现式学习是一体两面。对于多而碎的要素式课程内容,采取训练式、接受性学习的实际效率可能会更高,探究性学习自然就被束之高阁。学习任务群倒逼学习方式的变革,学生必须采用探究性、发现式的学习方式,才能在任务解决中获得原理性知识与关键能力。从这个意义上看,学习任务群对学习方式的转变具有内在的规定性。

《义务教育语文课程标准(2022年版)》中的六个学习任务群,从学习内容和教学提示中,可以发现相同的"做事"结构:每个任务群可以分设不同的学习主题,围绕学习主题设计系列学习任务,每个学习任务设置多个学习活动,每个学习活动具体化为若干个活动步骤。从学习主题到学习任务、学习活动、活动步骤,具有内在的逻辑一致性,规定了学生必须经历的做事过程。余文森教授说得好:"能力只有在需要能力的活动中才得以培养,素养只有在需要素养的活动中才得以形成。"学生必须经历这样完整的实践活动过程,才能在做成事的过程中发展核心素养。直白地说,就是学习任务群这样的"饭",你必须这样"吃",才能消化,才能吸收到其中的营养,才能长身体,否则就是囫囵吞枣。从这个意义上看,学习任务群实际上规划了一张学生必须经历的学习路线图。

二 "语文学习任务群"的实践要义

《义务教育语文课程标准(2022年版)》对"语文学习任务群"的实施提出了富有针对性的教学建议:"明确学习任务群的定位和功能,准确理解每个学习任务群的学习内容和教学提示。在此基础上,综合考虑教材内容和学生情况,设计不同类型的学习任务,依托学习任务整合学习情境、学习内容、学习方法和学习资源,安排连贯的语文实践活动。"这段话意味着学习任务群的设计与实践要遵循学科逻辑、学习逻辑及生活逻辑相统一的原则,回答关于做事的五个根本问题:为何做?用何做?做什么?如何做?做得如何?

(一)主题性统整:为何做与用何做?

学习任务群中的学习主题,不同于部编版教材"双线组元"中的人文主题,是在特定人文话题中用以解决真实问题的学科观念,具体包括三层含义。

其一,特定的内容主题,是中华优秀传统文化、革命文化、社会主义先进文化以及优秀外国文化、科技进步与日常生活等文化主题中的一个话题。比如"爱与责任""社会公德大家谈""家乡文化探究"等,与学生的生活相连。

其二,真实的情境问题,是学生在特定话题中需要解决的真实问题。这里的真实,有三种情境:一是现实的真实,真人、真事、真场合,产生问题解决的实际需要。二是可能的真实,虽然是别人的事,但自己极有可能会遇到,产生真实的换位体验。比如,小明成绩不理想,却想参选班干部,因此被同学笑话。这样的尴尬事,每个人都会遇到,该如何用话语来化解?三是虚拟的真实,明明是假的,却往往有身临其境之感,甚至比真的还要真。比如,学生一旦代入并扮演课文中的某一个角色,就会直面角色需要解决的问题。

其三,统整的学科观念,是学生用来解决真实问题的学科知识。有专家认为,学科观念是一门学科的知识体系中最具解释力、统整力和渗透力的核心知识,内含学科思想、学科方法、学科思维等。语文学科观念是语文要素的上位统整和实践指南,可以表述为解决真实问题的一个"金句"。比如部编版教材五年级下册《自相矛盾》《田忌赛马》《跳水》组成的单元,以"了解人物的思维过程"为语文要素,我们从问题解决的角度,凝练成这样一个学科观念:像聪明人那样思考问题。这样的学科观念才能让学生在梳理与探究中,发现旁观者、孙膑及船长等聪明人的思维方式与思维方法,以实现自身的改变。

只有文化主题而无特定话题,过于宽泛的学习往往会跑题;只有特定话题而无真实问题,脱离实践的学习常常异化为做题;只有情境问题而无学科观念,就事论事的学习难以改变原有的心智模式。学习主题以学科观念将文化主题中的特定话题与真实的情境问题加以统整,凝聚成了一个极具张力的学习生长点,解决了为何做与用什么做的问题。

(二)关联性任务:做什么?

学习任务群是以任务来驱动学习,必须设计具有挑战性的情境任务,既要关注任务内在要素的关联性,又要关注系列任务之间的层次性,以此增强学生学习的主动性、积极性与创造性,让学生真正成为学习的主体。

其一,任务内在要素的关联性。完整的任务包括六个要素:一是目标,明确要做什么事;二是角色,学生以什么身份去做这件事;三是对象,对谁做这件事;四是时空,何时何地做这件事;五是表现,怎样去做这件事;六是结果,这件事做成什么样。六个要素是一个整体,具有内在的逻辑关联,在任务设计中需要遵循要素的关联性及一致性。比如部编版教材四年级上册《西门豹治邺》中,我们将"简要复述故事"这个语文要素凝练成具有普适性的"用事实说话"这个学科观念,设计了这样一个充满挑战性的学习任务:西门豹调查民情后,要给魏王写一封奏折汇报情况,要求不超过50个字(不含标点)。如果你是西门豹,该怎么写?学生在虚拟的情境中,以西门豹的角色,给魏王写了封奏折:"禀大王,邺县既有天灾又有人祸。年年干旱不说,还有巫婆和官绅勾结,以河伯娶媳妇为借口骗钱害人,逼得百姓四处逃亡。"奏折言简意赅,妥帖得体,体现了学生运用语言文字进行有效交际的能力。

其二,系列任务之间的层次性。围绕学习主题设计的系列学习任务之间,如果缺少内在的逻辑关联,就变成了任务拼盘,而不是任务群。学习任务群的设计,就是要以真实的问题解决为主线,整合学习情境、学习内容、学习方法与学习资源,按照"做事"的实践逻辑,确定要做哪几件具有挑战性的"大事",体现"做事"的连续性与层次性。比如《西门豹治邺》中,我们在写奏折的任务基础上,连续设计了两个有挑战性的情境任务:一是劝邻居回来。西门豹惩治了巫婆和官绅头子,破除了迷信,老百姓奔走相告。如果你是一个当天在场的村民,请你用上西门豹的三个"借口",把逃到外地的邻居劝回来。二是动员百姓开凿水渠。兴修水利持续了很长时间,当地的百姓厌烦劳累,不大愿意继续干下去。如果你是西门豹,会怎么激励老百姓呢?请你写份"百字演讲",用最少的话激励最多的人。三个情境都是交际性任务,都要用事实说话,但是难度有层次:第一个写奏折,提炼文中关键信息就能完成;第二个劝邻居,需要写清西门豹的三次惩罚,阐明利害才能说服别人,具有一定的难度;第三个作演讲,文本中是个空白,需要学生凭借课外资料提取观点和事实,还须推敲话语的现场感染力,难度再上一个台阶。这样的"登山式"系列任务,才能持续推动学生的深度学习。

(三)典型性活动：如何做？

学习任务的设计要体现语文的学科特质，做语文的事，且用语文的方式做事。学生在问题解决的过程中，必须经历具有语文学科特质的实践活动，才能形成语文课程培育的核心素养。在"如何做"这个关键问题上，要突出以下两点。

其一，让学生亲身经历学科实践。学生的实践活动有两种：一种是大脑的认识活动，以听讲、理解、记忆、作业、练习等为主要活动形式，被称为"颈上学习"，也称为"座中学"；一种是身体的实践活动，通过身体器官或借助工具进行学习，以观察、实验、设计、观赏、创作等为主要活动形式，被称为"具身学习"，也称为"做中学"。学科实践就是强调"做中学"，即学科专业共同体怀着共享的愿景与价值观，运用学科的概念、思想与工具，整合心理过程与操控技能，解决真实情景中的问题的一套典型做法。事实上，"座中学"与"做中学"对学生的能力发展和品格形成会产生截然不同的影响。"做中学"体现了语文课程的实践性，学生亲历语文学科特有的实践活动，获得的是可迁移的专家思维，而不是会遗忘的专家结论。

其二，为学生设计典型学科活动。语文学科典型的学习方式有三种：阅读与鉴赏、梳理与探究、表达与交流。学习任务群视域下的语文学习活动，就是在真实的情境中，综合运用三种语文学习方式去解决复杂而又不确定的挑战性问题。比如部编版教材五年级上册《落花生》中，我们以"在情境中借物说理"为学科观念，设计了一个"借梅育人"的学习任务，具体化为三个连贯的语文学习活动。一是阅读与鉴赏，聚焦父亲的三段话，即"花生的好处很多……它的果实埋在地里，不像桃子、石榴、苹果那样……""所以你们要像花生……""人要做有用的人，不要做……"通过阅读、讨论、归纳，读出父亲所讲的人生道理。二是梳理与探究，获得父亲借物说理的"专家思维"，聚焦三段话中的关键词，从中发现父亲借物说理的类比思维：先用"……不像……"，物与物比，突出花生的可贵之处；再用"……要像……"，人与物比，点出做人的品格；最后用"人要做……不要做……"，从正反两个方面道出做人的道理。三是表达与交流，设计情境任务：冬季，父亲带着孩子们在公园里赏梅，想借梅花教育孩子们要坚强，该怎么说？考验学生运用专家思维来借梅花说道理的表达能力。三个典型的语文实践活动，实现了用语文的方式学语文。

(四)表现性步骤:做得如何?

学习活动的充分展开,需要设置有可操作性的活动步骤,对每个活动步骤中的学习行为,应提出具体的行为要求或行为指令,比如读一读、画一画、议一议等,让学生把事一步一步"做"扎实,完整而充分地经历学习活动的过程。

其一,关键动作做到位。活动步骤中的关键动作,决定问题解决的效率与质量,必须要做到位,不能含糊,更不能省略。就像体育活动中的立定跳远,包含下蹲、摆臂、起跳,其中摆臂的幅度、力度与身体起伏的协调性是关键,必须严格训练到位,才能锤炼身体机能,跳出最好的成绩。语文实践活动就要像上体育课一样精心组织,力求学生在每一个活动步骤中的关键动作都能做到位。比如《落花生》中探究父亲借物说理的"奥秘",需要学生经历三个步骤:一是边读边画出表示物、人、理三者关系的关键词;二是议一议父亲由物到物、由物到人、由人到理的说理过程,用上"先……再……最后……"的句式概述;三是比一比,找到物的特点与人的品格之间的相似性,总结归纳父亲借物说理的类比法。画一画、议一议、比一比,每一步都不可或缺,唯有经历这样一个完整的活动步骤,才能发现语言运用的方法与规律。

其二,思维盲区看得见。活动的质量取决于思维的质量,活动步骤中的动作看得见,而活动步骤中的思维却看不见,学生是怎么思考问题的,成了一个盲区。我们需要借助学习工具,通过思维导图、动作演示等方式,展现学生的思维过程,帮助学生打通思维中的那堵墙。比如《田忌赛马》中孙膑的思维过程,学生怎么说都难以说清楚、说透彻。我们不妨借助四顶"思维帽",清晰地还原人物的思维过程,让学生学会像孙膑一样思考问题、解决问题:先用"白帽子",找输的原因,用"之所以……是因为……"来阐明;再用"黄帽子",找马的优势,用"虽然……但是……"来表述;然后用"绿帽子",找赢的办法,用"如果……就……"来假设;最后,超越孙膑,用"黑帽子",找办法的漏洞,用"假如……那么……"进行批判性思考,找出调换马的出场顺序也会输的种种可能。这样亲历思维的过程,才能获得专家思维,促进核心素养的发展。

其三,作品表现有标准。学习活动在步骤设置时,要特别设计学生学习结果的呈现形式及评估标准,多采用书面表达或实物制作的形式,以具体可视的作品及表现来评估学生的学习成效。我们可以设计一张学习任务单,留给学生足够的书面表达的时间,将学习的所思所感所得写下来,让学有留痕,评有证据。

再好的活动步骤,也需要科学而艺术化的课堂管理来落实。因此,要从学习心理学和群体管理学的视角,对学习活动及步骤操作进行细化与优化,力求让每一个活动都有实效,让每一个学生都有进步。

三 和润语文落实学习任务群的实践路径

教材是课程内容的重要载体,也是开展教学的主要资源。我国中小学语文教材的编写体例已经实现了从单篇到单元的转变,单元整体教学已经成为被普遍接受的教学组织方式。和润语文认为要落实学习任务群,就要综合考虑教材内容和学生情况,设计不同类型的学习任务,依托学习任务整合学习情境、学习内容、学习方法和学习资源,安排"四步走"的连贯的语文实践活动。

(一)确认:正确理解各学习任务群的定位和功能

《义务教育语文课程标准(2022年版)》设置的六个学习任务群与义务教育语文课程要培养的核心素养是整体对应关系,每个学习任务群均能促进核心素养四个方面的发展,对其中的某一个或几个方面具有独特的价值和贡献。教师要在理解每个学习任务群内涵特征的基础上,认识它们对学生语文学习和未来生活的功能定位。作为基础型学习任务群,"语言文字积累与梳理"要求其他五个学习任务群提供材料、提出问题,奠定学习基础,除了设置与其他学习任务群融合的学习任务外,还应设置专门化的学习任务。三个发展型学习任务群具有不同的功能定位,"实用性阅读与交流"主要凭借获取、传递、交换客观信息来解决社会生活中的真实问题;"文学阅读与创意表达"主要凭借主观情意的表达探索人类共同的恒久的思想、情感,助力学生的精神成长和思想发育;"思辨性阅读与表达"主要凭借客观事实和推理作出判断,选择客观事实的不同角度及组合事实的不同方式,会形成不同的观点,因而产生思辨的需求。作为拓展型学习任务群,"整本书阅读"有利于培养学生规划学习进程的能力,养成长久关注、系统思考的思维习惯;"跨学科学习"的任务大多是高度模拟的社会生活实践和学术研究活动,能够帮助学生融通多种思维方法解决问题。

正确理解各学习任务群对学生核心素养发展的独特价值,以及对学生语文学习和社会生活的独特功能,有助于理解语文课程内容的整体性,认识学习任务群之间的内在关系。

(二)关联:基于学情联结教材单元和学习任务群

语文学习内容具有综合性,听、说、读、写联系紧密,各学习任务群的学习内容互相交叉、渗透,因此教材的某个单元大多能够落实多个学习任务群的学习内容,可以作为多个学习任务群的教学资源。一个由文学作品构成课文系统的单元,可以分析形象、语言、情感,指向语言鉴赏和审美体验,落实"文学阅读与创意表达"的学习内容;可以基于文学体验引发对学校、家庭、社会问题的关注,根据交际情境和对象有效传递信息,开展"实用性阅读与交流";可以分析作品中的思想情感,生成议题,辨析态度与立场,辨别是非、善恶、美丑,通过对课文观点的评估分析开展"思辨性阅读与表达";可以由其中一篇作品延展到某部作品,组织学生进行"整本书阅读";可以在文学阅读的基础上联结课堂内外,联系其他学科的知识,解决具体的社会生活问题,设计"跨学科学习"。

教师也可以将单元的某部分内容,如课文、习作、口语交际、语言文字知识、综合性活动等抽取出来,使之关联其他学习任务群,让一个单元落实两个或多个学习任务群的学习内容。

教师应根据学生的实际需求,在教材编写意图与学习任务群、学习内容间建立合理联结,探索国家课程的校本化实施。从这个角度来看,学习任务群为提高教师的课程领导力搭建了平台。

(三)厘定:整体分析教材内容与确定单元学习主题

就学习任务群的情境性、综合性、实践性而言,采用单元整体教学的方式更有利于落实其基本理念。教材单元通常包括课文、助读、练习和知识四套系统,每个单元的四套系统应能够聚焦在某个或某些关键词上,以集中体现单元教学价值。综合分析教材的四套系统,抽取出关键词,是厘定单元学习主题的基础。每个学习任务群的学习内容是分学段列出的,每个学段内细分为若干条目,每个条目都包括相对广阔的内容范围,需要多个教材单元共同落实。基于学段学习内容分析单元关键词,调整关键词的联结与表述方式,使之与学习内容形成清晰的对应关系,能够确定单元对于落实任务群学习内容的具体价值,进而厘定单元学习主题。

教师按照上述过程确定教材不同单元的学习主题后,还需要对比落实相同学习内容的主题,全面整理,形成系列。学习主题应能够表现语文学习的典型思维方法,能够引领学生实现经验和知识的互动转化。不同地区、学校制定的学习主题可能有所不同,但指向同一学习任务群的学习主题对应的逻辑关系应清晰,具有整体性,学段与学段之间能够体现出进阶性与发展性。

(四)设计:针对学习目标设置结构化的学习任务

教师要针对一个学习主题开展学情调研,根据调研结果制定统整性学习目标。为达成学习目标,可以设计一个或多个学习任务,各个学习任务的内在逻辑要能够体现语文学习的基本规律,整体呈现学生的认知过程。学习任务通常需要较长的学习历程,教师可通过连贯的语文实践活动将其划分为合理的学习阶段。《义务教育语文课程标准(2022年版)》倡导设计结构化的学习任务,结构化一方面表现为任务与任务之间的逻辑关系,另一方面则表现为支持任务完成的语文实践活动具有内在联系。

学习任务包含学习情境、学习内容、学习方法和学习资源,教师需以学习内容为中心对四个要素作统筹安排。同一学习内容可以有不同的任务设计,如认识某种文体的特点,可以设计比较阅读的任务,通过与其他文体的对比来突出其特点;可以设计读写结合的任务,引导学生在写作实践中认识文体特点;可以设计抽象概括的任务,在具体体验的基础上帮助学生形成抽象化的认识。各种任务均应有情境载体,真实的情境能够让学生有真实的角色感、真实的实践体验,唯其真实,才能够唤醒学生的学习经验,激发其参与热情,起到动员学习的作用。

第四章

和润语文的实施路径

第一节 教学相长——打造"互动·体验"的教学策略

一、"互动·体验"问题的提出

《义务教育语文课程标准(2022年版)》对语文课程的性质进行了这样的定义:"语文课程应引导学生热爱国家通用语言文字,在真实的语言运用情境中,通过积极的语言实践,积累语言经验,体会语言文字的特点和运用规律,培养语言文字运用能力;同时,发展思维能力,提升思维品质,形成自觉的审美意识,培养高雅的审美情趣,积淀丰厚的文化底蕴,继承和弘扬中华优秀传统文化、革命文化、社会主义先进文化,增强对习近平新时代中国特色社会主义思想的理解和认识,全面提升核心素养。"

"真实的语言运用情境""积极的语言实践""培养语言文字运用能力"等关键字眼,阐明了互动、体验是语文学科的应然要求。

二、"互动·体验"的基本定义

"互动式教学"指的是通过营造多边互动的教学环境,在教学双方平等交流探讨过程中,达到不同观点碰撞交融,进而激发教学双方的主动性,提高教学效果的一种教学方式。

"体验式教学"是指教师根据教学内容,运用多种教学手段或方法创设一定的场景,让学生通过场景的体验,激发认知冲动,然后在教师的指导下,学生之间展开交流,分享个人体验,提升认知层次,完成教学目标的一种创新教学方法。体验式教学法是一种综合教师的引导、学生的参与实践、师生的感悟交流三个方面的教与学的模式,即通过以体验为核心的一种学习方式,促进学生知识、能力、情感的发展。

"互动式教学"与"体验式教学"是相辅相成、相互融合的,两者是你中有我、我中有你的关系,不可分割。和润语文提出的"互动·体验"教学是在《义务教育语文课程标准(2022年版)》理念的指导下,教师和学生一起进行互动交流和探究体验式教与学,使得学生在互动交流、探究体验的氛围中自主学习、质疑、展示,全面而高效地完成学习任务,进而实现课程目标、教学相长的教学法。

三 "互动·体验"的实践意义

"互动·体验"教学具有学习情境的还原性和完整性,具有学习主体的自主性和创造性,具有学习过程的亲历性和生成性。其着眼于语文学科,是基于小学语文学科课程特质和小学生年龄特征及认知规律,通过创造实际的或重复经历的情境和机会,呈现、再现、还原知识语境,使学生在亲历的过程中理解并建构知识、发展能力、生成意义的教学观和教学形式。"互动·体验"教学以建构"回到源头"的语文学习新生态,培育完整的人为旨归,符合《义务教育语文课程标准(2022年版)》的理念和语文课程特质。

(一)关系视角的回归:学生自主

"互动·体验"在教学关系层面突破了教师设计、支配、控制学习的教师中心局面,由原来关注教师的"教"转向关注学生的"学"。倡导创建安心温暖的学习环境,引导教师充分信任学生,尊重、珍视、保护学生自主性,给予学生自主学习的时间和空间;引导教师建设师生间学习共同体关系,陪伴并支持学生经历学习过程;要求教师基于学习目标,充分了解学生"已知",在具体的学习情境中通过富有召唤性的学习任务(群),对接学生的"最近发展区",唤醒学生学习欲求,激活学生实践主动性和探究积极性,进行深度参与性学习。

小学语文"互动·体验"教学的实践,使学习回到了学生,回到了学习本体的源头,体现了教育本质的回归,体现了语文课程育人的根基性。

(二)知识视角的回归:情境融通

广义的学习是指人与动物在生活过程中凭借经验产生的行为或行为潜能的相对持久的变化。这里的"生活"对学习而言即学习情境。语文课程强调课程实施的情境性,关注学习情境的创设,其中创设真实的学习情境是体验教学重要的实践要素。美国心理学家、教育家布鲁姆将知识分为四大类:事实性知识、概念性知识、程序性知识、元认知知识。从知识学习的角度,这四类知识在具体的语文学习中往往是你中有我、我中有你,互相联结,统一于具体的情境中的。根据语文课程结构化内容的学习要求,体验式教学的实施,在倡导基于语文课程学习任务群创设融通的学习情境的基础上,更加注重联结学习主题、内容、任务的学习情境的创设。

小学语文"互动·体验"教学中情境的创设包括真实的生活情境、场景式学习情境、虚拟情境、文本交互情境、文本内涵与儿童生活联通情境、线上线下融通情境、认知与情感结合情境等。情境的融通以将课堂向四面八方打开的方式,使学习回到生活情境,回到认知的源头。情境的融通,有助于促进体验与知识、体验与思维、体验与情感的整体融通,促进学习与生活的互动贯通,从而实现学生核心素养的整体提升。

(三)经验视角的回归:实践生成

经验不是学习实践(体验)的终结产物,而是伴随学习实践的过程生成与发展。义务教育语文课程培养的核心素养是学生在积极的语文实践活动中积累、建构并在真实的语言运用情境中表达出来的。这凸显了语文学习的实践性。

与此相应,小学语文"互动·体验"教学实践中,具身实践性乃是重要表征。一方面,"互动·体验"作为方式,其内涵与实践相通,呈现了学习的过程性和生成性。另一方面,"互动·体验"作为结果,以语文实践活动为基础,呈现了学习的阶段性和发展性。

进行小学语文体验教学的实践,从某种意义上来说,一是将语文实践的视角进行转换,在教与学的活动中,更关注实践(体验)过程的有效性和生成性;二是将语文学习评价的视角进行转换,即从重学习结果(总结性评价)转化为重学习过程(优化表现性评价,将过程性评价和阶段性评价相结合)。

苏霍姆林斯基曾说:"没有也不可能有抽象的学生。"小学语文"互动·体验"教学的实践,是指向每一个具体学生学习与发展的教学探索,是面向所有学生核心素养发展与提升、建构"回到源头"的语文学习新生态的实践研究,是基于课程执行、努力提升课程品质、实践课程理念、实现课程育人目标的实践探求。

四 "互动·体验"的基本原则

"互动·体验"教学能充分激发学生的学习主动性,有效地帮助学生认知和体会文本内容,产生积极的学习愿望,获得丰富的情感体验,形成相通的文化理解。"互动·体验"教学应遵循以下教学原则。

(一)主体性原则

语文学习的主体是学生,体验应该是一种主体自由的劳动。在语文教学中,学生获得充分尊重、充分自由,成为对学习材料心向往之的主体,积极主动参与语文学习的各项体验活动,是身心解放、精神自由的主体。由学生能动进行体验活动的语文教学,才能激发学习的内隐力,体现学习的自主性,展现语文学科学习的价值。

(二)互动性原则

教学本来就是充满互动性的活动,在语文学科教学中,师生互动、生生互动、生本互动,构成了"互动·体验"教学效能不断上升的基础。在"互动·体验"教学中,更多的是通过"互动·体验"形成对话空间和情感场,从而使学生对文本的认识和理解不断深入,使学生在对话中获得共鸣并向前推进,并在此过程中,使认知与情感得以融合,使理性和情感得以交融并存。

(三)民主性原则

新课程要求教学必须也建立起相应的民主关系,即实现教师、学生、课程之间的民主。教师与学生之间的民主关系,是建立在平等、互动基础上的。新课程要求具有民主性的教学,民主性的教学要求师生之间在平等、互动的基础上建立民主的关系。可见,"互动·体验"教学方式必须具备民主性的特点。只有坚持民主性,教师充分发扬民主,才能营造生动活泼、宽松和谐的互动氛围,激发学生的学习热情和探究欲望;只有坚持民主性,学生才能在民主、平等中吸纳教师的经验和智慧、情感和精神,才能内化品质、陶冶情操、完善人格、发展能力、实现自我。

（四）差异性原则

差异是指学生个体之间存在不同的个性特点。差异是客观存在的，不同学生有不同的成就感、学习能力倾向、学习方式、兴趣爱好及生活经验。如何面对有差异的学生，最大限度地利用学生的潜能实施有差异的教学，引导并鼓励学生形成独特性品质，实现差异发展，是现代教学十分关注的一个问题。差异是客观存在的，互动式教学方式必须坚持差异性原则，了解学生的差异，了解学生的不同发展方向、不同发展层次水平、不同个性特长，了解学生自我认识、自我体验、自我控制等自我意识的差异，了解学生动机、情感、理想、意志、个性等因素的差异，了解学生学习态度、学习风格、学习智力能力的差异，从学生的差异出发，通过"互动·体验"教学，促使每一个学生都得到发展。

（五）启发性原则

孔子的教学观"不愤不启，不悱不发"，是"互动·体验"教学的一个核心理念。有效激活教学机制，合理配置教学资源，优化整合教学信息，可以使学生始终对文本充满好奇心，始终对各种阅读体验活动保持热情，也可以使课堂充满活力。小学生的阅读经验不足，在阅读文本的过程中，往往无法与作者著文之心融合。遵循启发性原则，就能在指导进行"互动·体验"阅读时，观照学生的主观能动性，适度加以点拨和启发，求得学生对作者心意的领会与感悟。

五 "互动·体验"的教学策略

如何使"互动·体验"教学达成最佳课程效果呢？和润语文主张从情境、思辨、对话三个角度入手，依据教材和生活创设适切的真实情境，提出具有思辨性的问题，引导学生与教材对话、与他人对话、与自己对话。在对话过程发现知识对生活的意义，把知识变成生活的智慧。在面对生活中复杂情境时能够作出正确的价值判断和行为选择，让语文素养在这个过程中慢慢得到涵养。

（一）和美情境，调动学习兴趣

《义务教育语文课程标准（2022年版）》中，"情境"一词共出现40多次，与此相关的各种概念如"学习情境""真实情境""语言运用情境"也多次出现。由此观之,"情境"是《义务教育语文课程标准(2022年版)》的高频词,是培育语文核心素养的关键要素。

1.情境创设的困境

"情境创设"是《义务教育语文课程标准(2022年版)》实施的新生事物、全新理念,在当下的实践探索层面必然会暴露出一些问题,应该引起我们警惕。

(1)空而不当的事务化情境

一些教师比较追求面向生活和社会的外生性情境,过于追求生活应用场景的还原,开展一系列丰富多样的情景活动,使得有些情境高度事务化,学生忙于说说、演演、唱唱、画画,教学目标没有以语言文字运用为核心诉求,偏离了语文要素的习得,脱离了教学重点的夯实。

如部编版教材六年级上册第二单元"革命岁月"主题,教师创设了"我心目中的革命英雄No.1推选"的学习情境,开展手抄报展览、我为英雄人物拉票、歌唱英雄人物、英雄人物诗会等活动。

这样的学习情境,学生需要将大量的时间和精力投入事务化成果的呈现中,看电影、做小报、拉选票、学唱歌、拍视频、排节目等等,忙得不亦乐乎。把时间与精力耗散在非培养阅读能力的事务上,使学生的阅读视线偏离了对人物形象的把握和对语言现象的品味,造成了文本重心的旁落,语文实践的弱化,学习语言文字运用的根本任务也就得不到应有的落实。

(2)虚而不实的时尚化情境

学习是在特定的时空中发生,不可能完全等同、照搬、复制生活场景。一些教师一味追求情境的创意和时代气息,什么时髦就用什么,什么应景就来什么,无中生有地添加一些看起来高大上的"学习场景或环境",却不考虑现实条件的制约和学生心理认知的距离,造成情境失真。

如学习部编版教材四年级上册《王戎不取道旁李》,教师"匠心独运"地创设了学校要进行"古代名人俊杰"故事展厅布置情境,请学生为学校出谋划策;又如学习《草船借箭》,教师让学生为诸葛亮开一个微信朋友圈,设计诸葛亮会怎么发布朋友圈,以及与诸葛亮有关的人(曹操、周瑜、鲁肃、士兵)分别会怎么留言;再如针对《安徒生童话》整本书阅读,教师"巧妙"地设计了"电影公司准备拍摄安徒生童话,请同学们推荐最适合拍电影的安徒生童话"。

这些学习情境创设缺乏生活性真实与程序性真实,过于新潮和理想化,情境中的角色与身份,与学生的生活经验及认知经验相去甚远,匹配度较低,流于形式。这样的学习情境既难以让学生深入探究,又容易造成学生瞎编乱造,胡说一气,情境课堂变成一场闹剧,素养目标也就被搁浅和悬置了。

(3)统而不整的碎片化情境

教师受之前教学模式和思维定式的影响,课程整合能力有限,在创设学习情境时,目光拘泥于一个个具体的知识点,没有从单元整体观照的高度进行整体化、结构化的设计,导致学习情境在学习任务群中呈现出游离、脱节、散乱、琐碎、拼凑等样态。

如部编版教材六年级下册第五单元以"科学精神"为主题的"思辨性阅读与表达"任务群,教师为学生创设了"寻找亘古不变的科学魂"的学习情境,安排了"科学脱口秀""推荐有趣的科幻故事""班级辩论大赛""我的小发明小创造"等任务活动。主题是"感受科学魂",但任务活动"脱口秀"指向风趣语言的表达,"科幻故事"指向阅读广度,"辩论赛"是实用性交流,"小发明小创造"则是非语文的科学活动。

这些任务活动都是围绕着"科学"这一中心词,貌似饱满有序,实则缺乏内在逻辑,这种非连续性情境,割裂脱节,零散无序,破坏了学生思维的连贯性和知识的完整性。"一叶障目,不见泰山",从点到点的碎片化学习情境,阻碍了学生对单元各部分要素的关联性建构,无法形成对任务群合力聚焦的学习效应。

(4)违而不和的隔阂化情境

学习情境的创设只追求语文学习与现实生活的关联,没有对文本的文体特质进行分析,一味用"生活情境"来套用"文本语境",使得学习情境与文本特质不匹配、不吻合,造成水油分离的"两层皮"现象。这一点在文学类文本上特别突出。

部编版教材五年级上册《四季之美》是典型的文学作品,学习重点是初步体会静态描写与动态描写的独特魅力,感受文本的语言秘妙和审美意蕴。教师从熟悉的生活现象出发,创设了"小眼睛看世界"摄影图片展,"制作身边美景宣传手册",以及"为文明城市创建代言"等情境。这些情境看似跟学生生活有关联,但这种偏向于实用性阅读与交流的情境,与本课的文学阅读鉴赏的取向不吻合,违和感很强。课堂热热闹闹,学生兴趣盎然,但散文的独特情味被脱离了文本情境的"情境"冲淡了,课文的语言学习价值被消解了。

不同的文本对于情境有不同的需求。教师要强化文体意识,分析文本特质,设计符合特定文体阅读特点的学习情境,杜绝另起炉灶,创设脱离文本特质的情境,造成隔山打牛、费时费力又不讨好的情境窘困。

2.和美情境的定义

结合《义务教育语文课程标准(2022年版)》提及的情境范畴,针对以上情境创设的困境,和润语文认为"情境"指的是在语文学科中,学生需要通过语言运用解决问题、完成学习任务的一切场域。在学习的特定环境下,"情境"由"语言运用的一切场域""学习者""学习的方向或者学习的内容"三个因素构成。而"和美"重在强调情境有助于以特定的场域性促进师生、生生关系的和谐发展,让课堂上人与人之间的生态趋向和乐、美好。

"和美情境"指的是创设激发学生乐于参与、关注和活动的情境,加强互动、体验,引导学生浸润于探索、思维和发现的情境。

3.和美情境的意义

(1)推动人与人和美

和美情境的创设,有助于以特定的场域性促进师生、生生关系的和谐发展,让课堂上人与人之间的生态趋向和乐、美好。

第一,和美情境实现真情交融,构建和睦的师生关系。

在和美情境中,教师倾注真情实感,与学生的心是相通的,常常和学生一样全身心地沉浸其中,形成了师生之间的情感沟通、心智交融。情感作为师生间的纽带,一直融会贯穿在教学中。师生的情感会随着情境中的情感脉络而推进、延续、加深,从而使学生懂得爱,懂得热爱美好。

第二,和美情境实现亲近互助,构建和济的生生关系。

在语文课堂上,由于和美情境的创设,生生之间,友爱亲密。学生在情境中相互切磋,你提问我回答,你错了我纠正,你优秀我学习,你掉队我帮助……这种亲、助、和的人际情境,非常有利于学生合作精神、交往能力的培养,生生之间的关系越发亲近、和洽。

(2)促使人与文本和融

接受美学认为,文本只有在与人的互动中才有意义。在与认识对象文本建立关系时,成人往往利用间接经验——符号性的知识,儿童则是以直接经验为主。儿童对去情境化的知识,往往有隔膜。创设和美情境,其实是尊重儿童的认知特质,对儿童起到"经验唤醒"的作用,促使儿童与文本之间和睦融合,形成良性的互动。

第一,因"真"可亲。符号是书本上的语言阐发,它只是生活的抽象提取而非生活本身。和美情境的创设,就是要让儿童认识一个真实的世界,让符号学习与多彩生活连接。让生活与课堂无缝对接,儿童倍感亲切,印象深刻。同时,文本的训练点也被镶嵌、融合在情境中,文本因为情境的"真"而可亲可感。

第二,让"美"吸引。李吉林老师认为美是教育的磁石,缺乏美感的教学,便成了没有色彩、没有生气、没有情趣的单纯的符号活动。课堂上,当儿童与生俱来的审美需求得到满足时,就会产生愉快的情绪,进而获得主动投入学习过程的力量。教学中,美感的浸润使教材的文化内涵得以顺乎自然地展现,文本的静态化作了具体可感的动态,学生不由自主地被这富有美感的情境所深深吸引。

第三,以"情"动心。情感的投入,可以使儿童加深对文本的认识。伴随着情感体验的步步加深,可以尝试让学生通过情境,体验角色代入,引起学生的情感共鸣,使学生能主动经历学习过程。

第四,借"思"升华。学生是学习的主体,教师理应结合文本,通过创设契合教学内容的问题情境,激发儿童潜心探究的兴趣和主动学习的欲望,鼓励他们大胆尝试,踊跃解决问题。在和润情境这个场域中,展开一系列的提问、思考、推断、探究等,让思维萌发、碰撞,由零碎走向整合,由表层走向深入。

(3)催发课程与素养和生

在学校教育中,课程是形成素养的主阵地。素养的培养是循序渐进的过程,非一蹴而就。在和美情境中,教师在课程与素养间搭起桥梁,让学生素养的发展成为可能。一节课即一个小的培养单元,和美情境是催化剂,让课程内容飞向学生的心灵,促使学生核心素养的形成。

第一,构建学科认知。李吉林老师曾说:"课堂设计的活动促进儿童在已有知识的基础上建构新知识,而他们关注的新知识以及提出的问题,会形成建构知识的动力。"在和美情境中,引导儿童在观察中质疑,从生活经验出发质疑,在质疑中产生内驱力,进而促使其释疑,自发形成构建学科认知的动力。

第二,提升思维能力。成尚荣先生认为:"开启学科之眼,一定要关涉学生的思维方式与品质,关涉对世界的认识与把握,关涉意志品格与胸襟,也要关涉关键能力。"在创设和美情境中,教师需注重思维含量,引导儿童在情境中质疑、思考、辨析、推断等,有利于儿童思维层层深入、环环相扣,让语文学科知识自觉内化,并升华为学科素养。

第三,落实学科实践。在教学中,创设和美情境,引导学生在情境中开展学科实践活动,加强教学知识与现实生活的联系,增强课程学习的实践性,并最终促成语文知识与语文素养的和谐统一。

第四,激发情感体验。知识和认知学习,如果不伴随积极的情感活动,对人的生命价值、对社会的功效都是无法实现的。在和润情境中,引导学生充分感知、互动、体验,生发出内心强烈的感受,帮助学生把在特定学习中产生的情感巩固下来,储备起来。

和润语文主张以和美情境为支架,激发学生兴趣,使学生乐学、爱学,引导学生在情境中学、思、行,构建学科认知,提升思维能力,落实学科实践,激发情感体验,使语文课程的课程目标与学生素养之间达成和谐共生、共进,和实生物。

4.和美情境的特点

和美情境认真领会课程标准理念,充分理解学习情境的独特内涵,有效把握学习情境的基本特性,为学生创设真实而有意义的情境。

(1)精准性:锚定语文要素,对标素养目标

和美情境的创设应基于对教材编写意图、教学目标的精准把握,聚焦语文要素,用管用、实在、有效的情境任务,精心包裹语文核心知识,有机嵌入学习目标和学习活动,从而促进知识、能力、思维、情感等素养目标整体有效地发展。

如部编版教材五年级上册的说明文《太阳》一课,教学目标是理解基本的说明方法,并用恰当的说明方法,把一种事物介绍清楚。从阅读到表达,读写一体,学以致用。如何让情境更好地为学习服务,避免"教知识、练能力"的机械操练呢? 教师在课始出示集美鳌园,让学生用文学化语言进行形容描述。然后出示情境问题:"管理者准备立一个鳌园简介牌,你觉得用我们刚才的文学修饰语言可以吗?"学生纷纷表示这样的文字美是美,但不符合简介要求。教师接着引导:"那我们应该怎么介绍呢? 我们来学学《太阳》一文,到课文中学习说明方法。"于是进行《太阳》一课学习,学生知晓了"列数字""打比方""举例子""作比较"等说明方法,再让学生来讨论怎么介绍鳌园,明确要介绍"占地位置、建筑时间、占地面积、颜色、材质、大小、特点和家乡文化的体现"等信息,并用上这些说明方法进行尝试练写与自我评价。

以上的学习情境创设，牢牢地抓住了本单元语文要素的"牛鼻子"，创设了"为鳌园写简介"的情境任务，由表及里，从梳理到探究，从阅读到表达，构建起"情境驱动—阅读吸收—表达输出"的学习逻辑链，引导学生形成主动探究、尝试解决身边复杂问题的能力，沉淀认识世界、表达生活的新经验，也达成参与家乡文化建设的育人目标。

(2)适用性：观照生活场景，营造具身体验

和美情境的创设要求是适用第一、应用为王，要契合学生的生活实际，选择熟悉的生活场景，联系生活，走进生活，将知识的学习置于学生生活相关的情境中，有助于学生形成在生活中学语文、在实践中用语文的习惯。

以部编版教材六年级上册《故宫博物院》教学为例，这是"有目的阅读"策略单元。本课创设的学习情境是"学做旅游小达人"，情境任务有二：一是"为家人计划故宫一日游，画一张故宫参观路线图"；二是"选择一两个景点，游故宫的时候为家人作讲解"。这两个情境任务是与学生的现实生活息息相关、紧密相连的，也与六年级学生的认识水平和兴趣特点相吻合，具有趣味性、体验性、挑战性、自主性等特点。"设计参观路线图"指向的是服务生活需求的有目的阅读，学生亲身经历选择材料、加工信息、取舍景点、设计路线的操作过程，提升对信息加工处理的能力。"为家人作景点讲解"则侧重于生活中的口语交际，要根据交际对象和交际需求，转换语境，组织语言，表达情感，具有互动性与生成性。这两个情境任务的创设，让学生在语言实践中具身体验生活场景，实务操作解决生活中复杂的情境问题，提升适应社会、服务生活、表达生活的语文素养。

(3)整体性：关联设计任务，促推学习进阶

和美情境创设，不是导入新课的情境，也不仅仅是某个环节的微情境，而应贯穿整节课甚至整个单元，凸显出学习情境的整体性、结构化。教师应进行整体化思考与系统性谋划，使得学有整体、学有序列、学有增量、学有进阶。

例如部编版教材五年级上册第八单元是"读书明智"单元，单元内容是不同时代的不同作家，还有学生自己，进行阅读观点、读书见解的分享与交流，因此创设的单元学习情境是"阅读论坛分享会"，分为两个情境任务：一是"一场跨越时空的对话"，学习本单元的三篇课文；二是"一场阅读人生的分享"，学习单元的口语交际、习作与语文园地模块内容。

这两个情境任务高度关联，前一个情境任务是后一个情境任务的铺垫与整理，后一个情境任务是前一个情境任务的推进与拓展，两者一以贯之，整体推

进,前后呼应,相互作用,从品读作家至提升自我,还原了学习的完整性,共同推动言语表达的发展和思维能力的进阶。

(4)贴合度:匹配文本特质,融通学习主题

学习情境只有与文本语境、主题情感等方面呈现高度的匹配性,学生的学习体验才能有效达成。也就是说,情境与文本要相辅相成、彼此呼应、密切贴合。如何加强贴合度?一要基于文本、指向文本、回归文本,发现这一文本语言与主题的特质;二要多维分析、多样比对、多头遴选,确定情境与文本之间最适宜的贴合点,将文本情境转化融合在积极的阅读实践活动中。

例如部编版教材六年级下册习作单元属于"文学阅读与创意表达"任务群,有《匆匆》《那个星期天》等课文,教师抓住"交流平台"中"情以物迁,辞以情发"这一核心词,提炼出"赏析文心 表达文心"学习主题,以"作家作品赏析会"为学习情境,通过"赏析词语""赏析情感""赏析表达""探究主题"四个子任务,探究作家朱自清、史铁生的人生经历对情感表达会有怎样的影响,从而明白文学作品富有真情实感是由于时间、空间、经历的变化导致作者心境变化,并通过文学加工将这些变化以艺术化形式表达出来。

"作家作品赏析会"这样的学习情境,与文学作品的文本情境贴合度较高,符合文本特质,又具有很强的指向性和目的性。学生站在作品风格特色赏析的高度,在情境与文本之间自由穿梭,在语言文字的品析与鉴赏中涵泳独特体验、滋长深刻思考,进而在之后的习作中也选择自己独有的人生体验来表达真情实感,达到了学习主题统领下的读写一体、深度转化的教学功效。

和美情境的创设,只是一种手段,而不是目的。和美情境的创设要克服"概念性迷恋",不能完全依赖于情境,要坚持儿童立场,坚守素养为核,走向有意义联结、有意义经历、有意义迁移,进入美好而有活力的语文教学新境界。

5.和美情境的创设思路

如何创设和美情境呢?可以从主体性、整合性、实践性三个角度思考。

(1)主体性:站在学生角度设计情境

和美情境特别强调有"我"之境,从学生学习的视角来设计大的情境,重视学生主体性的发挥,让学生站在学习的中央。和美情境为学生提供了自主学习的路径、策略与支架,为学生营造了自主阅读、自主发现、自主探究、自主交流、自主解答、自主提升、自主测评的环境,完全扭转了"只见知识不见人"的教学境遇。

如部编版教材六年级下册第二单元的学习恰逢学校读书周活动,可以创设"在名著的世界里游历"大情境:以《鲁滨逊漂流记》《骑鹅旅行记》《汤姆·索亚历险记》为主要书目,一起策划读书周的活动:读读名著梗概、节选,说说自己喜欢的人物,讨论确定读书周主题,写故事梗概,制作海报,开设最喜欢人物的论坛,组织小说改编电影展,举行创编冒险故事会等等,自己设计,自己挑选,最后自己展示表演,在丰富多彩的阅读活动中,跟随外国文学名著的脚步,走向更广阔的世界。

(2)整合性:站在整合角度设计情境

旨向整合的和美情境新编排并丰富单元学习内容和资源,以确立结构化的单元学习目标与评价标准为要,集单元学习内容、方法与过程等于一炉,让学生置身于整合的学习情境中,避免了为单篇课文创设的支离破碎的若干小情境的不断晃动,保持了学习情境的相对稳定与连续。

如部编版教材一年级下册第六单元,其课文虽然体裁不一,但内容主题有很大的关联性,《古诗二首》突出描绘夏天的景,《荷叶圆圆》着力表现夏天的情趣,《要下雨了》则说明了夏天的气象常识。另外,"和大人一起读"的内容是《夏夜多美》,语文园地六中的"识字加油站"中分组呈现的十二个词语也与夏天有关。据此,我们确定了本单元的主题为"我们的夏天",为了给学生创设基于教材又与其当下生活吻合的真实学习情境,确定了"夏日的旅行"任务情境,重新调整了教材中原有的编排顺序,展开了真实情境下的大单元的教学活动。

(3)实践性:站在语言实践角度设计情境

语文学科注重语言实践,学生在真实的生活情境中学习,在真实的语言运用情境中学习。

部编版教材三年级上册第四单元预测单元是首个阅读策略单元,以"猜想与推想,使我们的阅读之旅充满了乐趣"为主题,引导学生一边阅读一边猜测,顺着故事情节去猜想。本单元完全以阅读策略为主线设计整个单元,旨在引导学生学习并掌握基本的预测策略,形成运用阅读策略的意识,引导学生成为积极、主动的阅读者。在创设和美情境中要多关注预测策略的习得,凸显实践性,以"魔法学院预言家选拔赛"为真实情境,通过"新手集装备""能手练招数""大师巧过招"三大任务的梯度衔接,唤起学生完成任务的热情,使学生从了解预测到练习预测,再到运用预测,不仅是掌握预测策略的"阅读者",还是灵活使用预测策略的"跃读者",更是享受预测策略带来的乐趣的"悦读者"。

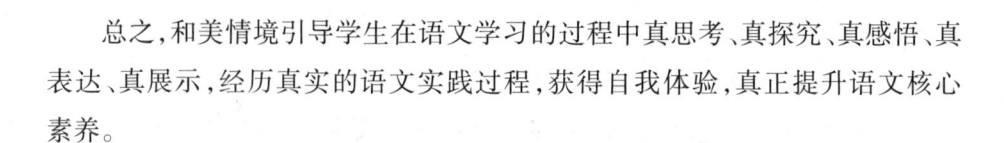

总之,和美情境引导学生在语文学习的过程中真思考、真探究、真感悟、真表达、真展示,经历真实的语文实践过程,获得自我体验,真正提升语文核心素养。

(二)和畅对话,搭建沟通桥梁

对话是人与人之间就某个话题进行沟通和交流,以肯定或反对对方观点的问答交互转换的过程。在这一过程中,作为主体的双方不能固守偏见,更不能强迫对方接受自己的观点,否则对话就会失去平等交流的旨趣。对话不仅是人类的一种交流方式、传播行为,更是一种生活状态,是生命意义之所在。有学者指出:"对话就是教育,教育就是对话。"显然,这并不是说对话等同于教育或教育等同于对话,而是说教育是一种传递、引导、认知、理解意义上的对话——因为教育在任何意义上都是在交流中完成的。

1.对话教学的困境

对话教学消除了传统教学形式下师生间的等级障碍,为健全师生人格、改善教师教学、提高教育质量提供了基础。尽管对话教学的价值不容小觑,但由于教育实践中某些理念、制度等因素的制约,导致对话教学的有效实施面临若干困境。

反观当前语文对话教学的课堂,部分教师仍受制于传统的教学理念和教育经验,对对话教学理念未能深入理解,在实践中存在着一定的偏差,主要表现在以下几个方面。

(1)对话"形式化"

对话是双向的,是对话双方在民主、平等的基础上,以言语为媒介进行的精神上的沟通。使用对话教学时,教师应该设置有梯度的问题,一步步地引导学生深入文本走向答案,也应意识到问题只是载体,教学重在教师的启发引导,重在学生的探索思考。但在实际教学过程中,教师往往将其简单理解为"我问你答",以一种居高临下的姿态向学生提问,对学生的个性回答也不作深入分析,而是把学生往自己备课时所预设的答案引导,使之得出教师所认为的标准答案。在这样的课堂中,学生被教师"牵着鼻子走",失去了自身的体验,学生感受到的是无聊枯燥与乏味。

(2)假对话"泛滥"

假对话是指表面的、肤浅的、没有实际意义的对话。课堂中有的教师看似也采用了对话教学,实际上却偏离了正确的轨道,教师不停地抛出问题,学生被动地配合,很多问题只需作出"是"或"否"这样简单的回答。这类问题是空洞的、没有实际意义的,这样的对话不是对话双方依据文本进行心灵的沟通,充其量只能称为问答,而算不上真正意义上的对话教学。

(3)对话者"缺席"

对话教学是教师与多个主体间的沟通与交流,学生是平等的个体,每个人都有与教师对话的权利。然而班级中学生的成绩有三六九等,当教师提出一个问题时,优等生思维活跃,反应敏捷,必然会先举手进而获得回答的机会。长此以往,后进生甚至是中等生便会产生"老师只叫成绩好的,不会叫我,那我就不举手了""反正不会叫我,我听不听就无所谓了"等消极想法,这样的课堂会大大打击后进生的积极性,会让后进生形成一种心理:老师只提问成绩好的,我们与课堂是无关的,就算"缺席"也无碍。

以上就是对话教学在实际课堂运用中所存在的问题。虽然部分教师有意识地将对话教学运用到教学过程中,但在实践中仍主要存在上述所提到的对话"形式化"、假对话"泛滥"、对话者"缺席"等问题。

2.和畅对话的定义

从语言学的角度来理解,对话有两种含义:一是指两个或两个以上的人之间的谈话;二是指双方或多方之间的接触或会谈。作为一种教学方法,发生在教学过程和教学情境中的对话,我们称之为"教学对话"。

和畅对话,不仅仅是指师生双方狭隘的语言交谈,而且是指师生双方各自向对方的精神世界敞开并彼此接纳,是一种真正意义上的精神平等与沟通,同时也是师生交往、积极互动、共同发展的过程。

3.和畅对话的意义

依据建构主义教育学的观点,我们可以探知语文课堂对话主要有以下几种形式:师本对话,即教师与文本之间的对话;生本对话,即学生与文本之间的对话;师生对话,即教师与学生之间的对话;生生对话,即学生之间的对话;生机对话,即学生与网络之间的对话;自我对话,即学生与自己之间的对话,以及师生与作者的对话、与作品中的人物的对话、与教材编者的对话等等。

这些对话的本质在于推究真理、获得知识、习得能力、提升素养,它不在乎谁赢谁输,也不关心对话能达到什么结果,它追求的是一种自由、平等、愉悦的交流。在交流中对话主体都能最本真地接近文本,这包括对文本的认识、否定、再认识,也包括对自己内心体验的提炼、构建和提纯,并在这一过程中完成探求和发现真知。

4.和畅对话的特点

(1)和畅对话的前提是"平等"

对话是在两个平等的、能沟通的主体之间展开,没有平等这个前提,就不能展开对话。只有对话双方都具备一种相对的独立性,才可能形成主体之间平等的相互交流关系。虽然与学生比起来,教师在年龄上是长者,在角色上是传道、授业、解惑者,但在课堂对话中,教师应成为学习的同伴。教师的任务主要表现在通过组织课堂对话唤醒学生,开启学生思想的闸门,让学生真正"读进去"。不少名师课堂常常回荡着师生的笑声和掌声,学生思维活跃,积极参与,争先恐后地发言和提问,这都得益于教师营造平等和谐的课堂氛围。

(2)和畅对话的内容是"语文"

我们为什么要学语文?为什么要开设语文课?黄厚江认为,语文就是语文,语文教学的基本定位是以语言为核心,以语文学习活动为主要形式,以提高学生的语言素养为根本目的。语文课堂就是要通过学习活动的开展积累丰富的语文知识,训练学生语言学习能力,提高学生语文综合素养。

因此,语文课堂上师生对话的内容应该是"语言"的内容,而非其他的内容。然而,当前不少的语文课却呈现出语文学科综合化的现象,如在教学部编版教材二年级上册《曹冲称象》时,不少教师会引导学生思考还有什么更好的办法称象,但细想一下,这是学生积累语文知识、训练语文学习能力的"语文学习过程"吗?

(3)和畅对话的方式是"追问"

追问,就是针对某一问题或某一内容,为了使学生理解透彻,常常在一问之后再次提问,问问相连,穷追不舍,逐渐接近知识的核心,给学生一种茅塞顿开的感觉。因此,课堂上对问题进行追问是确保课堂生成的一种重要手段,智慧的课堂追问能够激活学生思维,构建有深度的课堂,还能引导学生改善表达,发展学生的高阶思维。

(4)和畅对话的形式是"交锋"

课堂对话不是各唱各的戏,也不是在两条平行线上滑行,而是围绕对话的主题进行思维的碰撞,在对话中将这种思维不断展开、延展。不少的课堂,看起来热闹,好像在不断地讨论、争论、辩论,实际上,他们的争论没有深入下去,学生各表各态、各说各话,所谈的理解也都很肤浅,根本没有思想与观点的冲突,这种情况在生生之间的小组讨论活动中表现得尤为突出,这种对话实际上就是一种假对话。想要发起有价值的课堂对话,首先得有对话各方对文本的个人理解,没有理解的对话就不是真对话。

(5)课堂对话的结果是"生成"

在语文课堂上,师生们在理解的基础上"走进文本""读出自己""发现问题""探讨解决",在读、疑、问、探的过程中,唤醒学生的生活体验,激发学生的创造力,点燃学生智慧的火花,生成对文本的个性化理解,最大限度地呈现文本的阅读价值,在不断地追问、碰撞、思考中将对话引入更高的层次,这应该是对话的最高境界,需要教师的智慧和引领。

5.和畅对话的实施策略

如何打造充满活力的和畅对话呢?可以从以下三个角度着眼思考。

(1)创设对话情景,引导学生参与对话

和谐、民主、友好的对话氛围,是和畅对话的前提。在这种氛围中,学生处于放松的状态,大脑快速运转,思维活跃,反应敏捷,其思考能力、反应能力、表达能力能够得到尽情释放。因此,在阅读教学过程中,教师要注重营造和谐的对话氛围,主动走近学生,与学生沟通,引导学生感受阅读的魅力,调动学生参与对话教学的积极性和主动性。

如在部编版教材三年级下册《陶罐和铁罐》的教学中,教师可以让学生扮演陶罐和铁罐,绘声绘色地展现它们之前对话的语气,再现心里所想。这种对话情景的创设可以使学生仿佛置身于当时的情景中,对角色有更深入的理解,从而促使学生多方面、多角度深入地剖析文本,与文本展开心灵的对话。

(2)创新对话方式,精心设计对话问题

孙建军老师对价值的界定是:"有价值的话题应有适当的难度、梯度、密度和开放度,对学生理解文本能起到关键作用。"课堂中教师设置的问题难度不宜过高,也不可过低,应符合学生的"最近发展区",教师在设置问题时,要注意把握学生的"最近发展区",精心设计对话问题。

在教学部编版教材一年级下册《古诗两首》中的《池上》时,"偷"这个字是很容易理解错误的,引导不到位的话,会误以为小娃是小偷。

首先,链接旧知,构建对话。

教师引导回忆《小公鸡和小鸭子》中也出现过"偷"——"小公鸡不信,偷偷地跟在小鸭子后面,也下了水"。

对话思考:这里的"偷偷"指的是什么意思?

其次,拓展词语,化难为易。

教师引导拓展词语意思——瞒着别人,悄悄去看,这就是"偷看";瞒着别人,悄悄去听,这就是"偷听";瞒着别人,悄悄地笑,这就是"偷笑";瞒着别人,悄悄地吃,这就是"偷吃"。

再引导学生思考诗中的"偷采"是什么意思呢?——瞒着别人,悄悄地采。

最后,联系生活,理解内涵。

引导学生联系生活,在家里有没有背着爸爸妈妈,悄悄地做过一些有意思的事情呢?心情怎么样?把小秘密和同桌分享。

再回到诗歌,引导思考:如果你就是这个小娃,你正瞒着大人,悄悄地采白莲花,你心里怎么想?心情如何?

以上片段通过链接旧知、联系生活、朗读体验等策略,不仅让学生理解了"偷"的字面意思,还读懂了"偷"背后的心路历程,促进了孩子们更加到位地理解新知。

(3)尊重个体差异,鼓励学生自我表达

作为一个个独立的个体,学生在阅读过程中,常常会对同一个问题或同一篇文章产生不同的理解,这些看法有时甚至是相互排斥的。即使如此,教师也应该鼓励学生表达自己不同的观点。任何问题都不存在唯一的答案,都不存在固定的评价标准,教师应尊重学生的个性化理解,采取多元的评价方式。

如在共读"整本书阅读"《鲁滨逊漂流记》时,探究"一个人,一座岛,28年,何以可能"的主问题,引导学生开展多元对话。学生从人物性格特点、人物品质、现实原因等方面寻找鲁滨逊取得成功的依据,提炼观点,展开讨论。这是学生阅读的独特体验,要鼓励学生自我表达。在充分讨论的基础上,再引导学生将这些原因按照重要程度进行排序,引发进一步思考,认清深层本质,提高对话能力。

总之,和畅对话教学是顺应时代的发展,是教育改革的需要。《义务教育语文课程标准(2022年版)》强调要尊重学生的差异性、个体的独特性,满足学生自主学习的需要,而这一切都离不开对话,离不开对话教学的有效实施。和畅对话是创造、生成的教学,不仅体现在教师创造性的教学中,也体现在学生创造性的学习过程中,正如弗莱雷所说:"在对话教学中,教师本身也得到教益,学生在被教的同时反过来也在教育教师,他们合起来共同成长。"因此,在教学过程中,教师要根据实际情况,巧用对话教学,让语文课堂焕发生命活力。

(三)和契思辨,激活思维飞扬

"思辨性阅读与表达"任务群,作为侧重培养学生理性思维和理性精神的课程内容,是第一次整体集中出现在国家义务教育语文课程标准架构中,也是《义务教育语文课程标准(2022年版)》修订的创新点之一。"思辨性阅读与表达"任务群明确提出了如下要求:"旨在引导学生在语文实践活动中,通过阅读、比较、推断、质疑、讨论等方式,梳理观点、事实与材料及其关系;辨析态度与立场,辨别是非、善恶、美丑,保持好奇心和求知欲,养成勤学好问的习惯;负责任、有中心、有条理、重证据地表达,培养理性思维和理性精神。"

1.思辨教学的困境

(1)思辨教学认识不足

目前,很多教师对思辨性阅读了解不深入,存在思辨性教学意识薄弱、思辨性教学素养偏低的问题,对培养学生思辨能力的重要性认识不足。教师对课程标准的研读不够深入,仍然固守传统的教学思想,忽视了对学生思辨能力的培养,学生的语文核心素养得不到切实提高,学生的全面发展受到制约。

(2)阅读教学方式传统

在传统阅读教学中,充斥着词句训练、篇章分析等复制性的教学内容,学生自主阅读、揣摩思考的机会较少,独立进行语言实践活动的机会更少。教师讲得多,以讲代读,束缚了学生的思考能力和创造力,学生的思辨能力难以得到提高。有的教师墨守传统的阅读教学模式,以教师提问代替学生阅读,忽略了学生与文本的对话;有的教师只注重课文评析,淡化学生阅读,致使学生质疑探究能力不足,缺乏对文本的深度解读和理性思考,影响了学生思辨能力的提高。

(3)思辨能力培养渠道单一

大多数教师只是单一地以教材为依托开展阅读教学。学生的阅读视野狭窄,语文积累不够丰富,语文核心素养无法得到有效培养。学生只局限于教材文本的阅读与学习,发散性思维和思辨能力得不到较好发展。思辨能力培养渠道单一,不利于学生思辨能力广度和深度的发展。

2.和契思辨的定义

思辨,即思考辨析,是一种抽象的思维能力。从发生过程看,思辨是通过分析、比较、推理等一系列思维活动对事物、人物、问题或现象等的表现、状况、发展等作出辨别、判断与决策。思辨能力的主要特征包括独立思考、理性分析、辩证表达。"和契"指的是思辨问题与语文课堂达到密契合一的境界,教师引导学生通过语言文字进行深入的思考和辨析,培养学生的批判性思维和独立思考能力。和契思辨能激活学生的思维力,加强多元思维互动,锻炼和丰富学生的思维体验,提高问题解决能力,并对学生未来的发展具有深远影响。

3.和契思辨的意义

(1)培养学生的思辨能力

语文教学的目的不仅在于传授学生知识,更重要的是培养学生的思维品质和学习能力。小学时期正是语文阅读思维形成的一个关键时期,在传统灌输式的语文阅读教学中,教师过多的讲解分析代替了学生的观察和思考,学生由于缺乏独立的思考,往往处于被动的接受状态,这样的阅读教学是零散僵化的,不利于学生思维能力的培养和发展。如今倡导的"高效课堂",不仅注重知识技能的习得,更强调学生思辨能力和思维习惯的养成。随着我国新一轮语文课程改革的不断深入和发展,提高学生的学习能力和思辨能力已经成为语文学习的一个主要目标,和契思辨的重要性不言而喻。

(2)训练学生的语言表达

《义务教育语文课程标准(2022年版)》指出要引导学生丰富语言的积累,培养语感,发展思维。语言既是学生思维的基础和工具,又是学生思维的呈现。只有深入学习与灵活应用语言文字,不断提高学生的核心素养,助力思维的发展和成长,才能实现语文课程工具性与人文性的有机统一。和契思辨为学生搭建了一个思想交流的平台,让学生与作者、文本进行思想对话,在对话中产生思想的火花,在对话中挖掘文本的独到之处,在对话中感受语言的精妙运用。学生在言语实践中不仅提升了阅读技巧,还增强了语言表达能力,思辨思维也从中得到发展。

(3)调动学生的阅读兴趣

为学之道,必本于思。没有思辨能力的阅读教学是枯燥无味的,学生只有在好奇心的驱动下所产生的阅读和思考,才是最有效的。和契思辨可以有效地帮助学生增强问题意识,激活思维能力,唤醒独立思考与自主探究意识,实现阅读效果与思辨能力同步发展。

(4)激活学生的创造性思维

当下小学语文阅读教学主要侧重于语言教学,教师将过多的精力花在了对文章字、词、句的综合运用和朗读体验上,忽略了对学生认识感知、理性思维、独立评价能力的培养。这种以讲授为主导的课堂和碎片化的阅读形式很难给学生较大的思维发展空间,难以激发学生的深层阅读。通过和契思辨能力的引导,让学生以个性化的思考介入语文学习,在言语实践中实现学生、教师、文本、生活的积极互动,才能有效地引发学生的创造性思维。

4.和契思辨的特点

(1)具有客观性

和契思辨强调理性阅读,学生要有自己的观点,敢于用论据合乎逻辑地证明自己的观点。面对纷繁复杂的媒介,能有自己的分辨能力。

(2)具有延展性

和契思辨围绕文本存在的问题,以良好的阅读视野进行科学的延展和拓展。强调整体性阅读,可利用现代多媒体设备,深入地了解作家作品以及作家的个性特点,从而客观深入地理解分析文本和文学形象。

(3)具有创新性

和契思辨帮助学生发散思维,使学生学会深入思考。让学生变换一个角度,从旁观者变成参与者,激发学生学习的兴趣,学会分析问题,解决问题。

5.和契思辨的实施策略

(1)问题驱动,培养思辨的创新性

阅读教学是教师、学生与文本之间对话的过程,要想提高学生的思辨性阅读能力,教师就要从文本中找出合适的思维训练点,由问题驱动阅读,让学生进行思辨阅读,将无形的思维转化成有形的语言。

以部编版教材二年级下册《小马过河》为例:

你同意下面的说法吗?说说你的理由。

◇河水既不像老牛说的那样浅,也不像松鼠说的那样深,所以老牛和松鼠对小马撒谎了。

◇小马向很多人请教,是对的。

◇别人的经验不一定可靠,得自己去尝试。

◇什么事都要自己尝试,别人的话不可信。

《小马过河》课后习题的第3题列出了4个以课文内容为基准的观点。这样的习题安排打破了低年级学生原有的训练方式,更侧重于对学生思辨能力的培养。这样的训练可谓"守正出新",既继承了精华部分,又与时俱进。

《小马过河》是一篇经典的老课文,以前教师对文章的教学价值定位大都落在老马说的那段话上,这当然是"精华部分",但对于准备二年级升三年级的学生来说,培养思维能力则显得更为重要。这一阶段的孩子们正处于成长的过渡时期,他们在阅读中需要得到更多思维上的锻炼,把文章的价值引领到更高层次。

(2)搭设支架,解决思辨的肯綮点

由于学生个体的差异,教师在教学中要根据学情来预设学生在学习时可能存在的思维障碍,以便在学生思维的肯綮点上搭设支架。有了这个支架,学生不仅更容易理解文本,还能培养思维的灵活性与多面性。

为了更好地培养学生从文本中获得关键信息的能力,并将其内化为自己的看法和观点进行论述,完成从文本到思维再到语言等各个环节的学习过程,教师可以尝试在这个关键位置上为学生建立一个支架,指导学生借助关联词语进行推理,发展思维,以便学生尽可能地做到观点清楚、表达流畅。如教学部编版教材五年级下册《杨氏之子》,让学生借助"如果……就……""既然……那么……"这两组关联词语,说一说杨氏子的推理过程。"(如果)杨梅是杨家果,孔雀(就)是夫子家禽。(既然)孔雀不是夫子家禽,(那么)杨梅不是杨家果。"

(3)层层追问,提高思辨的深刻性

部编版教材五年级下册第六单元以"思维的火花"为主题,选编的三篇文章都是经典的教学文本,意在让学生重新认识和深入了解一个人物的具体思维和心理活动发展过程,加深对课文所述具体内容的主观认识和理解。

教学《田忌赛马》时,可通过层层追问提升思辨性。首先,通过"田忌为什么能赢齐威王"这个问题来驱动对话,将第二次赛马的对阵图画出来。其次,教师再适时追问:"为什么孙膑能想出来这样巧妙的点子,田忌和齐威王却想不到?"以此激发学生的好奇心。最后,学生比较两组人物后再追问:"你有什么更好的办法来赢得比赛吗?"在持续的追问中,学生便不难体会孙膑的智慧了。

(4)对比质疑,感受思辨的批判性

和契思辨鼓励学生大胆质疑,甚至提出异议。教师只有启欲引思,在阅读中引导学生发现思辨点,让其质疑多元化、深层化,让学生学会运用批判性思维理解文章,感受人物情感,语文核心素养才能在课堂上真正落地。

在教学《跳水》一课时,为了辨析船长的高明之处,可以适时引入一个常规做法进行对比。先引导学生思考:如果你是船长,第一时间看到孩子处于如此危险的境地,可能会怎么做?讨论后,出现了这样的常规做法:船长一看到自己的儿子站在那高高的桅杆上,不禁大惊失色,对着儿子大喊:"儿子,不用怕!我来想办法救你!""你千万不要回头,千万不要向下看!"

将以上两段话进行对比,引导学生进行比较思辨,凸显船长的高明之处:首先,孩子已经非常害怕,这时不能再大惊小怪,更不能制造紧张气氛;其次,孩子这时进退两难,动弹不得,这时只有用枪逼迫,促使他当机立断,马上作出决定,否则越犹豫就越危险;最后,海面风平浪静,善于游泳的水手们也都在甲板上,孩子跳进海里后,水手们可以立刻跳进海里施救,这样反而有一线生机。

能引发学生思考的教学才是真正好的教学,有了和契思辨,才会有真正的"独立思考"以及"自由精神"。我们要让学生在聚焦思辨阅读的过程中,学会思考质疑,也要让学生能合乎逻辑地论证观点,有理有据地表达观点,能反省自身的问题,能包容不同的意见,能进行批判性的阅读与思考。

综上所述,和润语文认为,和美情境如同一座桥梁,促使学生与文本、生活与文本、旧知与新知进行和畅对话,在碰撞、交流中开展和契思辨,在互动、体验中不断地同化与顺应学生的认知,建构起新的认识结构,促进知识的理解和运用,这样才是真正培养学生的核心素养。

第二节

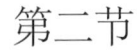

言意共生——探寻"生言·生意"的有效策略

在浩瀚的中华文化长河中,"言"与"意"的微妙关系,自古便是哲人墨客笔下反复吟咏、深思探索的主题。它不仅是语言哲学领域的一颗璀璨明珠,更是贯穿中国文学、艺术乃至生活实践的精神纽带。从先秦诸子的精妙论辩,到魏晋玄学的言意之辨,再到唐宋诗词中意境的深远营造,每一次对"言"与"意"关系的探讨,都是对人性深度、世界本质及文化表达边界的勇敢触及。孔子强调"言而有信",虽未直接论述言意关系,但其对言语诚信的重视为后世言意之辨奠定了基础;老子则提出"道可道,非常道",暗示了言语难以完全表达宇宙真理的深刻见解;庄子更是明确指出"言者所以在意,得意而忘言",倡导超越语言束缚追求心灵自由。而刘勰在《文心雕龙》中,则从文学创作角度出发,认为"心既托声于言,言亦寄形于字",深刻揭示了文学作品中"言"与"意"交融共生的美学特征。这些对"言"与"意"关系的探讨,不仅是对语言本质的深刻剖析,更是对人类精神世界的无尽探索。它跨越时空,连接古今,成为中华文化传承与创新的不竭源泉。

和润语文秉持"言意共生"的核心理念,将其视为语文教育的灵魂与核心,这一理念不仅深刻触及了语言学习的本质,更揭示了语言与意义之间相辅相成、互为表里的深层次关系。它不仅仅倡导"言"与"意"的和谐统一,更强调两者间动态的相互作用与相互提升,犹如双生花般,在相互映照中绽放出独特而绚烂的光彩,展现了人类智慧与情感的无限可能。

"生言"是指学生语言能力的全面生成与深度发展。这不仅仅是对语言技巧的简单训练,更是一场心灵与语言之间的深刻对话,是思维与情感在语言中的交织与碰撞。学生在此过程中,不仅要学会熟练地运用语言工具,更要掌握将内心世界的细腻情感、独到见解转化为精准、富有表现力的文字的能力。这要求他们拥有丰富的词汇库、灵活的句式结构以及巧妙的修辞技巧,以描绘生活的斑斓色彩,表达思想的深邃与广阔。在和润语文的课堂上,每一次创作都是一次心灵的旅行,一言一语都是对生命体验的深刻诠释,让语言成为连接自我与外界的桥梁。

"生意"则是对语言深层意蕴的深入探索与领悟。它要求学生超越文字的表象,以敏锐的洞察力穿透语言的迷雾,直抵作者心灵的深处,感受其创作背后的情感波澜、价值追求乃至时代精神的回响。这一过程不仅是对文本内容的解读,更是对作者创作意图、文化背景及历史语境的深入理解与重构。学生将学会如何倾听文字背后的声音,与古今中外的文学大师进行跨越时空的心灵对话,从而拓宽视野,丰富情感世界,深化对人生、社会、宇宙等宏大命题的认知与思考。

"言意共生"的和润语文理念,构建了一个立体、多维的语言学习环境。在这里,"言"与"意"不再是孤立的存在,而是相互依存、相互促进的有机整体。学生在"生言"与"生意"的交织中,不仅能掌握语言的基本技能,更能在语言的海洋中自由遨游,感受语言的无穷魅力与文化的深邃底蕴。这一过程不仅促进了学生语文素养的全面提升,更激发了他们的创造力、批判性思维,为他们未来的成长与发展奠定了坚实的基础。

"言意相谐",作为语文教育的核心要义,不仅是语言与意义之间和谐共融的哲学体现,更是语文教学实践应遵循的深层逻辑。它不仅是语言工具性的展现,更是人文性内涵的深刻挖掘,标志着语文教育对人性、文化及思维方式的全面观照。和润语文从"言意相谐"的角度紧紧抓牢语文教学的缰绳,顺着语文教学本真,从"言尽意"—"言不尽意"—"言意共生"这一路径,实现"得意"又"得文","生意"又"生文"。

"言尽意",这一阶段并非简单地将语言视为传递信息的工具,而是认识到语言作为人类思维的外化形式,其本身就是意义的载体。在语文教学中,"言尽意"意味着通过精准的词汇选择、恰当的句式构建和生动的修辞运用,使语言能够直接而完整地传达出作者的思想、情感与意图。这一过程不仅要求学生掌握语言的基本技能,更需培养其敏锐的感知力与深刻的洞察力,以便准确捕捉并表达生活中的点滴细节与复杂情感。"言不尽意"则揭示了语言与意义之间更为深层的张力。在这一阶段,学生开始意识到,语言虽能表达许多事物,但在面对某些抽象概念、复杂情感或深刻哲理时,往往显得力不从心。这种"言不尽意"的现象,实际上是对语言局限性的深刻反思,也是对人类思维无限性的肯定。语文教学在此阶段的任务,便是引导学生学会超越语言的束缚,通过想象、联想、体验等多种方式，去探寻语言背后的深层含义与丰富意蕴，从而拓宽视野，深化理解。"言意共生"作为语文学习的至高境界，体现了语言与意义之间最为和谐的状态。在这一阶段，学生不再将语言视为外在的工具或手段，而是将其视为内在精神世界的自然流露。他们能够在创作中自如地运用语言，将内心的思想与情感转化为生动的文字，同时又能从他人的作品中敏锐地捕捉到言外之意、弦外之音，实现与作者的心灵共鸣。这种"言意共生"的状态，不仅促进了学生语文素养的全面提升，更使他们在语言与意义的交融中获得了精神的滋养与生命的成长。

和润语文所倡导的"言意共生"理念，不仅是对传统语文教育模式的超越，更是对未来教育发展方向的引领。它要求我们在教学中注重培养学生的语言素养与人文情怀，让他们在语言的海洋中自由遨游，感受文化的魅力，领悟人生的真谛。因此，为了探寻"生言·生意"的有效策略，和润语文提出了以下三个观点。

一 立足言之根本——言尽意，构建语文的"科学世界"

"言之根本"即语言表达，是语文核心素养中的基础要素。它是连接学生内心世界与外部世界的桥梁，是启迪智慧、塑造人格的关键环节。在小学语文教学中，教师应该立足于学生的语言表达，通过多种途径提高学生的语言运用能力和思维能力，进而培养学生的语文核心素养。"言尽意"，要求学生在掌握语言文字基本规则的基础上，能够灵活运用这些工具，精准、生动、深刻地传达自己的思想情感与见解。在语文学科的学习过程中，不仅体现为学生对语言文字的深入理解与精妙运用，更彰显为他们通过语言构建意义、表达自我、交流思想的综合能力。这是学生思维深度、广度与灵活性的直接体现，也是其文化素养与人文精神的集中展现。为了构建语文的"科学世界"，即一个既遵循语言学习规律又充满创新活力的教学环境，教师需要对"言尽意"的内涵与现状进行深入的剖析与反思。这意味着，教师不仅要关注学生对语言文字的掌握程度，更要关注他们在语言表达中所展现出的思维品质、情感态度与价值观念。通过细致的观察与分析，教师可以发现学生在"言尽意"方面存在的共性问题与个体差异，从而制定出更具针对性的教学策略。

在和润语文教学中，教师需采取多元化、创新性的教学方法，以全面提高学生的"言尽意"能力。首先,教师应注重培养学生的语言感知力,通过朗读、听写、仿写等多种方式,让学生充分感受语言的韵律美、意境美与情感美,激发他们对语言的兴趣与热爱。其次,教师应加强对学生语言运用能力的训练,通过组织演讲、辩论、写作等实践活动,让学生在实践中锻炼语言表达的流畅性、准确性与生动性。再次,教师还应引导学生关注社会现实,关注生活细节,从中汲取丰富的语言素材与灵感,使他们的语言表达更加贴近实际、贴近生活、贴近心灵。最后,教师还应注重培养学生的批判性思维与创新能力。在"言尽意"的过程中,学生不仅要能够准确传达自己的思想情感,更要学会独立思考、理性分析、敢于质疑、勇于创新。教师可以通过设置开放性问题、引导学生进行多角度思考等方式,培养学生的批判性思维;通过鼓励学生进行创意写作、即兴演讲等活动,激发学生的创新潜能。这样,学生的语言表达不仅能够准确传达信息,更能够展现出独特的个性与深刻的见解。只有坚守"言之根本"的原则,才能更有效地培养学生的语文核心素养,为未来的学习和成长奠定坚实而稳固的基础。如何立足言之根本?和润语文主张从增强语言储备力、深化语言理解力和激活语言表达力三个方面去努力。

(一)增强语言储备力,筑牢表达之基

增强语言储备力是提升学生语言表达能力的核心环节。首先,增强语言储备力能够显著提升学生的语言表达能力。语言是思维的载体,一个拥有丰富语言储备的学生,能够更准确地表达自己的思想和情感,使沟通更加顺畅有效。无论是在课堂讨论、作文写作还是日常交流中,他们都能运用丰富的词汇、恰当的句式和生动的表达,使自己的观点更加鲜明有力,给人留下深刻印象。其次,增强语言储备力有助于拓宽学生的视野和拓展学生的思维深度。语言是文化的载体,通过阅读和学习不同领域的语言材料,学生能够接触更广泛的知识和观点,了解不同的文化和思维方式。这种跨领域的阅读和学习,能够帮助学生打破思维定式,培养批判性思维和创新能力,为他们的个人成长和未来发展奠定坚实的基础。再次,增强语言储备力还有助于提升学生的自信心和社交能力。一个能够流利、准确地表达自己观点的学生,在社交场合中更容易赢得他人的尊重和信任。他们能够更好地与他人建立联系,分享思想和感受,从而拓展自己的人际关系网络。这种社交能力的提升,不仅有助于学生的心理健康发展和幸福感获得,还能够为他们未来的职业发展和社会参与创造更多机会。最

后,增强语言储备力是终身学习的基础。在快速变化的时代背景下,持续学习和自我提升已经成为个人发展的重要趋势。而语言作为信息获取和交流的主要工具,其重要性不言而喻。一个拥有强大语言储备力的学生,能够更快地吸收新知识、掌握新技能,适应不断变化的社会环境。这种能力将伴随他们一生,成为他们不断追求进步和成功的有力武器。因此增强语言储备力对学生的重要意义不仅体现在语言表达能力的提升上,更关乎其视野的拓宽、思维深度的培养、自信心的增强以及社交能力和终身学习能力的提升。因此,我们应该高度重视学生的语言学习,努力为他们创造一个充满语言魅力和学习机会的成长环境。

1.碎片积累,丰富词汇宝库

教师应引导学生将词汇学习融入日常生活的每一个片段中,让积累成为一种习惯。课堂上,教师可以通过生动有趣的故事讲解、课文分析,引导学生注意并学习新词,同时鼓励学生主动提问,探索词汇背后的含义与用法。在《草船借箭》一课的学习中,学生可以通过学习成语与四字词语如"神机妙算""料事如神"等,以及历史与军事词汇如"都督""丞相"等,来拓展自己的词汇量。又如在《少年闰土》这篇课文中,学生通过分析闰土的形象和性格特点,可以掌握一系列人物描写词汇,如"紫色圆脸""头戴小毡帽"等,这些词汇不仅生动形象地描绘了人物外貌,还蕴含了作者对人物的深厚情感。同时,课文中的情感与心理词汇如"盼望""高兴""羡慕"等,也让学生学会了如何运用词汇来表达自己的内心世界。通过学习这些课文,学生不仅能够积累更多的词汇,还能在理解人物性格、感受情感变化的过程中,提升自己的词汇运用能力和语言表达能力。此外,利用晨读、午间休息等碎片时间,进行词汇接龙、成语游戏等互动活动,既能激发学生的学习兴趣,又能有效巩固所学词汇。家长也应成为孩子词汇积累的伙伴,可通过亲子共读、日常对话等方式,为孩子创造丰富的语言环境,共同促进词汇量的增长。通过这样的碎片积累方式,小学生的词汇宝库将逐渐丰富起来,为他们日后的阅读、写作乃至终身学习奠定坚实的基础。

2.广泛阅读,构建语言基础

广泛阅读是增强语言储备力的重要策略。学生应当被鼓励跨越不同的学科领域和文化背景,阅读各种类型的书籍、文章和资料。这不仅有助于他们积累丰富的词汇和句式,还能让他们接触到不同的表达方式和思维模式。学校可以设立阅读角,提供多样化的阅读材料,并鼓励学生制订个人阅读计划,定期分享阅读心得。此外,教师还可以根据课程内容,推荐相关的阅读材料,引导学生在阅读中深化对知识的理解,同时丰富自己的语言储备。例如讲授部编版教材一年级上册《雪地里的小画家》这篇课文,为了激发学生的想象力和对自然界的兴趣,教师可以推荐学生阅读《安徒生童话》中的《丑小鸭》或《格林童话》里的《狐狸和猫》等经典故事。这些充满奇幻色彩的童话故事,不仅能让学生的想象力得到飞跃,还能让学生在趣味横生的阅读中,学习到更多关于动物行为、自然法则的宝贵知识。又如学习《荷叶圆圆》这篇描绘夏日荷塘美景的课文时,教师可以适时推荐朱自清的散文《荷塘月色》或一些优美的儿童诗歌如《夏天的歌》。这些描写自然景色的散文与诗歌,以其细腻的笔触和丰富的情感,引领学生进入一个更加生动、细腻的自然世界,从而进一步提升他们对语言文字的敏感度和感悟能力,更好地体会课文所传达的夏日生机与美好。再如教授部编版教材一年级下册《吃水不忘挖井人》这篇课文时,为了让学生更深刻地理解毛主席与人民群众之间的深厚情感,教师可以引导学生阅读《毛泽东传》中的相关章节,或是《红星照耀中国》里那些生动描绘领袖与民众紧密相连的篇章。这些传记和纪实作品不仅能帮助学生全面了解历史背景,还能深化他们对课文主题——感恩与奉献精神的领悟。

3.多元输入,拓宽语言视野

信息社会,各种资源不仅提供了丰富的语言素材,还能帮助学生了解不同文化背景下的语言使用习惯。例如在学习部编版教材三年级上册《卖火柴的小女孩》时,教师可以引导学生了解安徒生及其作品在全球范围内的传播和影响,同时探讨不同文化背景下人们对童话故事的解读和感受。同时,鼓励学生关注与语言学习相关的社交媒体账号和在线平台,如微博、微信公众号、语言学习APP等,以便他们随时获取最新的语言学习资源和信息。此外,条件允许的情况下也可组织跨文化交流,通过与国际友人交流,学生可以在真实的语境中锻炼语言运用能力,拓宽视野。

(二)深化语言理解力,拓展思维边界

深化语言理解力作为语文教学中的核心目标,是深化个人认知、拓展思维边界的重要一环。它超越了单纯对文字表面的解码,而是深入挖掘并领悟信息背后的深层含义、逻辑关系、情感色彩及文化背景。这一过程不仅要求掌握词汇与语法的基础技能,更需培养语境敏感性、逻辑推理能力、情感共鸣与批判性思维,以及跨文化意识。在语文教学中,通过精读指导、语境创设、批判性思维训练等方法,可以系统提升学生的语言理解力,使他们能够更准确地解读文本信息,更深刻地领悟作者意图,进而促进综合素养的全面提升和创新思维的发展。

深化语言理解力在当今社会更有其必要性。首先,随着信息时代的到来,我们每天都被海量的信息包围,语言作为信息传递的主要载体,其复杂性和多样性日益凸显。只有深化语言理解力,我们才能准确、高效地筛选并处理这些信息,避免被误导或产生误解。其次,在全球化背景下,跨文化交流日益频繁,不同文化、不同语言背景下的沟通障碍成为制约国际合作与发展的重要因素。深化语言理解力有助于我们跨越这些障碍,促进不同文化之间的理解和尊重,推动世界的和平与发展。最后,深化语言理解力也是个人成长与发展的必然要求。它能够帮助我们拓宽思维边界,提升认知能力,增强创新能力,从而更好地应对复杂多变的社会环境和挑战。在具体教学中,和润语文认为可以实施如下三种策略。

1.思辨锋芒——批判性思维训练

思辨锋芒强调通过系统性的提问、深入分析和严谨评估,引导学生穿透文本表面,直击信息核心。这一策略鼓励学生不仅仅满足于接收信息,更要主动质疑、分析文本中的信息、观点和论据的合理性、逻辑性与价值导向。通过这一过程,学生学会独立思考,构建自己的知识框架和判断体系,形成独到见解,从而深化对语言的理解与运用能力。例如在《跳水》这篇课文的教学中,教师可以首先引导学生对故事情节进行质疑,如为何船长会选择如此极端的方式(命令孩子跳水)来解决问题?这是否是唯一或最佳的选择?接着,组织学生深入分析船长决策背后的逻辑与紧迫性,探讨在当时紧急情况下,船长如何迅速评估风险并作出决断。同时,引导学生评估不同解决方案的可行性,比如是否有其他更温和或同样有效的办法可以避免悲剧发生。最后,鼓励学生将这一案例与现实生活相联系,讨论在面对类似紧急情况时,如何运用批判性思维来权衡利弊、作出明智决策。通过这样的训练,学生不仅能够更深入地理解课文,还能提升在复杂情境中独立思考和解决问题的能力。

2.语境洞察——语境分析与情景模拟

语境洞察旨在引导学生深入探索文本所处的多维语境,包括社会、历史、文化及作者个人背景等,以全面把握语言的深层含义。同时,通过情景模拟,学生能够在模拟的真实或虚构交流场景中,亲身体验语言的运用与理解,提升在复杂语境中的沟通能力与应变能力。这一策略促使学生跳出文本框架,以更加宽广的视角和灵活的思维去理解和运用语言。例如《祖父的园子》这一篇课文是节选自萧红的《呼兰河传》,直接的社会历史背景在课文中可能并未详细交代,教师在教学前可以引导学生了解《呼兰河传》所处的时代背景——20世纪30年代的东北农村。这一时期的社会变迁、农村生活状态等,都会对作者的创作产生深远影响。这篇课文通过描绘祖孙俩在园子中的亲密互动,展现了一种浓厚的家庭情感和对自然的热爱。教师可以进一步引导学生思考在中国传统文化中,家庭和自然是如何被赋予特殊意义的,以及这种文化背景如何影响了作者的创作。通过了解这一背景,学生可以更好地理解文中描绘的园子生活为何如此自由、充满童趣,以及这种生活方式在当时社会中的独特性。在课堂上,教师可以设计一系列情景模拟活动,让学生扮演课文中的角色,在模拟的园子环境中进行互动。通过这种方式,学生可以亲身体验文中描绘的栽花、拔草、捉虫等活动,感受园子中的自由和快乐。教师还可选取课文中的某个片段,让学生分角色朗读并进行表演。通过角色扮演和对话,学生可以更深入地理解人物的情感和内心世界。

3.跨界融合——跨学科学习与整合

跨界融合强调语言学习不应局限于单一学科,而应与其他学科知识相互渗透、相互促进。通过跨学科学习,学生能够将语言知识与其他学科(如历史、科学、艺术等)相结合,形成跨学科的知识网络。例如,在历史学习中运用语言解读历史文献,在科学研究中准确表达实验观察,都是跨界融合的具体体现。这一策略有助于拓宽学生的知识视野,深化学生对语言的理解与应用,培养全面发展的复合型人才。例如在教授部编版教材三年级上册《富饶的西沙群岛》这样的写景课文时,教师可以引导学生根据课文内容进行美术创作,比如绘制西沙群岛的风景画或制作手工艺品。通过美术创作,学生能够更加直观地感受到课文所描绘的美丽景色,同时也能够培养他们的想象力和创造力。此外,教师还可以组织学生进行作品展示和交流,让他们在分享中感受创作的乐趣和成就感。这种跨界融合不仅能增强学生的语文阅读理解能力,还能培养他们的数学逻辑思维和问题解决能力。

(三)激活语言表达力,绽放个性光彩

在和润语文教学中,激活学生的语言表达力,是让他们个性光彩得以绽放的关键。鼓励学生不拘一格地表达自我,无论是口头交流还是书面写作,都倡导他们勇于探索独特的视角,用生动、准确的语言描绘内心的世界。

"语用性"教学将改变传统词语教学音、形、义平面推移且重"理解"轻"运用"的现状。它以"词语运用"为核心,融字音句段的学习、课文内容的理解、情境的再现、情感的体验以及作者遣词用语方法的学习为一体,在理解积累词语的基础上,根据词语学习能力要素和层次确定教学目标,充分挖掘并发挥词语的最大功效,运用已有的词语训练各种语文能力,引导学生积极与文本对话,发展他们的求异思维,使其从多方面、多角度地运用词语,实现"从理解到运用"的能级提升。为此,教师须在已有知识和新知识之间架起桥梁:以词促说,提高学生口语表达能力;以词促写,提升其习作能力;以词促悟,破解文本的表达奥妙,提炼其超越文本的领悟能力。在增强学生语感,丰富其语言积累,促进其运用语言文字的能力,提高阅读教学效益的同时,让词语教学变成一张纵横交错的立体三维网,从而激励学生兴趣、知识、能力、情感态度和价值观等多方面的发展,实现语文学科工具性与人文性合一的价值取向。

1.以词促说——运用"生发"词语,酝酿"锦心绣口"

能够"生发"的词语是训练学生口语表达能力的重要切入口,教师只有在课堂上充分发掘和利用可"生发"的词语,巧妙而润物无声地把语言表达能力的训练融入词语教学,才能使学生口头表达能力的提高植根于广袤的沃土,焕发旺盛而蓬勃的生命力,也才能让学生"锦心绣口",做到"言之有序""言之有物""言之有美"。

首先,梳理"逻辑"词语,言之有序。语言说得好,在于思维的正确,言之有序相当重要。反观现今学生在课堂上的口语表达,常常差强人意,时而表达得断断续续,句意不完整;时而表达的句子间毫无逻辑,前因后果颠倒无序。究其原因,学生往往疏于了解:文本中缤纷的色彩、悦耳的声音、动人的形象、美妙的句子、精彩的段落,这些要素如何架构在一起,又如何构成一篇有机的篇章?其

实,组成优美篇章的文学语言的逻辑顺序,往往藏匿在一些关键词语中,只要教师把准关键词,透析关键词,就能让逻辑顺序"水落石出",使学生领会篇章的承先启后,内容的结构关联,以及语句的主次之分等,再以这些关键词为载体,充分训练学生的口语表达能力,就能做到"言之有序"。

　　语言概括能力是语文能力素质中最基本、最重要的一种能力,也是提高学生口语表达能力的重要途径。"精练""有序"则是语言概括能力的两大要素。纵向梳理文中的关键词,设计出有思维强度、思维空间的教学板块,才能激发学生"说"的欲望,让学生的思维有词可依,表达有词可据,才能让词语教学成为学生表达力的催化剂。比如写景的文章,常常是按照时间的推移或地点的变换来进行描写。这时,提炼出文中表示"方位"的词语,表现"时间顺序"的词语,纵向梳理,一线串珠,就把准了文章的脉,就能引导学生概括课文大意。例如部编版教材三年级上册《美丽的小兴安岭》一文的结尾写道:"小兴安岭一年四季景色诱人,是一座美丽的大花园,也是一座巨大的宝库。"这句话对全文作了总结。其中的"美丽"一词,是全文的关键词、中心词。作者按照春、夏、秋、冬的顺序来写,教师抓住"美丽""春""夏""秋""冬"这五个词,学生脑中立刻建立起文章的整体框架,就能有序梳理文脉,概括课文大意。部编版教材四年级下册《记金华的双龙洞》是篇游记,地点的变换则是行文的线索,教师提炼出线索关键词"路上→洞口→外洞→孔隙→内洞→出洞",学生就明白作者是如何按游览顺序有条理地记叙双龙洞的,从而为其梳理主要内容提供了适合的拐棍。写事的文章则往往有"首先""然后""接着""最后"等表示事情发展顺序的关键词,紧扣这些词,学生就能把事情的前因后果概括清楚。教学时,教师不仅应梳理出文中的关键性词语进行训练,更应从"一般"中发现"共性"的规律,让学生明白不同体裁的文章有不同的架构方式,同一类的文章既有个性又有共性的规律。只要找出一类文章的规律,学生就会迅速建立起立体的思维,明白文章的内容不是一个平面,而是一个有主、有次且联系紧密的有机整体。在有序思维的引领、帮助下,学生就能建立起语言的逻辑,其口头表达的逻辑也在这些词语的引领下变得有序、清楚。

　　复述是将文中的一些重点词语、优美词语内化为自己的语言。教师指导学生复述时,可将课文中的关键词语横向"拎"出来,让学生阅读理解课文内容后,边看边想,词扩句,句串段,段连篇,逐步扩展,这样就能帮助学生积累语言,培养他们正确、熟练地说的能力。在执教《桂林山水》这一课时,教师先指导学生抓住漓江水的特点"静、清、绿",桂林山的特点"奇、秀、险"这六个词,但把这些关键词串起来,扩展成一句话,仅表达了课文主要内容,并不是复述。此时,对这六个关键词进行"横向"扩展梳理:静——镜子;清——清可见底;绿——翡翠;奇——有……有……有……;秀——像……像……像……;险——怪石嶙峋。于是,学生的脑中画面更多了。这样的训练,既回顾了课文内容,又能使学生在自我的语言环境里运用词汇,增强词汇积累。词扩句,句串段,段连篇,重点内容记忆深刻,学生思维流畅,既习得了方法,更提升了语言能力。

其次,拓展"补白"词语,言之有物。如果说"言之有序"帮助学生建立起思维的逻辑性,表达的条理性,那么在"拓展"文中,作者故意留下的表达空白,能唤起学生的想象,进入某种情境。教师据此进行说话训练,更能丰富学生表达的语汇,使其表达能力得到明显提高,做到"言之有物"。

以新引旧,"说"中想象。文本中,任何一个词语都不会孤立地存在,都和文本前后的词语有某种联系,或表达含义隽永的内容,或传递丰富的人文情感。教师紧扣关键词,寻找词语和词语之间,词语和文本内容之间的"联系点",就能在品读中抓住情感生发处,引导学生尽情地想象,尽情地表达,在运用中将词语内化,感受词语表达中的韵味,使品读、感悟、化用深度融合。神奇的童话故事《七颗钻石》有一组近义词——"干涸"和"干枯",这是开篇表达情感基调的两个至关重要的词——"所有的河流和水井都干涸了","草木丛林也都干枯了"。教学时,教师首先引导孩子理解词义,并问:"为什么干涸的涸部首是三点水而干枯的枯是木字旁呢?"当学生明白"干涸"专门用来形容水而"干枯"专门用来形容草木时,教师借想象之景再往下追究的问题牵动了孩子们的心:"地球上的大旱灾给人们带来了深重的灾难。你还看到什么画面呢?能用'干'字组词,然后说句话,来描述你看到的画面吗?"于是,学生的情感和想象被激发了,有的说:"我仿佛看到,因为没有水喝,所以人们的嘴唇'干裂'了。"有的说:"田间没有水灌溉,稻谷都'干瘪'了。"还有的说:"我看到了许多人都'干渴'而死。"在以上教学环节中,教师运用汉字音形义兼具这一特性,引导学生准确辨析作者用词的准确和精妙。大部分教师执教时仅止步于此,忽略了这组词横向的"联系点"。而笔者再度开掘语言文字的训练点,充分利用这两个词进行横向拓展,披文入情,激活思维,巧妙运用"生长点",一词带出多词,触类旁通,把词语教学与生活经验联系起来。这样的词语教学,不仅挖出了课文的主旨,更让语言表达的训练运用融于感悟,使孩子们真正难以忘怀。此刻,在他们心里留下的,已经不是某个单调的词语,而是一串形象的描述,许多自己的体验与发现。还有什么比这些更能牢固地根植于学生心中呢?它既盘活学生的储备,更丰厚学生的积累,使理解、感悟、运用和积累四者巧妙地融为一体。可见,只有挖掘文本中词语的"联系点",才会使学生表达、想象的能力如不竭之泉,源源不断涌出。

由内引外,"说"中积累。例如文章《中彩那天》,讲述的是父亲面对道德困境,如何用道德自律解决难题的故事。大部分教师会把教学重心放在感悟"难题"难在何处?父亲如何解难?而忽略了文本中丰富的、可发散的语言训练资源。其实,教师大可充分利用文本中的插图资源先引导孩子看图说话,用几个四字词语准确描述当时父亲和我不同的神态或心情——父亲"忧心忡忡、眉头紧锁、心情沉重、愁眉苦脸、神情严肃",而我"欣喜若狂、惊喜万分、喜出望外"。当学生往日积累的词语被激活后,教师再循循善诱,步步引领,让学生用恰当的关联词和刚积累的四字词语,说说文中我和父亲中奖后的不同。"中奖了,父亲不是欣喜若狂,而是忧心忡忡。""中奖了,虽然我喜出望外,但是父亲却闷闷不乐。"学生妙语如珠,入情入境,在感受父亲矛盾心情的同时进行了个性化的表达。教师首先做到有的放矢,直接指向学生对文本的理解和对语言文字的运用,从"不敢相信那是真的"这个词组发散出去,让学生观图说话,用四字词语来描述"父亲"和"我"的心情,拓展了学生的词汇量,活化了语言文字。其次做到梯度渐进,充分利用文本插图,引导学生富有创造性地自主表达,巧妙地用上关联词,并提供训练的"句式",把看似两个独立的词语板块有机地联系起来,在说话训练的过程中,实现"发散"—"收敛"—"发散"这一思维过程,把别人的语言形式转变为自己的语言形式,将内部语言转化为外部语言。这是语言习得和言语外化的双向同步的思维训练过程。教师拓展词语发散点,目的是让学生学会创造性地独立运用语言,使他们明白,对语言形式的关注不能仅停留在积累、感悟上,还要有深度地运用语言。此一环节的教学设计,根植于文本语言,发散了文本资源,优化了语言实践。

最后,点缀"修饰"词语,言之有美。当学生知道"如何说""说什么"之后,"说"还应进入更高的层次,那就是说得美,说得动人。语言表达不仅要有枝有干,更要有血有肉,有生命力。有血有肉就是避免言语表达苍白无力、空洞乏味,教师应根据学生的需要,去引导、去辅助、去添加,从而搭建一个个跨越新高度的台阶,使学生的语言更具有美感。如教授部编版教材四年级上册《暮江吟》一课时,教师在引导学生初步领略诗歌意境后,要求学生结合注释独立解读诗句含义。当学生尝试用自己的话描述"一道残阳铺水中,半江瑟瑟半江红"时,巧妙地融入了"落日余晖""波光粼粼"等词汇,教师立即给予正面反馈:"多么精彩的表达!你不仅准确捕捉了诗句的精髓,还通过'落日余晖''波光粼粼'这些优美的词语,将江面那绚烂而宁静的景致描绘得栩栩如生。这样的描述,真是让人仿佛置身于诗画之中。为了让我们的话语更加丰富多彩,老师特地准备了一个'词汇小宝库'!"随后,教师展示了一系列词语:霞光万道、水天一色、静谧祥和、色彩斑斓、浮光跃金。接着,鼓励学生运用这些词语来进一步描绘诗中的景象。这样的练习,旨在挑战学生如何灵活组合词语,精准而富有创造性地表达诗歌的意境。无论是能力较强的学生还是稍弱的学生,都能根据自己的水平,或多或少地运用这些词语,这既是对他们词汇理解的一次深化,也是对其语言表达能力的有效提升。如此课堂,学生的"说"可谓佳音迭出、精彩纷呈,令听者如临其境,赏心悦目。可见,让学生语出惊人、出口成章、"言之有美"并不难,帮助学生打开记忆的闸门,用优美的词语来滋润学生的"说",就是有效的一招。

2.以词促写——内化"积累"词语,绽放"生花妙笔"

说话能力和写作能力有着千丝万缕的联系。从说与写的关系看,说是写的基础,写是说的升华,它们是互相联系、彼此促进的。若口语中有取之不尽、用之不竭的语言库存,则写作语言亦不至于干瘪乏味。说写应紧密结合,只有抓住"说"时积累的词语并将之内化,再化言为文,才能更有效地驾驭语言,实现口头语言到书面语言的提升,做到"变俗为雅""化粗为精""理寓为形",真正提升言语表现能力。

首先,"迁移"词语,"变俗为雅"。冰心在《谈点读书写作的甘苦》中说:"我常常抄袭,就是说模仿别人更好的句子。"心理学家的研究也表明,给出榜样让学生学习,学习效率高得多。选入教材的课文,大都文质兼美,或句式工整,或语言优美,或结构独特,或思想深邃。教学时,教师只要紧紧依托文本资源,抓住契机,适时、适量地进行模仿、迁移,就能让学生摒弃口头语言的随意性,表达得更加精练、雅致。如老舍的《猫》,语言大师在开头一段中抓住了关键性的几个连词:"说它……吧,它的确……""说它……吧,……可是……",把猫的古怪性格描写得入木三分。教学这一课时,教师在引领学生充分品读、感悟语言特点的基础上,让学生用几个关键词写出第二、三段中所描述的猫的性格古怪之处。紧扣关键词的仿效性课堂练笔在提高学生写作水平上能起到事半功倍的效果。但是"仿"不是目的,教师更须指导学生在"仿"中求"创"、"仿"中求"活"、"仿"中求"新"。通过迁移使用和"点化""变通",让学生明白如何转俗为雅,使常言出新,朴言有色,平言见奇,甚至化腐朽为神奇。正是教师精练的几个关键词,使学生的书面表达绽放活力。

其次,移花接木,"化粗为精"。所谓"移花接木"是指将课文中的关键词语摘录下来,然后加上自己的语言重新组合,并做"精细化"加工,用上适合的修辞,从而拓展文章的内容,发展学生的思维,训练学生的书面表达能力。如部编版教材五年级上册《鸟的天堂》叙述了作者两次观赏经历:第一次是在黄昏,鸟儿们都歇息了,作者只描写了一株美丽的大榕树;第二次是在早晨,鸟儿们都出来活动了,所以作者只描写了活泼欢快的鸟儿。教师要求学生把作者第二次去鸟的天堂看到的景物都写下来,包括朝阳下的大榕树、飞行的鸟儿及清澈的湖水。学生在练笔时不仅用到了课文中的关键词语,而且恰当地进行了精细的加工。如"这些鸟儿有的贴在水面疾飞,有的在树枝上飞蹿,有的在我们的船头盘旋。""清澈的湖水倒映着翠绿的榕树,翠绿的榕树点缀着清澈的湖水,再加上疾飞的身影、湖上的小舟、清脆的鸟叫,构成了一幅有声有色的画面。"通过这样重新组合的创造性练笔,从选词到修辞润色,不断推敲,不仅加深了学生对课文重点内容的理解,更让学生对语言表达从粗线条的掠影进入精细的凝视,明白了欲使口语表达书面化、精致化,就必须进行一番"精加工",使它脱胎于"言"而气成于"文",如盐融水,妙合无垠;风行水上,自然天成。这样一来,语言文字的运用才能如鱼得水。

最后,"词语盘点",言为心声。部编版小学语文教材中的"词语表"把每篇课文的重点词语进行了整理罗列。当前不少教师对"词语盘点"的重要性认识不足,使之形同虚设,充其量只是叫学生听写一下或抄读几遍。这般表面化的"照本办事",不但枯燥无味,更没有发挥"词语盘点"的应有作用。新课程要求教师做一个教学资源的主动开发者,教材只是一个例子而已。如果只是让学生机械地操练词语,不但与语文学习的宗旨相违背,而且与词语自身本质也格格不入。《义务教育语文课程标准(2022年版)》在小学中年级阶段目标中强调:"尝试在习作中运用自己平时积累的语言材料,特别是有新鲜感的词句。""词语盘点"的设置,主要意在适当集中地再现一个阶段所学的词语,一方面可以促使学生加深理解,培养积累语言的兴趣和主动积累语言的习惯,对于所学词语能够如数家珍、了然于胸;另一方面,意在促使学生在综合、比较中,相互交流,尝试拓展运用。教师要巧妙地提供机会,创造性地盘活这些词语,采用灵活多样的方法,使学生活学活用,促使消极语言顺利地转化为积极语言。"词语盘点"是强化这方面训练的有力推进器。实践表明,借助"词语盘点"进行联词组段训练,容易激发出一种创造氛围,促进运用。

3.以词促悟——透过"寻常"词语,破解表达"密码"

词语对于提升学生听、说能力大有裨益,词语教学担负着发掘教材的语言美、提高学生文章鉴赏力的重要功能。在日常教学中,教师往往把重点集中在那些词语典雅、修辞曼妙的语句上,而忽略了某些看似寻常的词语。其实,看似寻常最"奇崛",文本的表达特色很大程度上是蕴藏在寻常词语的使用中,关键在于教师应当引导学生透过"寻常"词语,破解表达"密码",体会和理解作者表达和运用普通词语的秘妙,进而受到"匠心独运"的语言特色的熏陶。

首先,聚焦"相同"词语,领会独特的表达视角。教学时不难发现,文本在不同的句子和段落中会经常出现"相同"的词语,这时,教师应如"猎犬"一般,以专业工作者敏锐的"嗅觉"捕捉、研读并引导学生深入体会。细细品来,有些"相同"的词语非但不是机械重复,反而是透露文意的重要支点,从而让读者真切地触摸文本的温度,领会作者独特的表达视角。例如《掌声》这一篇文章,"一摇一晃"这个词在文中出现两次,分别是描述英子走上讲台和走下讲台时的场景。两个相同的词语为何要重复出现,其中到底蕴涵着怎样的写作意图呢?此时,笔者敏锐地捕捉这个关键词,让学生贴近文本,潜心揣摩,将目光聚焦于出现两次的相同词语。在"推敲"这两个不同语境中的"一摇一晃"之后,再次引导学生用自己的心灵去感知这两个词语的温度,然后启示大家:两次掌声里,分别看到了怎样的英子? 于是,学生情感的匣子打开了! 有的说:"在第一次的掌声里,忧郁的、自卑的、胆怯的英子一摇一晃地走上了讲台。"有的说:"在第二次的掌声中,自信的、乐观的、快乐的、心里充满阳光的英子一摇一晃地走下讲台。"在说话训练的过程中,学生脑海中先浮现出来的是第一次掌声的压力下英子那"黯淡"的"一摇一晃"的恐惧样子;又浮现出来的是第二次掌声的欣赏下,残疾的英子充满自信的"一摇一晃"的情景。这样的心灵对话,让这个词以独特的意象进入学生的精神世界,更让学生明白了掌声给英子的孤独心灵注入了阳光,注入了温暖,注入了活力。这两个相同的词语在画面还原和深度透视中给了学生强烈的震撼,他们和文本的脉搏一同跳动,与文中的主人公同呼吸、共命运。"推敲"让文本中人物情感的温度、文本作者的温度和学生的情感共鸣,他们更懂得了作者表达的"匠心"——用此普通而独特的词语赋予文题"掌声"以深刻内涵。

其次,推敲"相似"词语,领会渐进的表达层次。有些经过锤炼的词语,初看寻常,不显山不露水,其实蕴含着"胜景",可谓韵味深长,有的甚至"牵一发而动全身",个中奥秘须通过比较、鉴别、推敲,才能深刻地理解其内在含义和作者的匠心独运。例如北师大版教材《中国结》一文,以中国结为线索,从外形写到内涵,犹如一线串珠,层层深入,表达了中华儿女"同根生"与"心连心"的浓情以及对祖国的热爱。细细品来,不难发现,文章段落不断推进、逐层深入,思想内涵也不断递进。如何引领学生在感知文本内容的同时,领会篇章段落层层深入、螺旋上升的表达特色?教师可聚焦文本中两个极易被忽略却"牵一发而动全身"的词语——"风韵"和"神韵",并由此设疑:"风韵"指什么?"神韵"又指什么?两个词语只有一字之差,是一个意思吗?为什么同样形容"中国结",在不同的段落却用两个意思相近的词呢?这两个词成为一个独特的切入口,两词相较,文义昭然:一个"风韵"让读者领略了"中国结"的独特工艺及丰富多彩的形态,而一个"神韵"更让我们感同身受所有炎黄子孙赤诚的爱国心!两个形似又不"显山露水"的词语,却巧摄了文章的"魂"。透过这两个词,文本结构之独到和作者谋篇之智慧,自然而然地流淌出来。教师通过挖掘文本,不仅让学生领会品读文章时紧扣"相似词"进行推敲、品悟进而盘活全文的奥秘,还使其学会如何抓住文本中有情感、有厚度、有力度和有质感的字词层层剖析,从语言的表层走向语言的深层,感受语言的韵味,领会"从形到神"的螺旋上升。基于"相似"词语的分析、判断、推理、综合,能充分激活学生对语言表达、篇章结构的敏锐洞察力、丰富联想力和深刻思维力,进而形成丰厚的语文素养和扎实的语言运用能力。

最后,捶打"矛盾"词语,领会艺术的情感表达。一般的语言表达,通常应符合准确、鲜明的标准,忌讳模棱两可,更不能前后矛盾。但艺术类、审美性文本中,常会出现一些"矛盾"词语,乍一看,令人难以置信,但细细推究,却是作者感情表达的一种特殊形式,是作者匠心独具的表现。因为在特定的语言环境里,巧妙使用相互矛盾的词语,往往会收到意想不到的艺术效果。如部编版教材三年级上册《卖火柴的小女孩》一课便巧妙地使用了相互矛盾的词语,达到了意想不到的艺术效果。课文讲述了一个小女孩在寒冷的冬夜卖火柴,为了取暖她点燃了一根根火柴,并在火柴的微光中看到了种种美好的幻象,但最终在寒冷的冬夜中冻死。故事中，"寒冷"与"温暖"，"饥饿"与"美食"，"孤独"与"幸福"等相互矛盾的词语交织在一起，形成了强烈的对比。一是"寒冷"与"温暖"的矛盾。小女孩身处寒冷的冬夜，衣衫褴褛，冻得瑟瑟发抖，这是现实中的"寒冷"。然而，当她点燃火柴时，却看到了熊熊燃烧的火炉，感受到了前所未有的"温暖"。这种矛盾词语的运用，使得读者在感受到小女孩悲惨遭遇的同时，也体会到了她内心对于温暖的渴望。二是"饥饿"与"美食"的矛盾。小女孩已经很久没有吃东西了，肚子饿得咕咕叫，这是现实中的"饥饿"。但在火柴的微光中，她看到了丰盛的晚餐，有烤鸡、烤鸭，还有美味的蛋糕，这是她梦寐以求的"美食"。这种矛盾词语的对比，让读者更加深刻地感受到了小女孩的可怜与无助。三是"孤独"与"幸福"的矛盾。小女孩没有亲人，没有朋友，独自一人在寒冷的冬夜中卖火柴，这是现实中的"孤独"。但在火柴的微光中，她看到了慈祥的奶奶，感受到了奶奶的关爱与温暖，这是她从未体验过的"幸福"。教师在授课的过程中，有意识引导学生关注这种矛盾词语的运用，让学生在同情小女孩的同时，也感受到了她内心对于亲情的渴望与向往。这种矛盾词语的巧妙运用，深化了文章主题，强化了表达效果，学生不仅领略了语言不拘一格、灵活多变的特点，还获得了超文本的收获，懂得了巧妙使用"矛盾"词语，能让情感表达充满艺术魅力。

总之，和润语文坚守"语言之基"是培育学生语文核心素养的关键所在。教师应当成为引领学生语言之旅的灯塔，将教育焦点精准聚焦于学生的语言储备力之丰盈、理解力之深邃与表达力之灵动上。采取多元化、创新性的教学手段与策略，融入情景模拟、批判性思维训练、跨文化交流体验等多维度活动，旨在构建一个立体、生动的语言学习环境，从而激发学生的内在潜能，促使他们主动探索语言的奥秘，深刻理解语言的内涵与外延，进而在实践中灵活运用，达到言之有物、言之有序、言之有情的境界。更重要的是，和润语文强调，语言教育不仅是知识的传授，更是思维的启迪、情感的熏陶与人格的塑造。通过语言的深度耕耘，为学生搭建起一座通往广阔世界的桥梁，不仅为其未来的学术追求提供坚实的语言工具与思维框架，更为其人生旅途中的情感交流、价值判断与社会参与奠定坚实的基石。如此，学生方能在语言的滋养下茁壮成长，成为既有深厚文化底蕴，又具备国际视野与创新能力的新时代人才。

二　求索意之灵魂——言不尽意，追寻语文的"文学世界"

在文学的浩瀚海洋中，求索意之灵魂是一项深刻而崇高的任务，它不仅仅是对文学作品外在形式的剖析，更是对作品内在精神世界的深度挖掘与追寻。文学作品，作为作者心灵的镜像与思想的载体，其字里行间蕴含着丰富的情感、深邃的哲理与独特的艺术魅力，等待着读者以虔诚之心去体会、去感悟。

求索意之灵魂，首要在于穿透文字的迷雾，触及作品内在的灵魂深处。这要求读者具备敏锐的洞察力与深刻的感悟力，能够超越文字表面的束缚，深入作品的核心地带，与作者进行心灵的对话与思想的碰撞。在和润语文的教学理念中，教师扮演着引导者的角色，他们通过精心设计的教学活动与引导策略，帮助学生搭建起与作者沟通的桥梁，使学生在阅读过程中逐渐领悟到作品所蕴含的深层含义与创作意图。

"言不尽意"是文学语言独特性的集中体现，也是对文学学习深度与广度的要求。在文学作品中，作者往往运用隐喻、象征、暗示等修辞手法，将丰富的情感与深邃的思想寓于文字之间，使得作品呈现出一种言外之意、弦外之音的艺术效果。因此，在文学学习中，我们需要善于捕捉这些微妙的语言现象，通过细致入微的文本分析与解读，揭示作品背后的深层意蕴与思想内涵。同时，我们还需要认识到文学语言的丰富性、多义性与模糊性等特点，学会在不确定性与多义性中寻找共识与理解，从而更加全面地把握作品的艺术价值与思想深度。

追寻语文的"文学世界"，是和润语文对语文教育目标的明确指向。这一目标不仅要求学生掌握扎实的语文基础知识与技能，更要求他们具备深厚的文学素养与独立的思考能力。在文学世界的探索中，学生需要深入理解作品的主题、人物、情节与语言风格等要素，感受作品所传达的情感与思考；同时，他们还需要通过自主创作实践，将所学知识与个人体验相结合，创作出具有独特风格与思想深度的文学作品。这一过程不仅有助于提升学生的文学鉴赏能力与创作能力，更有助于培养他们的审美情趣与人文素养，使他们在文学的世界中感受到生活的美好、思考人生的意义。

综上所述，求索意之灵魂——言不尽意，追寻语文的"文学世界"是一种对语文教育与文学学习深层次追求与理解的体现。它要求我们在文学的探索与学习中保持敏锐的洞察力与深刻的感悟力，善于捕捉作品中的微妙之处与深层意蕴；同时，我们还需要认识到文学语言的独特性与复杂性，学会在不确定性与多义性中寻找共识与理解;最终,全面的文学素养构建与独立的思考能力培养,使我们在文学的世界中感受到生活的美好、思考人生的意义。

(一)领悟文字之韵:深悟文学,品味其独特之美

领悟文字之韵,乃是踏入文学秘境、探寻其深邃魅力的初始密钥,亦是一场心灵的觉醒与精神的盛宴。在和润语文的殿堂里,教师被赋予了引领者的神圣使命,他们如同灯塔,照亮学生穿越文字迷雾的航道,引领他们深入那些细腻织就的情感织锦与哲思深渊,细细品味每一字词背后跳跃的灵魂与不朽的智慧之光。

这一过程,不仅是文字的简单堆砌与解读,更是一场场心灵与心灵之间的深刻对话,是情感与哲理的交织碰撞。教师引导学生,如同探险家般,穿梭于字里行间,挖掘那些被岁月尘封的细腻情感与深邃思想,让每一个字符都焕发出生命的光彩,绽放出独特的艺术魅力。学生在这样的引领下,逐渐学会以敏锐的触角感知文字背后的温度,以深邃的目光洞察人性的复杂与社会的百态。个性化的感悟与思考,是这场文学之旅不可或缺的风景。学生不再是被动的接受者,而是主动的参与者与创造者,他们在阅读的海洋中自由翱翔,与作者的心灵产生共鸣,与作品中的人物同悲共喜,从而在思想的碰撞中激发出独特的见解与火花。这种个性化的阅读体验,不仅丰富了学生的内心世界,更拓宽了他们的思维边界,让他们在文学的滋养下茁壮成长。还可以巧妙地借助多媒体教学的翅膀,让文学的世界以更加生动鲜活的面貌展现在学生面前。图像、声音、视频等多种元素的融合,使文学场景跃然眼前,情感表达更加细腻入微,让学生在视觉与听觉的双重盛宴中沉浸,感受文字所无法完全传达的震撼与美感。最终,我们追求的不仅是学生对文学作品的简单理解与欣赏,更是他们文学素养的全面提升与人文精神的深刻塑造。在文学的海洋中,学生学会以更加宽容与包容的心态去理解人性、审视社会、感悟文化,他们的性情得以陶冶,内心世界得以丰富,审美情趣与人文关怀在潜移默化中得以形成。这样的教学过程,无疑是一次次灵魂的洗礼与升华,让学生在文学的浩瀚宇宙中自由翱翔,收获无尽的智慧与启迪,成为具有深厚文化底蕴与高尚人文情怀的时代新人。

1.多元诵读,感受音韵之美

朗读是感知文字韵律与情感最直接的方式。教师可以通过指导学生进行

不同形式的朗读,如个别朗读、集体朗读、分角色朗读等,让学生在声音的高低起伏、快慢节奏中感受文字的音乐性和情感色彩。此外,教师还可以教授学生如何运用语调、停顿等技巧来增强朗读的表现力,从而更深入地领悟文字之韵。例如在部编版教材三年级下册《荷花》这篇课文的诵读指导中,教师可精心设计一系列具体的语段及指导策略,以引导学生全方位、深层次地感受荷花之美。首先,教师通过有情感的范读,为学生铺设进入荷花世界的情感基调。随后,在"闻香寻荷"这部分,"清晨,我到公园去玩,一进门就闻到一阵清香。我赶紧往荷花池边跑去"这一句,指导学生以轻快、兴奋的语调朗读,特别是重读"清香"与"赶紧",让学生仿佛能闻到那阵诱人的香气,并感受到作者急迫的心情。在"荷叶之美"这部分,"荷叶挨挨挤挤的,像一个个碧绿的大圆盘"这一句,引导学生放慢语速,用柔和而饱满的声音,重读"挨挨挤挤"与"碧绿的大圆盘",通过声音的延长与停顿,让学生眼前浮现出荷叶茂盛、碧绿的景象。而对于"荷花之姿"这部分的"白荷花在这些大圆盘之间冒出来……有的还是花骨朵儿,看起来饱胀得马上要破裂似的"这一长段,则指导学生采用细腻多变的语调,根据荷花的不同形态调整语速与情感。如"白荷花冒出来"用惊喜的语气,"才展开两三片花瓣儿"则轻柔细腻,"全展开了"则加重语气并适当延长声音,至于"看起来饱胀得马上要破裂似的"则充满期待与兴奋,让学生仿佛目睹了荷花从含苞待放到绽放的全过程。最后,通过集体诵读与情感升华,学生不仅将整篇课文的情感脉络串联起来,还学会了运用朗读技巧去表达和传递自己对荷花的独特感受。整个诵读过程,学生不仅感受到了荷花的外在美,更体会到了文字背后的意境与情感,实现了对荷花之美全面而深刻的感知。

2.深度剖析,挖掘意蕴之深

文学作品中的文字往往蕴含着丰富的意象、情感和哲理。教师可以通过引导学生深度解析文本,关注词语的精准选择、句式的巧妙安排以及段落之间的逻辑联系等,帮助学生挖掘文字背后的深层含义。同时,教师还可以鼓励学生进行批判性思考,分析作者的创作意图、文化背景等,从而更全面地理解文学作品的价值和意义。例如在部编版教材四年级上册《走月亮》这一课的深度教学中,引导学生探寻其背后的丰富意象、深邃情感与哲理意蕴。先聚焦于词语的精准选择与意象挖掘,通过解析如"银盘""淘洗"等关键词汇,引导学生想象月光下的静谧与美好,感受作者笔下自然景色的生动与传神。同时,鼓励学生展开意象联想，将文字转化为视觉画面，沉浸于那一幅幅由月光、溪水、山林构成的乡村夜景图中。接着，关注句式的巧妙安排与情感表达。例如，文中月亮"照亮了高高的点苍山，照亮了村头的大青树，也照亮了，照亮了村间的大道和小路……"这一句，便是排比句的精妙运用。通过连续三个"照亮了"的排比，不仅强调了月光的普照万物，还营造出一种层层递进、不断扩展的视觉效果，让读者仿佛随着文字一同漫步在洒满月光的小径上，感受着那份宁静与美好。同时，这种句式也表达了作者内心的喜悦与满足，对家乡美景的无限热爱与赞美之情溢于言表。而长短句的结合，则使得文章更加生动有趣，避免了单调乏味。如"啊，我和阿妈走月亮！"这样简短的句子，直接而有力地表达了"我"与阿妈共赏月色时的愉悦心情，简洁明快，富有感染力。与之相对的，长句如"细细的溪水，流着山草和野花的香味，流着月光"则通过丰富的描述，营造出一种细腻、温婉的氛围，让读者能够深刻感受到溪水、山草、野花与月光交织在一起的和谐与美好。通过这样的赏析，学生得以领略到语言节奏的变化与表现力的增强，进一步体会到作者情感的细腻与丰富。通过朗读与角色扮演，学生仿佛亲临其境，与"我"一同在月光下漫步，感受那份与阿妈相伴的温馨与幸福。还可带领学生分析段落之间的逻辑联系与整体结构，帮助学生梳理文章的情节脉络，理解各个段落如何紧密相连，共同构建出一个完整而和谐的故事世界，从而深入思考文章的整体布局与主题表达，理解"走月亮"这一题目所蕴含的深意与美感。甚至可以挖掘作者的创作意图与文化背景，通过讨论与交流，学生逐渐领悟到《走月亮》不仅是一篇描绘自然美景的散文，更是一篇颂扬亲情、赞美生活的作品。它让我们在欣赏自然之美的同时，也感受到了人与人之间那份纯粹而深厚的情感纽带。通过这样的深度剖析与意蕴挖掘，学生不仅提升了文学鉴赏能力，更在心灵深处种下了一颗热爱自然、珍惜亲情的种子。

3.情境体验，领略意境之远

文学作品往往通过描绘具体场景、塑造生动人物来传达情感与意境。教师可以通过创设情境、组织表演、观看相关影视作品等方式，让学生身临其境地体验文学作品所描绘的世界。这样的教学方式能够激发学生的想象力和共鸣，使他们在情感上与作品产生联系，从而更深刻地领悟文字之韵和文学作品的独特之美。同时，情境再现还能帮助学生跨越时代和文化的界限，更好地理解作品的历史背景和文化内涵。如教授部编版教材六年级上册《开国大典》这一课，教师可以通过多媒体手段,如播放高清的历史纪录片或电影片段,将开国大典的盛况直观地展现在学生面前。视频中,天安门广场上红旗招展,人群涌动,毛主席站在城楼上庄严宣告新中国成立的瞬间,那激昂的语调、坚定的眼神,无不传递出时代的变革和民族的希望。这样的视觉和听觉冲击,让学生仿佛穿越时空,亲身体验到了那个历史性的时刻,从而更加深刻地感受到新中国成立的伟大意义。接着,为了让学生更加深入地理解开国大典背后的文化内涵,教师可以组织学生进行情境再现活动。可以选取课文中的某个场景让学生分组进行排练和表演。在准备过程中,学生需要深入了解那个时代的服饰、礼仪、语言等文化元素,以及人们的精神风貌和爱国情怀。通过角色扮演,学生不仅能够更加生动地还原历史场景,还能够在表演中深刻体会到那个时代人们的激动心情和崇高理想。这种身临其境的体验,让学生跨越了时代的鸿沟,与历史的先辈们产生了共鸣。还可组织小组项目式学习,通过深入研究和探讨开国大典的筹备过程、国内外形势等,学生可以更加全面地认识到新中国成立的艰辛和不易,以及中国人民为实现民族独立和人民解放所付出的巨大牺牲,有助于学生形成正确的历史观和价值观,激发他们的爱国热情和民族自豪感。

(二)挖掘生活之源:细掘点滴,描绘生活之韵律

和润语文深刻认识到,生活本身便是一本无字之书,蕴含着无尽的智慧与情感,等待着有心人的发掘与领悟。在和润课堂中教师化身为引路人,带着学生走出教室的束缚,步入生活的广阔天地。他们鼓励学生放慢脚步,用心感受每一次日出日落的温柔,聆听每一片落叶的低语,观察街头巷尾的人间烟火。这些看似平凡无奇的瞬间,在和润语文的视角下,都成为滋养心灵的甘露,激发着学生内心的敏感与好奇。学生在教师的引导下,开始学会用一双发现美的眼睛去看待世界,用一颗细腻敏感的心去体验生活。他们学会了从一滴水中窥见大海的浩瀚,从一朵花中领悟生命的真谛。这种对生活的深刻洞察,不仅让他们收获了丰富的情感体验,更激发了他们无限的创造力与想象力。而将这些感悟与体验转化为文字、画作、音乐或其他形式的作品,则成为学生表达自我、抒发情感的重要途径。他们用自己的方式,描绘着生活的韵律,讲述着心灵的故事。这些作品,虽出自稚嫩之手,却饱含着对生活的热爱与理解,展现了学生独特的审美情趣与艺术才华。和润语文不仅关注学生的文学素养与艺术修养,更重视学生的情感世界、思维能力和人文素养。学生在探索生活、表达情感的过

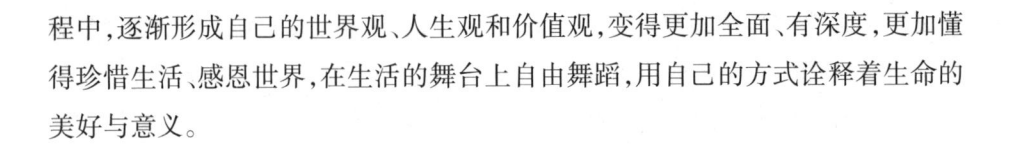

程中,逐渐形成自己的世界观、人生观和价值观,变得更加全面、有深度,更加懂得珍惜生活、感恩世界,在生活的舞台上自由舞蹈,用自己的方式诠释着生命的美好与意义。

1.走出课堂觅真知,亲历生活悟文情

在传统的语文教学模式中,我们常常局限于教室的四壁之内,知识的传递往往依赖于书本与讲解。然而,真正的智慧与情感往往蕴藏在广阔的生活之中。和润语文认为可以定期组织户外教学活动,如校园四季变换的观察、社区文化的探访以及自然生态的探索等,让学生走出课堂,亲身感受大自然的鬼斧神工与社会的多彩多姿。这些活动不仅能够拓宽学生的视野,更重要的是,它们为学生提供了直接而深刻的生活体验。在观察中,学生学会了用眼睛捕捉细节,用心灵感受世界;在互动中,他们体验了人与自然的和谐共生,理解了社会现象的复杂多面。这些鲜活的素材和深刻的情感体验,自然而然地融入了学生的写作之中,使他们的文字更加生动有力,情感更加真挚动人。如教授部编版教材四年级上册《观潮》一课,教师可通过课前资料搜集与分享、课堂视频导入与情景模拟、深入阅读指导与结构梳理、角色扮演与小组讨论以及写作训练等丰富多样的教学手段,让学生仿佛亲临钱塘江畔,感受大潮的壮观与震撼。教学中不仅注重知识的传授,更重视学生情感的培养,通过引导学生观察细节、体验情感、表达见解,帮助他们深刻理解课文内容,同时激发他们对大自然的热爱之情和对祖国大好河山的赞美。这一过程中,学生不仅拓宽了视野,增长了见识,还学会了用生动的语言和细致的描写来展现所见所感,实现了知识与情感的双重提升。

2.细节之处见真章,日记心语绘斑斓

生活是一本无字的书,每一天都充满了值得记录的故事与情感。为了培养学生敏锐的观察力和深刻的思考力,我们鼓励学生养成写日记或随笔的习惯。这不仅是一种记录生活的方式,更是一种自我反思和情感抒发的途径。在日记中,学生可以自由地表达内心的喜怒哀乐,记录下那些稍纵即逝的灵感与感悟。教师则定期给予指导,引导学生学会从日常琐事中提炼出生活的真谛,从细微之处发现美与感动。通过分享交流环节,学生相互启发,共同感受生活的美好与复杂,这种情感的共鸣与碰撞,进一步丰富了他们的内心世界,也为他们的写作提供了源源不断的灵感与素材。如在教授部编版教材五年级上册《白鹭》这一课时，教师可在导入时选用一段精心挑选的白鹭飞行或栖息的视频作为引子，画面中的白鹭或低飞掠过水面，或优雅地站在浅滩上，其羽毛的洁白、姿态的轻盈无不让人叹为观止。动态真实的画面能迅速吸引学生的注意力，激发他们对白鹭这一自然精灵的好奇心和探索欲。随后，教师引导学生思考："视频中的白鹭给你留下了怎样的印象？你是否也曾注意过身边的白鹭？"这样的问题不仅拉近了学生与文本的距离，也为后续的学习活动铺设了情感基础。接着，教师带领学生深入研读课文。在这个过程中，教师不仅仅是在讲解课文内容，更是在传授一种观察与感受的方法。引导学生仔细品味作者笔下的每一个字、每一句话，尤其是那些描绘白鹭外貌、行为及所处环境的细节之处。引导学生学习如何捕捉文本中的关键信息，体会作者的情感态度，以及如何运用自己的语言来复述和评价这些内容。为了让学生有更直观、更深刻的体验，还可以假日小队的方式在周末组织户外观察活动。学生走出教室，来到校园附近的湖泊或湿地，亲自去观察那些在现实生活中翩翩起舞的白鹭。在观察过程中，运用学习单记录白鹭的羽毛颜色、眼睛神态、飞行姿态以及它们与周围环境的互动等细节，鼓励学生用眼睛去发现美，用心灵去感受美。观察结束后，学生带着满满的收获回来，开始撰写自己的观察日记或随笔。在这个过程中，他们不仅回顾了观察白鹭的细节，还深入思考了这些细节背后所蕴含的意义和价值。他们用自己的笔触描绘出了白鹭的优雅与灵动，表达了对大自然的敬畏与热爱之情。更重要的是，他们学会了如何将自己的情感和思考融入文字之中，让日记成为一种自我表达和情感抒发的有效途径。最后，教师还在单元整体教学结束前组织了一次分享交流会。在这个平台上，学生轮流朗读自己的日记片段或随笔作品，分享自己的观察所得和内心感受。其他同学则认真倾听并积极参与讨论，他们或提出自己的见解和疑问，或给予肯定和赞扬。这种相互启发、共同成长的氛围不仅让学生感受到了集体的温暖和力量，也让他们的内心世界因交流而变得更加丰富多彩。通过这样的教学活动，学生不仅学会了如何细致观察、用心记录生活中的美好瞬间，还培养了敏锐的观察力、深刻的思考力和丰富的情感表达能力。

3.创意表达展个性，多元媒介识生活

在语文教学中，我们不应仅仅局限于文字的表达，而应鼓励学生尝试以多元化的媒介形式来展现对生活的理解和感受。通过跨学科的教学设计,我们将绘画、音乐、戏剧等元素融入语文课堂,为学生搭建了一个展示个性与创造力的舞台。创意写作让学生以独特的视角和笔触描绘生活;绘本制作让学生在色彩与线条中自由表达情感;诗歌朗诵与短剧表演则让学生在声音与肢体语言中体验文学的魅力。这些活动不仅激发了学生的创造力和想象力,还让他们在多元的表达中找到了属于自己的声音。更重要的是,这些活动促进了学生综合素养的提升和审美能力的培养,使他们更加全面地认识世界,更加深刻地理解生活。

在深入探索部编版教材五年级下册《猴王出世》这一经典文学篇章的教学过程中,教师可采取一种极为创新且全面的方法,旨在通过多元化媒介的运用,让学生更加深入地理解文本,同时展现他们的个性与创造力。首先,教师鼓励学生跳出传统的文字框架,进行创意写作。学生不再仅仅是复述故事情节,而是被激发去想象猴王出世的那一刻,从猴王自身的视角或是周围环境的视角去重构这一神奇场景。他们运用独特的笔触和丰富的想象力,将猴王的英勇、机智以及猴群中的热闹与敬畏之情生动地描绘了出来。这种写作练习不仅加深了学生对课文内容的理解,还锻炼了他们的文学创作能力。接下来,引导学生将文字转化为图像,进行绘本制作。学生根据自己对猴王出世故事的理解,亲手绘制出一幅幅生动的画作。他们精心挑选色彩,运用线条勾勒轮廓,通过图像来表达文字所无法传达的情感和细节。在这个过程中,学生不仅学会了如何将抽象思维转化为具体图像,还培养了对美的感知和表达能力。为了进一步增强学生的文学体验,教师还可以组织诗歌朗诵和短剧表演活动。将课文内容活灵活现地搬上舞台,学生分角色扮演猴王、其他猴子以及神仙等角色,通过声音、肢体语言和表情的完美结合,将故事情节生动地呈现出来。这种表演形式不仅让学生更加深入地理解了文本内容,还锻炼了他们的表演才能和团队合作精神。在整个教学过程中教师通过创意写作、绘本制作、诗歌朗诵与短剧表演等多元化媒介的运用,同时注重跨学科融合,不仅拓宽了学生的知识视野,还促进了他们综合素养的提升和审美能力的培养。

(三)追溯文化之根:传承经典,铸就文化自信之基

在和润课堂的温馨氛围中,教师化身为文化的引路人,引领学生踏上一场穿越时空的文化探索之旅。他们精心挑选了涵盖诗词歌赋、历史典故、民俗风情等多维度的经典文学作品,这些作品如同璀璨的星辰,照亮了学生探索中华

文化深邃底蕴的道路。课堂上,教师不仅深入文本的字里行间,让学生深刻理解每一部作品背后的历史背景、作者情感与时代精神,还通过角色扮演、情景模拟等互动方式,让学生仿佛置身于那些古老而又生动的场景中,亲身体验中华文化的独特韵味与魅力。在这一过程中,学生逐渐培养起对中华文化的深厚情感与敬畏之心,文化自信的种子在他们心中悄然生根发芽。

为了进一步巩固和提升学生的文化自信,和润课堂还精心策划了一系列丰富多彩的文化活动和实践体验。从书法篆刻的静谧雅致,到国画山水的壮丽辽阔;从传统节日的庆典仪式,到非物质文化遗产的亲手制作,学生在亲身参与中深刻感受到了中华文化的博大精深与无穷魅力。这些实践活动不仅让学生对中华文化有了更加直观和深入的理解,也极大地激发了他们对传统文化的热爱与传承意愿。尤为值得一提的是,和润课堂鼓励学生勇于突破传统束缚,发挥创新精神,将中华文化的精髓与现代文学创作相结合。学生在教师的指导下,尝试运用古典诗词的韵律美、历史故事的深刻寓意以及传统美学的独特视角,创作出既具有时代感又不失文化底蕴的文学作品。这些作品或是对经典的重新诠释,或是对现实的深刻反思,都展现了学生独特的艺术视角和创作才华。通过这一过程,学生不仅实现了文化自信与文学创新的有机融合,更为中华文化的传承与发展注入了新的活力与可能。

总之,在和润课堂这片沃土上,学生通过深入学习、实践体验与创新创作,不仅领略了中华文化的独特魅力,培养了深厚的文化素养,更在内心深处建立并坚定了文化自信。这为他们未来的全面发展奠定了坚实的基础,也让他们成为中华文化的忠实传承者与积极创新者。针对不同学段学生年龄特点,和润语文认为可以有如下引导策略。

1.绘本引路,文化初探

在小学低年级的语文教学中,为了激发学生对中华文化的初步兴趣和好奇心,我们采用绘本作为引导工具。这些色彩丰富、图文并茂的绘本,精选了蕴含丰富中华文化元素的故事,如传统节日的庆祝方式、二十四节气的变化奥秘以及经典寓言的道德寓意。通过生动有趣的故事讲述和角色扮演活动,学生在轻松愉快的氛围中初步接触并感受到中华文化的魅力。这样的教学方式不仅培养了学生的观察力和想象力,也为他们后续深入学习中华文化打下了坚实的基础。例如在教授部编版教材二年级下册《传统节日》这篇课文时,教师可以

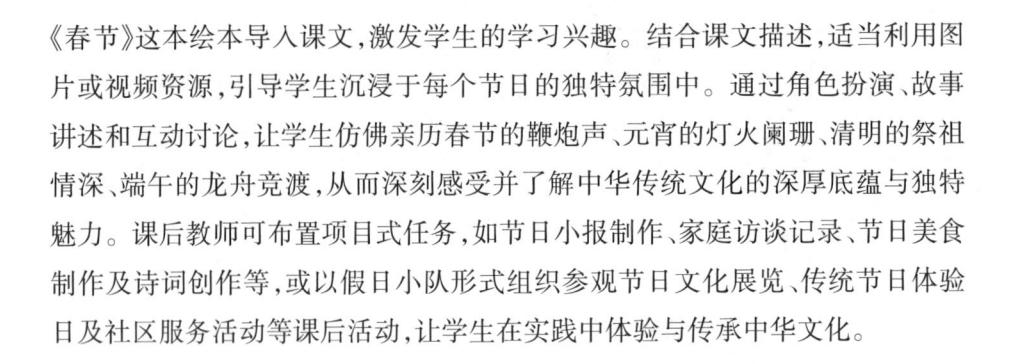

《春节》这本绘本导入课文，激发学生的学习兴趣。结合课文描述，适当利用图片或视频资源，引导学生沉浸于每个节日的独特氛围中。通过角色扮演、故事讲述和互动讨论，让学生仿佛亲历春节的鞭炮声、元宵的灯火阑珊、清明的祭祖情深、端午的龙舟竞渡，从而深刻感受并了解中华传统文化的深厚底蕴与独特魅力。课后教师可布置项目式任务，如节日小报制作、家庭访谈记录、节日美食制作及诗词创作等，或以假日小队形式组织参观节日文化展览、传统节日体验日及社区服务活动等课后活动，让学生在实践中体验与传承中华文化。

2.经典诵读，情感共鸣

随着小学中年级学生识字量和阅读能力的提升，我们引入了更多经典文学作品的诵读活动。这一阶段，我们精选了简短易懂的古诗词、成语故事以及短篇古文，通过集体诵读、配乐朗诵等多种形式，引导学生深入体会作品所蕴含的情感内涵和文化价值。学生在诵读的过程中，不仅锻炼了语感，提高了审美能力，还通过作品的情感共鸣，进一步加深了对中华文化的理解和认同。这种教学方式不仅丰富了学生的文化底蕴，也有效提升了他们的文化自信。例如部编版教材四年级上册《古诗三首》，即《暮江吟》《题西林壁》和《雪梅》，这些古诗不仅语言精练，而且意境深远，非常适合中年级学生诵读。在课前，教师可仔细研究每首诗的创作背景、作者生平及诗歌的深层含义，以便在课堂上引导学生深入理解。在诵读活动开始时，教师会先组织学生进行集体诵读。全班学生齐声朗读，不仅营造了浓厚的学习氛围，还让学生初步感受了古诗词的韵律美和节奏感。在诵读过程中，教师可细心观察学生的发音、语调，并及时给予纠正，确保每位学生都能准确、流利地诵读古诗。为了进一步激发学生的情感共鸣，教师可精心挑选与古诗意境相匹配的背景音乐，进行配乐朗诵。在悠扬的古筝曲或清新的笛声中，学生仿佛置身于古诗所描绘的场景之中，从而更加投入地诵读古诗，体会其中的情感与意境。为了让学生更好地融入古诗的世界，还可让学生以小组为单位讨论古诗中的某种意象或情感，或者让学生尝试创作与古诗主题相关的现代诗句，以加深对古诗的理解。课后鼓励学生进行拓展阅读，学生可以接触到更多优秀的中华文化成果，进一步丰富自己的文化底蕴。结合学校的古诗词朗诵比赛、创作比赛等活动，让学生在实践中锻炼自己的语感和审美能力，提升对中华文化的热爱和自信。

3.创意写作,文化创新

进入小学高年级后,学生已具备一定的写作能力和独立思考能力。为了激发他们的创新思维,我们将中华文化的元素与现代文学创作相结合,鼓励学生进行创意写作。我们设定了与文化相关的主题或情境,引导学生发挥想象力,创作出具有个人风格和文化特色的文学作品。无论是历史人物的现代演绎,还是传统节日的新颖诠释,学生都展现出了独特的视角和创意。同时,我们还组织了作品展示会和比赛活动,为学生提供了展示自己才华的平台,促进了文化交流与分享。这样的教学方式不仅锻炼了学生的写作能力,还进一步巩固和提升了他们的文化自信与创新能力。以部编版教材五年级上册《牛郎织女》一课为例,可组织以"传统故事的现代演绎"为主题的展示活动,鼓励学生发挥想象力,对经典民间故事进行创造性改编。通过小组讨论、角色扮演等活动,激发学生的创造潜能,引导他们思考如何将古代爱情传说置于现代社会的背景下,并融入个人见解和现代元素。学生以独特的视角进行构思,有的将牛郎织女设定为科技公司的创始人,利用现代科技手段跨越星际相会;有的则让故事发生在都市中,通过传统节日的庆祝活动重拾彼此的情感。此外,还可以读书节为契机组织作品展示会和创意写作比赛,为学生提供展示才华的舞台。学生在创作中不仅锻炼了写作能力,还深刻体会到了中华文化的魅力与现代社会的融合之美,进一步巩固和提升了他们的文化自信与创新能力。

和润语文教育理念深刻地认识到,领悟文字之韵是通往深邃文学殿堂不可或缺的钥匙,它不仅是理解文学作品内在美的基石,更是培养学生审美情趣与文学鉴赏能力的核心。在这一过程中,我们强调对文字的细腻感知与精准把握,鼓励学生沉浸在字里行间,体会其音韵之美、意境之深,从而触及文学作品的灵魂。同时,我们坚信生活是文学创作的源泉活水,细掘生活之源是每位学子应秉持的态度。引导学生以敏锐的洞察力捕捉生活中的点滴细节,无论是晨曦初露的温柔、夕阳西下的壮丽,还是平凡日子中的温馨与感动,都应成为他们笔下流淌的灵感。通过文字,学生得以描绘生活的韵律,将那些稍纵即逝的美好瞬间定格为永恒,让文学作品充满生活的温度与色彩。此外,追溯文化之根,传承经典并融入现代视角,是和润语文教育的又一重要使命。我们鼓励学生深入探索中华文化的博大精深,从经典文学作品中汲取营养,领悟先贤的智慧与情怀。同时,我们也倡导以现代视角重新审视传统文化,将传统元素与现代审美、价值观念相结合,创造出既具有深厚文化底蕴又符合时代精神的文学作品。

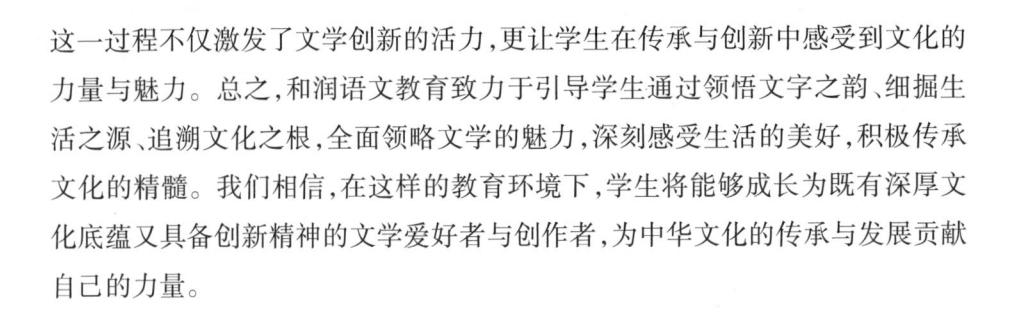

这一过程不仅激发了文学创新的活力,更让学生在传承与创新中感受到文化的力量与魅力。总之,和润语文教育致力于引导学生通过领悟文字之韵、细掘生活之源、追溯文化之根,全面领略文学的魅力,深刻感受生活的美好,积极传承文化的精髓。我们相信,在这样的教育环境下,学生将能够成长为既有深厚文化底蕴又具备创新精神的文学爱好者与创作者,为中华文化的传承与发展贡献自己的力量。

三 翘望人之生长——言意共生,生成崭新的"人的世界"

和润语文深刻理解每位学生都是独一无二的个体,拥有不同的学习节奏、兴趣偏好及潜能优势。因此,我们致力于构建一个包容、多元的学习环境,通过个性化教学策略,如分层教学、差异化作业设计等,确保每位学生都能在适合自己的节奏下成长。同时,鼓励学生自我探索与发现,培养他们的自主学习能力和批判性思维,让个性化成长之路更加坚实。

"言意共生"的教学方式,在和润语文中得到了生动实践。我们注重语言文字的精准表达与思想情感的深刻传递,引导学生在阅读、写作、口语表达等活动中,不仅掌握语言技能,更能深入领悟文本背后的文化意蕴、情感色彩和人生哲理。通过文学作品的鉴赏与分析,学生学会了用语言去表达内心的感受与思考,同时也学会了从语言中汲取智慧与力量,实现语言与心灵的双重滋养。和润语文构建了涵盖经典诵读、文学赏析、创意写作、文化体验等多维度的课程体系。通过经典文本的研读,学生穿越时空与先贤对话,汲取文化精髓;通过文学赏析,学生感受语言的魅力,培养审美情趣;通过创意写作,学生释放创造力,展现个性风采;通过文化体验活动,学生亲身体验传统文化的魅力,增强文化自信。这一系列课程活动,旨在拓宽学生的知识视野,丰富他们的精神世界,为他们的全面发展奠定坚实基础。

在和润语文课堂上,我们不仅仅关注学生的学术成就,更重视他们的人文素养和社会责任感的培养。通过阅读经典文学作品,学生学会了关爱他人,养成了尊重生命、勇于担当等美好品质;通过参与社区服务、环保行动等实践活动,学生将所学知识转化为实际行动,为社会贡献自己的力量。我们鼓励学生成为有爱心、有责任感、有担当的公民,为构建更加和谐美好的社会贡献力量。我们以"翘望人之生长"为核心理念,深度融合"全人教育"的育人理念,致力于培养具有深厚文化底蕴、卓越语言能力、丰富情感世界、积极人生态度及强烈社会责任感的时代新人。

(一)塑造情感世界:镌刻内心的丰盈与真挚,让情感之河流淌不息

和润语文致力于塑造学生的情感世界,通过营造一个安全、温暖、支持性的学习环境,让学生愿意镌刻并表达内心的丰盈与真挚。在和润语文的课堂上,我们的首要任务是营造一种没有评判、充满接纳与鼓励的氛围。这种环境让学生感受到被尊重与理解,使他们敢于表达自己的真实感受,无论是喜悦、悲伤、困惑还是好奇。教师作为这一避风港的守护者,用耐心与爱心倾听每一个声音,用温柔的目光给予肯定,让每一个学生都确信自己的情感是被珍视的。我们深知,情感的表达是多姿多彩的,因此,和润语文提供了写作、绘画、音乐等多种艺术形式的舞台,供学生自由发挥。在写作课上,学生可以通过文字记录生活的点滴,抒发内心的情感波澜;在绘画创作中,他们用色彩与线条勾勒心中的风景,表达难以言喻的情绪;在音乐活动中,旋律与节奏则成为他们情感的载体,让情感在音符间跳跃、共鸣。这些多元化的表达方式,不仅丰富了学生的情感体验,也促进了他们创造力与表达能力的全面发展。同时,和润语文强调情感教育的深度与广度,鼓励学生不仅仅停留在情感的表达上,更要学会对自己的情感进行深入的反思与审视。通过小组讨论、情感日记、心理辅导等多种形式,我们引导学生探索自己情感背后的原因与动机,理解不同情感状态对自己行为的影响,从而增强自我认知与情绪管理能力。这一过程,不仅帮助了学生更好地认识自己,也为他们在未来的人生道路上提供了宝贵的情感智慧。此外,和润语文坚持将情感教育贯穿于学生的日常生活与社会实践中,如组织参与社会公益活动、志愿服务、文化交流等。在这些活动中,学生不仅能够体验到帮助他人、服务社会的快乐与满足,更能深刻感受到情感的力量与价值——它能让人与人之间更加紧密相连,让社会更加和谐美好。通过这些实践,学生的情感之河得以不断拓宽与深化,滋养着他们心灵的每一寸土地,助力他们成长为有温度、有情感、有担当的时代新人。

1.情感共鸣——心灵深处的对话

《义务教育语文课程标准(2022年版)》强调培养学生的人文素养、审美情趣以及情感态度价值观,根据《义务教育语文课程标准(2022年版)》的要求,教师

选择那些具有深厚人文内涵、能够激发学生情感共鸣的课文作为教学内容。这些课文不仅语言优美、情感真挚,而且能够引导学生关注社会、思考人生,促进他们情感世界的丰富与发展。在教学过程中,注重采用多样化的教学手段来激发学生的情感共鸣。通过情境创设、角色扮演、小组讨论等方法,让学生身临其境地感受文本中的情感世界,与文本中的人物同悲共喜,实现心灵的深度对话。鼓励学生表达自己的真实感受,无论是口头表达还是书面写作,都让他们有机会将内心的情感倾泻而出,从而加深对情感的理解和体验。如部编版教材五年级上册《慈母情深》这篇课文通过细腻的笔触描绘了母亲为了支持孩子买书而付出辛勤劳动的场景,展现了母爱的深沉与伟大。课文语言朴实无华,情感真挚动人,能够深深触动学生的心灵。教师可以通过播放一段关于母爱的视频或讲述一个感人的母爱故事,创设情境,营造浓厚的情感氛围,为课文学习做好铺垫。在执教的过程中引导学生仔细阅读课文中描述母亲工作环境的段落,特别是那些刻画工作条件艰苦的句子。教师可以引导学生圈画出关键词,如"光线阴暗""震耳欲聋"等,让学生初步感受到母亲工作环境的恶劣和身体的劳累。接着,教师引导学生关注母亲为儿子买书时的场景。通过对比母亲在恶劣工作环境中的表现与她为儿子买书时的爽快与坚定,如:"母亲掏衣兜,掏出一卷揉得皱皱的毛票,用龟裂的手指数着。""母亲却已将钱塞在我手里了,大声回答那个女人:'谁叫我们是当妈的呀!我挺高兴他爱看书的!'"这样的对比,能让学生深刻感受到母爱的无私与伟大。最后,鼓励学生结合自己的生活经历,谈谈自己与母亲之间的感人故事,或者想对母亲说的话。通过这样的情感升华,学生不仅能够加深对课文内容的理解,还能够在心灵深处与母爱产生共鸣。除了课堂的用心讲授,课外应更加注重将情感教育融入学生的日常生活实践中。通过组织社区服务、环保行动等实践活动,让学生在参与中体验关爱、责任等积极情感,进一步加深对情感的理解与认同。这些实践活动也为学生提供了展示自己情感表达能力的舞台,让他们在实践中不断锤炼自己的情感表达技巧。

2.情感记录——自我探索的旅程

鼓励学生建立记录个人情感的习惯,无论是日记、随笔还是情感画作,都是他们自我探索、理解内心世界的宝贵工具。通过定期回顾与反思,学生能够更好地认识自己的情感需求与变化,培养情感自我管理能力。例如《秋天的怀念》是一篇感人至深的散文,讲述了作者史铁生对已故母亲的深切怀念,以及母亲在重病中仍关心儿子、鼓励儿子好好活下去的动人故事。这篇文章充满了对母爱的赞美和对生命意义的思考,非常适合引导学生进行情感的自我探索。在这篇课文的教学深化中,情感记录成为学生自我探索与成长的桥梁。教师应鼓励学生不拘一格地选择适合自己的方式(无论是细腻的文字日记、色彩斑斓的情感画作,还是富有韵律的诗歌创作)来记录他们对课文中深沉母爱的感悟、对生命意义的深刻思考,以及对自我成长的持续反思。这些情感记录不仅是学生内心世界的真实写照,更是他们情感管理能力提升的见证。通过定期的回顾与分享,学生在相互倾听与支持的氛围中,更加深刻地认识到自己的情感需求与变化,学会了如何以更加成熟和自信的态度面对生活的挑战。情感记录,作为这段学习旅程中的宝贵财富,将伴随学生成长,成为他们未来道路上的一盏明灯。

3.情感实践——价值塑造的熔炉

将情感教育融入学生的实际生活中,通过参与社区服务、环保行动等实践活动,让学生在行动中体验情感的力量与价值。这些实践活动不仅能够加深学生对情感的理解,还能在无形中塑造他们的价值观与人生观,让情感之河成为推动他们成长与发展的重要动力。例如部编版教材一年级下册《吃水不忘挖井人》这篇课文讲述了毛主席在江西领导革命时,带领战士和乡亲们挖井的故事,表达了对饮水思源、感恩图报情感的赞美。如何将课文中的感恩与奉献情感转化为学生的实际行动?教师可以策划一系列社区服务活动,如"感恩回馈日",组织学生前往敬老院陪伴老人,聆听他们的故事,为他们表演节目,用实际行动表达对他们的敬意与感激;同时,也可以开展"绿色感恩行",鼓励学生参与植树造林或公园清洁活动,让他们亲手为大自然增添一抹绿意,学会感恩自然的恩赐,并在劳动中体验团结协作与无私奉献的乐趣。通过这些实践活动,学生不仅能在实践中深化对情感的理解,还能在无形中塑造积极向上的人生观和价值观。

(二)激发创新思维:孕育未来的智慧与创意,让思想之帆破浪前行

和润语文的教育理念深刻地根植于对学生全面发展的追求之中,它不仅仅倡导知识的传承与积累,更将焦点放在了学生创新思维与创造力的激发与培育上。在这一教育理念的引领下,教学活动被赋予了全新的意义与使命——旨在通过一系列精心设计的策略,引领学生走向一个充满探索与创造的学习旅程。首先,和润语文强调,教育应当是一场激发学生内在动力的盛宴。教师通过创

设一系列富有挑战性且贴近学生生活实际的问题情境,巧妙地引导学生跨越舒适区,勇于面对未知与挑战。这些问题情境不仅考验着学生的知识储备,更激发了他们强烈的好奇心和探索欲望。在这样的氛围中,学生不再是被动接受知识的对象,而是主动思考、积极解决问题的主体。他们开始学会运用所学知识去分析、推理、判断,从而在解决问题的过程中不断孕育出独特的智慧和创意。其次,和润语文鼓励学生敢于跳出框架,大胆质疑传统观念。在这个信息爆炸的时代,培养学生的批判性思维和独立思考能力显得尤为重要。教师在课堂上不再是绝对的权威,而是与学生共同探讨、相互启发的伙伴。他们鼓励学生勇于提出自己的见解和疑问,即使是对传统观念的挑战也给予充分的尊重和鼓励。通过这样的方式,学生学会了用批判的眼光审视周围的世界,形成了独立判断事物是非曲直的能力。为了支撑学生的自主学习和探究,和润语文理念下的教师还致力于提供丰富多样的教学资源。这些资源包括但不限于经典文学作品、现代科技成果、社会热点事件等,它们以多种形式呈现,如图书、视频、音频、网络资源等,旨在满足学生多样化的学习需求。通过这些资源的引入,学生的视野得到了极大的拓宽,他们能够在更广阔的知识海洋中遨游,汲取养分,滋养自己的创新思维和创造力。最后,和润语文注重通过实践活动来锻炼学生的创新能力,培养学生的团队协作精神。学校定期组织各类创新实践活动,如文学创作比赛、科技发明展览、社会调研项目等。这些活动不仅为学生提供了一个展示自己才华和创意的舞台,更让他们在亲身体验中感受到了创新的乐趣和成就感。同时,这些活动也要求学生之间必须紧密合作,共同面对挑战,以此培养他们的团队协作精神和沟通能力。

1.启思为舵,导航思维海洋

在小学语文的广阔天地间,我们应将"启思"视为引领学生探索知识深海的舵手,通过精心设计的启发式教学方法,为学生开辟一条通往智慧彼岸的航道。具体而言,教师需深入研读教材,挖掘其中蕴含的思维训练点,巧妙构思一系列富有启发性的问题。这些问题不应是简单的对错判断或信息提取,而应是能够激发学生的好奇心,促使他们主动探索、深入思考的问题。在实施启发式教学过程中,教师还需注重问题的层次性和递进性。通过一系列由易到难、由浅入深的问题链,引导学生逐步深入文本,构建知识网络,培养其逻辑思维和问题解决能力。同时,教师还应鼓励学生大胆提问,勇于表达自己的见解和疑惑,通过师生、生生之间的有效互动,共同营造充满活力和创造力的课堂氛围。此外,为了进一步提升学生的思维能力,教师还可以结合多种教学手段和工具,如多媒体教学、实物展示、角色扮演等,使启发式教学更加生动有趣,更具吸引力。例如部编版教材二年级下册《画杨桃》这篇课文,它通过讲述作者在小学美术课上画杨桃的独特经历,巧妙地展现了尊重事实与主观认知之间的冲突,以及多角度观察对于全面认知的重要性。课文中的冲突与解决过程,不仅引导学生认识到观察角度对认知结果的影响,还激发了他们培养批判性思维的兴趣。在教学过程中,教师可以通过引导学生观察讨论、进行角色扮演等教学活动,使学生深入理解课文内容,并学会从不同角度看待问题,尊重事实,培养全面认知和批判性思维的能力。此外,拓展阅读与写作也是巩固和深化这一思辨过程的有效途径。通过这些方式,让学生在轻松愉快的氛围中,自然而然地开启思维的闸门,让智慧之泉汩汩流淌,滋养他们成长的心田。

2.实践为帆,破浪前行创新路

实践如同扬帆的巨轮,引领学生在知识的海洋中破浪前行,探索创新的无限可能。教师匠心独运,将科学实验、艺术创作与社会调查等多元化实践活动巧妙融入语文课堂,为学生搭建起动手动脑、体验创新乐趣的舞台。例如,组织学生开展模拟水循环的实验,促其领悟自然界的奥秘;鼓励学生用画笔勾勒古诗的意境;让学生通过角色扮演深入理解寓言故事的寓意;带领他们走出教室,走进社会,用眼睛观察、用心灵感受节日习俗的变迁与环保问题的紧迫,用文字记录下每一次的感悟与思考。这些实践活动不仅让语文学习变得生动有趣,更在潜移默化中培养了学生的实践能力、创新精神和团队协作精神,为他们未来的成长与发展铺设了坚实的基石。

3.创意为魂,点燃未来智慧之光

创意是推动社会进步与个人发展的不竭动力,它如同璀璨星辰,引领着学生穿越未知,照亮其智慧成长的道路。因此,我们积极倡导并实践以创意为核心的教学理念,致力于为学生打造一个充满无限可能与想象空间的创意舞台。在和润语文课堂中,我们鼓励学生跳出传统框架的束缚,勇于发挥想象力,进行创意表达。通过开设创意写作课程,引导学生观察生活、感受情感、思考人生,鼓励他们不拘一格地运用语言文字,创作出富有个性、充满灵性的作品。在这里,每一个文字都跳跃着思维的火花,每一篇文章都闪耀着创意的光芒,学生在文字的世界里自由翱翔,用独特的视角和笔触描绘属于自己的精彩篇章。例如,将科技与创意相结合,引入创意编程课程。在编程的世界里,学生化身为小小程序员,通过编写代码、设计算法,创造出各种有趣、实用的程序或游戏。这一过程不仅锻炼了学生的逻辑思维能力和问题解决能力,更激发了他们对科技创新的浓厚兴趣。在编程的实践中,学生学会了如何将抽象的创意转化为具体的实现,这种转化过程本身就是一次深刻的创新思维训练。创意并非无源之水、无本之木,它源自对生活的热爱、对知识的渴望以及对未来的憧憬。因此,在日常语文教学中,应注重培养学生的观察力、思考力和批判性思维,引导他们从不同角度审视问题,勇于提出自己的见解和主张。同时,鼓励学生参与各种创意竞赛和展示活动,为他们提供展示自我、交流思想的平台,让他们在竞争中成长,在交流中碰撞出更多创意的火花。和润语文相信通过激发学生的想象力、培养他们的创新思维和创意表达能力,我们能够为学生的未来之路点亮一盏智慧之灯,引领他们走向更加辉煌灿烂的明天。

(三)赋能心灵生长:启迪内在的潜能与力量,让心灵之树茁壮成长

全人教育理念主张以促进人的全面发展为核心,强调以人为本,不仅关注学生的认知发展,还重视情感与道德的培养,鼓励学生在多元化环境中探索与实践,勇于创新。同时培养全球视野与跨文化交流能力,以实现个体完整而平衡的人格成长。和润语文课堂,作为全人教育理念的生动实践场,始终深耕于学生心灵的沃土,致力于唤醒并激活其内在潜能与力量。这一过程,是对学生心灵深处未知领域的勇敢探索,也是对其个性特质与全面发展的深切关怀。

在这里,教师不仅是知识的传递者,更是心灵的引路人与智慧的启迪者。启发式教学如同一盏明灯,照亮学生主动探索未知世界的道路。教师精心设计的学习任务,既富有挑战性又充满趣味,旨在激发学生的好奇心与求知欲,引导他们跨越舒适区,勇于面对挑战,自我发现,自我成长。

通过参与科学实验,学生不仅掌握了科学知识,更培养了观察、分析与解决问题的能力;在艺术创作中,他们挥洒创意,表达情感,丰富了审美体验与情感世界;社会调研活动则让学生走出校园,走进社会,学会了观察生活,理解社会,增强了社会责任感与公民意识。和润语文课堂致力于构建一个开放、包容、多元的学习环境,为学生提供丰富多样的学习资源。从经典的文学作品到前沿的

网络课程,从生动的实地考察到权威的专家讲座,学生可以根据自己的兴趣与需求,自由选择,广泛涉猎。这种自由与选择的权利,激发了学生的内在动力,促使他们主动学习,积极探索,不断拓宽知识边界,深化对世界的理解与感悟。

尤为重要的是,和润语文课堂将培养学生的批判性思维与创新能力置于教育的核心地位。教师鼓励学生不盲从、不迷信,勇于对既有观点质疑,善于从不同角度审视问题,形成独立见解。通过组织讨论会、辩论赛等思维碰撞活动,学生学会了倾听、表达与辩论,他们的思维在交流中得以磨砺,在碰撞中得以升华。这种思辨能力的培养,为学生未来面对复杂多变的世界奠定了坚实的基础,也让他们的心灵之树在思辨的土壤中更加茁壮地成长。

在和润语文课堂的教学实践中,学生不仅是知识的接受者,更是自我成长的主体。他们在尊重与关爱的氛围中自由成长,在挑战与探索中激发潜能,最终实现自我超越与全面发展。他们的心灵,在和润课堂的滋养下,如同大树般根深叶茂、茁壮成长,不仅为自身的人生旅程增添了无限光彩,更为这个世界带来了更加灿烂的希望与未来。

总之,和润语文坚守"翘望人之生长"的核心理念,坚信教育的力量在于全面塑造学生的内心世界和未来发展。和润语文视每位学生的独特个性为教育的灵魂,致力于创造一个包容与尊重并存的学习环境。通过一系列精心策划的教学活动,丰富学生的情感体验,更激发他们对生活的热爱与对世界的好奇。同时,和润语文鼓励学生跨越学科界限,运用跨界思维,以多元的视角审视文本,挖掘其背后的深层含义。这一过程不仅锻炼了学生的批判性思维能力,还激发了他们的创新思维与探索精神,使他们能够在复杂多变的世界中保持独立思考与判断力。

和润语文关注学生的心灵成长,鼓励他们通过自我反思,深入探索文本所蕴含的哲理与智慧,并将其与自身的生活经历相结合,进行个性化的创作表达。在和润语文的悉心培育下,学生将沿着一条充满挑战与机遇的个性化成长之路前行,为未来的生活与学习奠定坚实的基础。和润语文相信,通过这样的教育方式,学生将能够成长为具有完整人格、独立精神与创新能力的新时代青年,为社会的进步与发展贡献自己的力量。

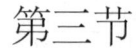

第三节 合和共生——开展"多维·融通"的课程整合

在当今这个信息洪流激荡的时代，知识的边界不断拓展，各行业领域深度融合，使教育面临着前所未有的挑战与机遇。作为塑造未来社会基石的教育事业，尤需秉持前瞻视野，引领时代浪潮。其中，"多维·融通"的教育课程融合策略，深刻契合了《义务教育语文课程标准（2022年版）》所倡导的核心教育理念，是这一精神在实际教学操作层面的一次鲜活且富有创意的践行。

"多维"之维，超越了传统学科壁垒的桎梏，强调知识的多元化与立体化构建。它倡导的是一种跨学科视野，旨在打破学科间的孤立状态，让学生在广阔的知识海洋中自由遨游，学会从不同角度审视问题，培养综合分析与解决问题的能力。正如《义务教育语文课程标准（2022年版）》所强调的语言文字运用与思维能力协同发展，多维课程整合正是通过丰富多样的学习情境，促进学生在语言实践中提升思维品质，实现知识与能力的双重飞跃。

"融通"之境，则体现了知识间相互渗透、相互滋养的深刻内涵。它要求教育者不仅传授知识，更要引导学生探索知识之间的内在联系，构建有机统一的知识网络。此种融通的教育实践超越了单一学科的框架，深入跨学科的广袤领域，鼓励学生跨越知识壁垒，于综合视野下激发创新灵感，与《义务教育语文课程标准（2022年版）》中强调的强化学生创新与实践能力培养理念不谋而合。通过实施这种跨界融合的教育模式，学生仿佛置身于一个无限延展的知识网络之中，自由穿梭于不同学科的智慧碰撞之中，从而孕育出别具一格的新颖观点，为他们的学习生涯及未来生活构建了一个稳固且充满活力的基础平台。这一过程不仅加强了学生对多元知识的整合能力，更激发了他们对未知世界的探索欲与创造力。

在教育的广阔天地里，鼓励学生跨越界限，于知识的交织融合中启迪创新思维，正是积极响应《义务教育语文课程标准（2022年版）》中关于强化学生创新与实践能力培养号召的具体行动。通过实施融通教育理念，我们为学生铺设了一条在多元知识体系中自由探索、相互启发的道路,使他们能够孕育出独到的见解与创意,为个人的长远发展奠定坚实而富有创造力的基础。这一过程不仅促进了学生对知识的深刻理解,更为他们未来的学习旅程与生活实践奠定了充满无限可能的基石。

"合和共生",作为"多维·融通"课程整合的终极追求,不仅是对教育目标的深刻诠释,也是对教育生态的理想描绘。它强调在教育过程中,师生、生生乃至学科之间应形成和谐共生的关系,共同促进知识的生长与智慧的涌现。这一理念与《义务教育语文课程标准(2022年版)》提出的构建开放而有活力的语文课程不谋而合,旨在通过课程的开放性与整合性,激发学生的学习兴趣,培养其合作精神与团队意识,为终身学习和全面发展奠定坚实的基础。

总之,"多维·融通"的课程设计模式,正日益成为教育改革领域的核心趋势,同时也是深刻践行《义务教育语文课程标准(2022年版)》精髓与要求的创新路径,旨在通过构建更加丰富、立体且相互渗透的课程体系,有效降低与既有研究或实践的重复度,促进教育质量的全面提升。它要求教育者以更加开放的心态、更加创新的思维,不断探索与实践,为培养具有综合素养、创新精神与合作能力的未来社会栋梁贡献力量。

一 教材融合——语文大单元教学,以任务群为核心统整教材

语文大单元教学是一种从整体出发,通过整合教材内容、调整教学顺序和拓展教学资源,实现语文教学系统性和连贯性的教学模式。它聚焦于对教材整体架构的深刻理解,旨在通过精心策划的单元教学计划,拓宽学生的自主学习维度与深度,促使新旧知识无缝衔接,彰显语文知识体系的连贯性与完整性。这一教学模式超越了传统的单篇课文孤立教学的模式,而是创造性地将一系列内在相关、主题一致的课文或知识点整合为统一的教学单元,设计出一系列环环相扣、逻辑严密的教学活动。这些活动不仅涵盖了明确的教学目标、丰富的教学内容,还融入了多样化的教学方法与全面的评价机制,共同构建了一个既系统又富有探索性的语文教学环境,有效提升了语文教学的综合效能。

在大单元教学中,教师需要重新考虑单元教学内容和教学顺序,实现从"人到学科到教学"的课程设计过程,强调学生的核心参与角色,深入挖掘大单元整体教学策略在促进学生全面发展方面的独特价值。具体而言,大单元教学包含

三个关键环节:确定具体的学习目标、创设教学情境、完善教学评价。这三个环节相互依存、相互促进,共同推动语文教学目标的实现。

语文学习任务群组,是依据特定学习议题或目标精心构建的学习框架,它将语文知识、技能、策略以及情感、态度和价值观等核心要素巧妙融合,编织成一系列内在关联紧密、逻辑顺序清晰的学习任务体系。这一创新理念源自《义务教育语文课程标准(2022年版)》,它倡导围绕核心学习议题,策划并实施一系列逻辑紧密相连的语文实践活动,旨在全方位促进学生的核心素养发展。此学习任务群组具备鲜明的情景模拟性、深度实践性及高度综合性,作为语文课程内容的全新组织与展示方式,它不仅仅是知识的学习场,更是能力的锻造场。该群组由一系列精心设计、相互依存的学习任务构成,这些任务植根于真实的语言运用情境,旨在通过实践与体验,激发学生对中华优秀传统文化的自豪感、提升语言运用能力、深化思维品质,并激发审美创造力等。在构建学习任务群组时,我们秉持"精练高效、学做合一"的原则,特别强调中华优秀传统文化、革命文化与社会主义先进文化的融入,同时分层次设计基础巩固型、能力发展型与素养拓展型任务群,以灵活应对并满足学生多样化的学习需求与成长路径。

教材融合是指在教学过程中,将不同版本的教材或同一教材中不同单元、不同课文的内容进行有机整合,形成具有内在联系和逻辑顺序的教学体系。教材融合旨在打破传统教材的界限,实现教学资源的优化配置,增强教学效能,优化教学品质。

在语文大单元教学框架内,教材融合扮演着至关重要的角色。这一过程允许教师依据学生的学习偏好与教学目标,灵活调配与编排教学内容,从而增强教学活动的靶向性与成果导向性。此外,教材融合策略还有效地拓宽了学生的知识边界,促进了他们综合素养与创新思维的发展。

随着新课程改革的浪潮不断推进,语文大单元教学及教材融合的研究逐渐成为教育领域的热点话题。这一趋势不仅反映了教育工作者对提升语文教学质量的迫切需求,也体现了其对教育模式创新的不懈追求。

在理论研究层面,国内学者从不同维度对语文大单元教学进行了深入探讨。课程论视角下,学者们强调大单元教学作为实现课程目标的重要手段,其核心价值在于通过系统化的教学设计,促进学生知识结构的完整构建与能力的提升。教学设计维度上,学者们则关注于如何有效规划教学流程,通过情境创设、活动设计等策略,使大单元教学更具操作性和实效性。此外,核心素养的提出，更是为语文大单元教学注入了新的生命力，要求教师在教学实践中注重学生思维能力、审美情趣、文化传承等多方面素养的培养。

基层教育者在不断摸索与实践中，主动将大单元教学思想融入日常教学活动，通过巧妙融合教材资源、创新教学手段、精细调整教学流程等途径，力求实现教学质量的显著提升。他们不仅致力于知识的传递，更将焦点放在了学生学习潜能的激发、学习能力的塑造以及情感态度与价值观的正确引导上。然而，实践探索中也暴露出一些问题，如理论研究与实践操作之间的脱节、缺乏科学系统的评估体系、地区间教学差异导致的经验难以推广等，这些都需要在未来的研究中加以解决。

虽然国外没有与"语文大单元教学"和"教材融合"完全对应的概念，但类似的教学理念如美国的"主题教学"和英国的"单元教学"却为我们提供了宝贵的启示。

美国的主题教学强调以主题为核心，通过跨学科整合的方式进行教学，这一理念与语文大单元教学在某种程度上不谋而合。主题教学鼓励学生围绕某一中心议题进行探究性学习，通过跨学科知识的融合与应用，增强学生的综合素养与问题解决技能。这一教学模式深刻启示我们，在语文大单元教学的实践中，同样应当聚焦于知识间的内在联系与跨领域迁移能力的培养。

英国的单元教学则注重整体性和连贯性，通过划分明确的单元进行教学设计，确保学生能够在每个单元内获得完整的知识体系和技能训练。这种教学模式对于语文大单元教学具有重要的借鉴意义，即在教学过程中，应强调知识的体系化与连贯性，设计循序渐进的学习活动，以此推动学生深入理解知识并提升其实践应用能力。

在《义务教育语文课程标准（2022年版）》的引领下，和润语文作为一种新兴教育理念应运而生，它强调营造一种和谐共融、滋养心灵的学习环境，以全面促进学生核心素养的培育。在此框架下，教材融合与大单元教学策略作为和润语文实践路径的关键环节，不仅是对传统教学方法的革新，更是对语文教学深度挖掘与广度拓展的一次全新探索。

（一）理念融合：和润语文与教材融合、大单元教学的契合点

和润语文强调在教学过程中追求和谐共生、润物无声的境界，这要求教师在教学内容、方法、评价等多个层面进行创新与整合。教材融合与大单元教学

正是这一理念的具体体现:教材融合通过跨界整合,打破学科壁垒,构建多元学习生态;大单元教学则以任务群为核心,实现知识的系统性与连贯性,两者共同指向学生核心素养的培育。

(二)教材融合:跨界整合,深化素养培育

在《义务教育语文课程标准(2022年版)》的指导下,小学语文教育正逐步踏入跨学科融合与综合性发展的新纪元。教材融合作为这一转型的关键路径,旨在打破传统界限,通过不同领域、不同主题教材的深度整合,构建一个立体、多元的学习生态,以全面促进学生的核心素养发展。

教材融合不是内容的简单拼接,而是基于核心素养教育理念的深刻变革。在和润语文的视角下,教材融合旨在通过跨领域、跨主题的深度整合,构建一个全方位、多层次的学习体系,使学生在学习过程中不仅能够获得知识,更能在潜移默化中提升思维能力、审美能力、文化理解能力等综合素养。这种跨学科的融合不仅极大地扩展了学生的知识广度,还深刻促进了其综合素质的全面提升,为他们的终身学习奠定了坚实基础。

1.精准选材,聚焦核心素养

教师应以课程标准为指引,结合学生发展需求,精心挑选具有时代性、文化性和教育价值的教材资源。这些资源需紧密聚焦于核心素养的培育宗旨,包括语言表达与运用能力、逻辑与批判性思维能力、审美鉴赏与创新能力,以及文化传承与理解等核心方面,确保教学内容的针对性和实效性。

2.深度融合,构建知识网络

在融合教材时,应注重内容之间的内在联系与逻辑结构,通过主题统整、情境串联等方式,构建起一个有机统一的知识网络。这一网络不仅有助于知识的系统化学习,还能够激励学生在多变的情境下灵活整合所学知识,从而强化其解决实际问题的能力。

3.创新教学,激发学习动力

采用情境教学、项目式学习、翻转课堂等现代教学方法,营造和润的学习氛围,激发学生的学习热情和自主性,借助团队合作与探究式学习等新颖方式,激励学生踊跃参与,勇于探索未知领域,实现知识的内化和能力的迁移。同时,注重情感与价值观的渗透,让学生在和谐共生的学习环境中健康成长。

4.强化实践,提升应用能力

设计与学生日常生活紧密相关的教学活动,如社会调研、文化浸润体验、创意写作工作坊等,让学生在实践中运用所学知识,解决真实问题。这些实践活动不仅能够提升学生的社会责任感,还能激发他们的创新思维与实践能力,从而推动其全面发展。

以古诗词教学为例,教师可以紧扣"文化传承与深层理解"这一核心素养目标,整合不同版本的教材资源,设计以"诗韵中华"为主题的大单元教学。通过"诗人风采""诗歌意象""诗词创作"等子任务群,引导学生深入探究古诗词的韵律美、意境美和情感美。在此过程中,教师可借助多媒体技术创设诗意盎然的学习环境,让学生身临其境地感受古诗词的韵味;同时鼓励学生进行诗词创作或改编,以实际创作成果展现对古诗词的理解和感悟。这样的教学案例不仅深化了学生对古诗词的学习,还促进了其文化传承与创新能力的发展,充分体现了和润语文的教学理念。

(三)大单元教学:任务驱动,建构学习系统

大单元教学作为实现教材融合的有效载体,强调以任务群为引领,通过系统的任务设计,引导学生自主探究、合作交流,达成教学目标的整体实现。任务群的设计应遵循以下原则。

1.任务驱动:明确目标,引领学习

在大单元教学模式下,任务群构成了其核心骨架,驱动着整个教学流程的推进。任务群的设计需紧密契合核心素养的培养目标,确保教学内容既具针对性又富有成效,从而引领学生在明确的教学目标下深入探索与学习。同时,任务群应具有内在的逻辑关联和层次递进关系,引导学生在完成任务的过程中逐步深化对知识的理解和应用。

2.内容整合:系统连贯,强化理解

在大单元教学策略中,教师应基于教学目标及学生的认知发展特点,有效整合来自不同学科与领域的教学资源,以实现教学内容的跨界融合与深化。通过主题统整、情境串联等方式,将零散的知识点编织成连贯的线索,构筑起条理清晰的知识结构网络。这一体系不仅有助于知识的系统化学习,还能促进学生对复杂问题的综合分析与解决能力的提升。

3.层次递进:由浅入深,循序渐进

任务设计应遵循循序渐进的原则,从浅显易懂到深入复杂,构建出层次分明、梯度合理的任务体系。这样的布局有助于学生逐步深化对知识的探索,同时提升其学习能力和探究技巧。此外,通过层次递进的任务设计,还能激发学生的学习兴趣和成就感,增强其自主学习和持续学习的动力。

4.开放多元:激发创新,促进发展

鼓励任务设计的开放性和多样性是和润语文理念的重要体现。在大单元教学的框架下,教师应聚焦于任务设计的创新与实践导向,激发学生的创新思维与实践潜能。通过采用多元化的任务形态与评估机制,激励学生主动投入、深入探索,从而实现知识的深度理解与能力的有效迁移。此外,还应强化对学生批判性思维与问题解决能力的培养,全面促进学生的综合素养提升。

(四)实践探索:策略多元,促进深度学习

在和润语文的大单元教学中,教师应灵活运用多种教学策略以适应不同任务群的需求并促进学生深度学习的发生。

1.主题式教学法

围绕大单元主题设计系列教学活动,引导学生在主题情境中深度学习。通过情境创设和问题引导等方式激发学生的学习兴趣和探究欲望。

2.项目式教学法

通过跨学科项目的实施,让学生在面对真实问题的挑战中,整合并灵活运用所学知识解决问题,进而全面提升其综合素养。项目式学习模式尤为注重团队协作与问题解决技能的培育,使学生在实践探索中更加深刻地理解和应用所学知识。

3.案例式教学法

对真实或模拟的案例进行深入剖析与讨论,旨在增强学生的问题解决技巧与批判性思维能力。这一教学方法鼓励学生多维度审视问题,培养其灵活运用所学知识解决复杂情境下问题的能力。

4.互动式教学法

营造师生及生生间积极互动的课堂氛围,促进思维火花的碰撞与知识的有效交流。互动式教学策略的应用,不仅能提升课堂的活力与参与度,还能极大地激发学生的学习热情与自主探索精神。

5.游戏化教学法

在教学过程中巧妙融入游戏元素,旨在增强学生的学习兴趣与参与度,促进知识的自然吸收与灵活运用。游戏化学习策略让学生在享受乐趣的同时,深化对知识的理解,并激发其创新思维与实践能力的发展。

(五)和润语文视角下的教材融合与大单元教学的价值

在实践层面,语文大单元教学围绕任务群统整教材的研究具有显著的应用价值。此举不仅丰富了语文教学的理论体系,还为其教育实践奠定了坚实的理论基础,提供了有力的指导。通过深入剖析大单元教学的内涵、特点和实施策略,我们可以为语文教学提供新的理论视角和思维方式。

1.助力知识体系的整合构建

教材整合与大单元教学策略为解决语文教学中知识碎片化、教学孤立化等常见难题提供了有效途径。借助大单元教学框架,教师能够将分散的知识点有机串联,编织成条理清晰的知识网络,使学生在学习过程中逐步构建起完整的知识框架与能力体系。这种整体性的教学设计策略,不仅提高了学生的学习成效与兴趣,还促进了他们逻辑思维能力与综合应用能力的全面发展。

2.促进核心素养的全面发展

在和润语文理念下,将任务群作为统整教材和教学设计的核心要素,能够进一步强化语文教学中的目标导向和任务驱动,使教学活动更加聚焦于学生核心素养的培育,致力于推动学生核心素养的全方位提升与发展。通过跨界整合和任务驱动等方式,学生能够在多元的学习环境中获得丰富的知识体验,并在实践中提升综合素养,为终身学习奠定坚实基础。这种理论创新不仅能够推动语文教学理论的深化发展,还能够为其他学科的教学改革提供有益的借鉴和参考。

3.提升教学质量的整体效率

教材融合作为大单元教学策略的关键环节,有效突破了传统教材的框架限制,促进了教学资源的优化配置。教师能够整合并优化来自不同版本教材的优质内容资源,依据教学实际需求和学生特点灵活调整教学内容与策略。同时,结合多媒体信息技术的运用,创新教学手段,增强课堂互动性与趣味性,为教学注入新的活力。这种教学方式不仅能够减轻学生的学习负担,提高他们的学习效率,还能够促进教师教学水平和专业素养的不断提升。

4.增强协作创新的实践能力

任务群作为统整教材和教学设计的核心要素之一,其应用价值也值得深入挖掘和推广应用。通过设计具有挑战性、实践性和创新性的任务群,教师可以引导学生在完成任务的过程中主动探索合作交流创新实践。该教学模式旨在培育学生的自主学习能力、团队协作精神及创新思维等关键素养。它不仅能够激发学生的内在学习热情与驱动力,还能够增强他们的学习成就感和自信心,为他们的终身发展奠定坚实的基础。

5.推动教育创新的持续发展

随着全球化时代的到来和信息技术的飞速发展,教育改革已成为不可逆转的趋势。深入探索教材融合与大单元教学的理念与实践,不仅丰富了语文教学理论体系的内涵,还为实际教学活动提供了强有力的理论支撑与指导。这种教学模式的创新不仅推动了语文教学的科学化、高效化和人文化发展,还为其他学科的教学改革提供了有益的借鉴和参考。

总之,"语文大单元教学,以任务群为核心统整教材"作为和润语文教学理念的重要组成部分,为小学语文教学带来了深刻的变革。在未来的教学实践中,教师应继续探索和创新教学策略与方法,以更好地适应学生核心素养发展的需求,推动小学语文教育的持续发展。同时我们还应加强对国内外先进教育理念的引进与融合，不断拓宽教学视野，提升教学质量，为培养具有核心素养和创新能力的未来人才贡献力量。

二 学科融合——语文项目化学习，全面打通学科壁垒

学科融合，亦称跨学科教学或综合课程教学，是指在教学过程中，突破传统学科界限，将两个或两个以上学科的知识、技能、方法、态度和价值观等要素进行有机整合，以促进学生综合素养的全面提升。

项目化学习是一种以学生为中心，通过完成真实情境下的项目任务来达成学习目标的教学模式。该教学模式注重知识的整体连贯性与相互关联，提倡在应对真实挑战时，跨学科地融合与运用多元知识和技能，以提升学生的跨领域思维能力与创新能力。语文项目化学习是一种基于项目的学习模式，它将语文学习置于真实、有意义的情境中，通过设计具有挑战性的项目任务，引导学生在解决问题的过程中学习语文知识，发展语言运用能力，同时培养其批判性思维、团队协作能力、信息处理能力等综合素养。语文项目化学习强调学生的主体性和实践性，鼓励学生在做中学、学中做，实现知识、技能与情感的深度融合。

全面打通学科壁垒是指在教学过程中，通过学科融合和项目化学习等手段，消除不同学科之间的孤立与隔阂，促进学科之间的交叉与渗透，形成一个相互关联、相互支持的知识网络。这不仅有助于拓宽学生的知识视野，增强其对知识的整体把握能力，还能促进学生在不同学科之间迁移和应用所学知识，提高其解决实际问题的能力。

近年来，随着教育改革的不断深入和核心素养理念的广泛传播，国内对于学科融合和语文项目化学习的研究日益增多。许多学者和一线教师开始尝试将不同学科的知识和技能融入语文教学中，通过设计多样化的项目任务，引导学生在解决问题的过程中学习语文知识，发展综合素养。这些研究和实践不仅丰富了语文教学的内涵和外延，也为学生提供了更加丰富、多元的学习体验。

然而，当前国内学科融合和语文项目化学习的研究仍存在一些问题和不足。一方面，部分教师对学科融合和项目化学习的理念理解不够深入，缺乏有效的教学策略和方法；另一方面，由于学科之间的差异性和复杂性，如何实现不同学科之间的有机融合和无缝对接仍是一个亟待解决的问题。此外，如何评估

学科融合和语文项目化学习的效果,以及如何将其纳入现有的教育评价体系中,也是当前研究的重要方向。

在国际上,学科融合和项目化学习已成为教育改革的重要趋势之一。欧美发达国家早在多年前就开始探索和实践这种教学模式,并取得了显著成效。这些国家的教育体系普遍注重培养学生的综合素养和创新能力,鼓励学校和教师打破学科界限,开展跨学科的教学活动和项目研究。同时,他们还建立了一套完善的评价体系和保障机制,以确保学科融合和项目化学习的有效实施。

国外的研究和实践经验表明,学科融合和项目化学习对于提升学生的综合素养和创新能力具有重要作用。这些教学范式能够有效激发学生的求知欲与主动性,使他们在面对实际问题时能够灵活调用所学知识,进而在解决问题的实践中锤炼批判性思维、强化团队协作能力,并激发创新潜能等核心技能。此外,这些教学模式还有助于拓宽学生的知识视野,增强他们对知识的整体把握能力,为他们未来的学习和生活奠定坚实基础。

在核心素养教育的时代背景下,学科融合成为必然趋势。语文学科作为基础学科之一,具有广泛的包容性和渗透力。通过与其他学科的融合,可以丰富语文学习的内容,拓宽学生的知识视野,提升学生的综合素养。不同学科之间的内在联系也为学科融合提供了可能。例如,历史、地理等学科的知识可以为语文学习提供丰富的背景资料;数学、科学等学科的逻辑思维方法可以应用于文学作品的分析与解读中。在和润语文的视野下,"学科融合——语文项目化学习"旨在通过跨学科的项目化学习模式,全面打通学科壁垒,不仅是知识层面的交叉渗透,更是情感、态度、价值观等多维度的融合共生。

(一)明确融合目标,设计跨学科项目

在和润语文的学科融合实践中,首先需要明确融合目标。这些目标应围绕核心素养的培养要求,体现语文学科的特色与优势,同时兼顾其他学科的知识与技能。在明确目标的基础上,设计跨学科项目任务。项目设计应注重情境的真实性、任务的挑战性和成果的创新性,确保学生能够在项目实施过程中充分运用所学知识,实现跨学科的整合与应用。

(二)组建跨学科团队,协同开展教学

跨学科项目化学习的实施离不开跨学科团队的协同合作。学校应组建由语文教师、其他学科教师以及校外专家组成的跨学科教学团队。团队成员应明确各自的角色与职责,共同制定项目实施方案和教学计划。在教学过程中,团队成员应密切协作,及时沟通学生的学习进展和遇到的问题,共同为学生提供个性化的指导和支持。

(三)创设学习情境,激发学习动力

跨学科项目化学习需要创设贴近学生生活实际和社会现实的学习情境。这些情境应具有真实性、趣味性和挑战性,能够激发学生的学习兴趣和探究欲望。教师可以通过多媒体教学资源,以及实地考察、社会调查等方式创设学习情境,让学生在真实或模拟的情境中感受知识的力量和价值。同时,教师应鼓励学生积极参与情境中的活动,通过实践操作、交流讨论等方式深化对知识的理解和应用。

(四)注重过程评价,促进全面发展

在跨学科项目化学习的评价体系中,应将过程性评价与多元性评价有机结合。教师需要密切关注学生在项目执行过程中的实际表现与投入程度,并适时提供反馈与指导。此外,应采用多样化的评价手段与视角,包括学生自评、同伴互评、教师评估以及专家意见等,全面衡量学生在知识掌握、情感态度及创新能力等多个维度上的成长与发展。这种全面而细致的评价体系将促进学生的全面发展和个性化成长。

如:古诗词中的科学探索。该项目围绕古诗词中的自然现象展开跨学科探索。学生首先学习古诗词中描绘的日月星辰、风雨雷电等自然现象;随后,数学教师引导学生运用数学知识和几何原理分析古诗词中涉及的图形和比例;最后,科学教师指导学生通过实验验证古诗词中描述的自然现象是否真实可信。通过这一跨学科项目的学习,学生不仅加深了对古诗词的理解和感悟,还培养了科学精神和探究能力。

再如:环保主题的综合实践活动。该项目以环保为主题,融合了语文、科学、美术等多个学科的知识与技能。学生首先通过语文学习了解环保的重要性

和紧迫性;随后,科学教师引导学生开展环保调查活动,收集环境污染的数据和资料;最后,美术教师指导学生运用所学知识设计环保宣传海报和标语。在项目推进的每一阶段,学生需将所学知识融会贯通,展开合作探索并进行问题解决。此外,为有效解决问题,他们还需积极与社区、家庭等外界资源互动沟通。此跨学科项目的实施,不仅促进了学生综合素养与实践能力的飞跃,还深刻加强了他们的社会责任感与使命感。

(五)和润语文视角下的学科融合与项目化学习的价值

1.项目化学习:和润语文的实践载体

和润语文倡导以项目化学习为核心的教学策略,这不仅是对传统教学模式的一次革新,更是对学生主体地位的深刻认同与尊重。项目化学习强调"做中学",让学生在参与真实或模拟的项目任务中,经历知识探索、问题解决、成果展示的全过程。这一过程不仅要求学生掌握并运用语文知识,更需要他们调动跨学科的知识储备,进行创造性思维和批判性思考,从而实现知识的深度理解和综合应用。

具体而言,和润语文的项目化学习设计要遵循以下原则:一是情境真实性,即项目任务应贴近学生生活实际,能够激发他们的学习兴趣和探索欲望;二是目标多维性,项目目标不仅指向语文知识的掌握,还涵盖情感态度、价值观、创新思维、合作能力等多元维度;三是过程导向性,重视学习过程中的体验与反思,鼓励学生通过自我调整、团队协作不断优化解决方案;四是成果展示性,鼓励学生以多样化的形式展示学习成果,如演讲、报告、表演、实物模型等,以此增强学习的成就感和社会责任感。

2.学科融合:打破壁垒,共筑知识网络

和润语文的学科融合理念,是对"大语文观"的生动诠释。它主张打破传统学科间的孤立状态,通过跨学科的项目设计,实现语文与其他学科如数学、科学、艺术、信息技术等的深度融合。这种融合不仅丰富了语文教学的内涵与外延,也为学生提供了更为广阔的知识视野和思维空间。

在学科融合的过程中,和润语文注重以下几点:一是寻找共通点,挖掘各学科之间的内在联系,如用数学逻辑分析文学作品的结构,用科学实验验证古诗词中的自然现象,用艺术手法表现文学作品的情感色彩等;二是强化实践性,鼓励学生将所学知识应用于解决实际问题的过程中,如参与环保主题的项目,既需撰写调研报告,又需设计宣传海报,还需运用信息技术进行数据分析;三是培养综合素养,通过跨学科的项目实践,提升学生的信息素养、创新思维、审美情趣、人际交往等多方面的能力。

3.和润理念:滋养心灵,启迪智慧

和润语文的核心理念在于"和"与"润"。"和"强调的是和谐共生,即教育过程中师生关系的和谐、生生之间的合作以及学科之间的融合;"润"则寓意着润物无声,即语文教学应像春雨般细腻入微,滋养学生的心田,启迪他们的智慧。在项目化学习与学科融合的实践中,和润理念得到了充分体现。

第一,和润语文注重营造一种开放、包容、支持的学习氛围,鼓励学生大胆尝试、勇于表达,让每一个声音都被听见,每一分努力都被看见。这种氛围促进了师生之间的深度对话和同伴之间的有效协作,形成了良好的学习共同体。

第二,和润语文强调以情动人、以文化人。在项目化学习的过程中,教师注重挖掘文本中的情感因素和文化内涵,引导学生通过朗读、角色扮演、情景模拟等方式深入体验文本的情感世界和文化魅力。这种情感与文化的双重滋养,不仅加深了学生对文本的理解与感悟,也促进了他们人文素养的提升。

第三,和润语文关注学生的个性发展与创新精神的培养。在项目化学习与学科融合的框架下,学生可以根据自己的兴趣和特长选择适合自己的研究方向和表现形式。这种自主选择的过程激发了他们的学习动力和创新潜能,使他们在实践中不断发现自我、挑战自我、超越自我。

总之,和润语文的学科融合与项目化学习实践是一次对传统语文教学模式的深刻变革和有益尝试。它秉持"和谐共生,润物无声"的教学理念,拓展跨学科项目化学习的广度和深度,不仅在推动教育理念的更新和转变、丰富语文教学的内容和方法、提升学生的综合素养等方面取得显著成效,还有助于推动教育评价体系的改革和完善,为教育事业的持续发展提供有力支持。因此,我们应该加强对这一领域的研究和探索力度,不断推动其深入发展并取得更加丰硕的成果。

三 校内外协同——语文学习共同体，促进个体生命完全发展

"学习共同体"这一概念源于社会学领域，由德国学者滕尼斯在《共同体与社会——纯粹社会学的基本概念》一书中首次提出，被定义为"忠诚的关系和稳定的社会结构"。随着教育学的发展和学科的融合，这一概念被引入教育领域，并逐步发展成为一种重要的教学组织形式。在学习共同体中，具有共同学习目标的学习者与助学者，在一定支撑环境中，通过共同活动形成相互影响、相互促进的人际关系。它超越了简单的合作，注重个体之间的深度交流、分享与认同，成为新知识产生的重要载体。

在教学领域，学习共同体主要分为两种形式：教师专业发展共同体和学生学习共同体。此处讨论聚焦于学生学习共同体，尤其是其在语文学习中的应用。语文学习共同体，是指基于语文学科特点，由具有共同学习目标的学生、教师及环境共同组成的一个协作团体。在这一团体中，学生不仅学习语文知识，还通过互动、合作，实现语言技能、人文素养及生命价值的全面提升。

校内外协同是指学校与校外机构、社区、家庭等多元主体之间的紧密合作与资源共享。在教育过程中，校内外协同能够打破传统教育的封闭性，为学生提供更广阔的学习空间和更丰富的学习资源。通过校内外协同，语文学习共同体得以拓展其边界，将学习活动延伸至课外、校外，实现学习与生活的深度融合。

个体生命完全发展是指学生在知识、技能、情感态度、价值观等多方面的全面发展。在语文学习共同体中，学生不仅获得语文知识和技能的提升，更重要的是在共同学习的过程中，形成正确的生命观、价值观，培养批判性思维、创新能力及社会责任感，实现个体生命的完全发展。

在国内，关于学习共同体的研究近年来逐渐增多，但主要集中在教师学习共同体方面，如苏州教育通过BLOG推进教师学习共同体的建设。对于学生学习共同体的研究，尤其是针对语文学科的，仍处于起步阶段。然而，随着核心素养教育理念的深入，越来越多的学者和教育工作者开始关注学生学习共同体的建设，并尝试将其应用于教学实践中。

在语文学习共同体的构建上，国内的研究多集中在课堂内的教学组织形式上，如小组合作学习、项目式学习等。这些模式在一定程度上促进了学生的互动与合作，但往往局限于课堂之内，缺乏校内外协同的视野。同时，对于语文学习共同体如何促进学生个体生命完全发展的研究也相对较少。

在国外,学习共同体的研究起步较早,且较为系统和深入。美国、英国等发达国家的教育界对学习共同体进行了广泛的研究和实践,形成了多种成熟的教学模式。例如,美国的"专业学习共同体"强调教师之间的合作与共享,通过集体备课、教学观摩等方式提升教学质量;英国的"学习圈"则注重学生的自主学习和合作学习,通过小组讨论、项目研究等方式促进学生全面发展。

在语文学习领域,国外的研究者同样关注学习共同体的建设。他们不仅关注课堂内的学习活动,还积极探索校内外协同的方式,如通过社区服务项目、文化探访活动等方式,将语文学习与社会生活紧密结合起来。这些实践不仅丰富了学生的学习体验,还促进了学生个体生命的完全发展。

在核心素养教育的宏观视域下,小学语文教学的革新与深化,亟须探索一条融合校内外资源、促进个体生命全面发展的实施路径。和润语文,作为一种教育理念与实践框架,强调在语文学习中融入和谐共生、润物无声的教育哲学,旨在通过多维度、多层次的课程整合与校内外协同,构建语文学习共同体。这种共同体的建立有助于学生在不同环境中综合运用语文知识,提高学科素养,更好地促进学生的个体生命完全发展。

(一)校内外协同:构建语文学习共同体的战略框架

1.校内协同:营造多元化学习环境,促进深度学习

(1)跨学科融合教学

和润语文强调语文学科的综合性与开放性,倡导将语文教学与数学、科学、艺术等学科有机融合。通过设计跨学科主题项目,如"古诗词中的科学现象""文学作品中的数学之美"等,引导学生在多学科交叉的情境中探索语文的无限魅力,拓宽知识视野,提升综合素养。

(2)课堂合作学习模式

构建以学生为主体的课堂协作学习模式,利用小组讨论、角色扮演、情境再现等多元化活动,激发学生积极参与和投入的热情,培养其团队协作能力、沟通能力和批判性思维。同时,教师作为引导者,适时提供策略支持,促进学生在互动交流中深化对语文知识的理解和应用。

(3)整合校园资源,丰富学习体验

充分利用学校图书馆、多媒体教室、文化长廊等资源,打造沉浸式语文学习空间。组织学生参与阅读俱乐部、文学社团、朗诵比赛等活动,让学生在丰富的

文化氛围中感受语文的魅力,提升文学鉴赏能力和语言表达能力。

2.校外协同:拓宽共同体边界,实现知行合一
(1)家校共育,形成教育合力
建立家校合作机制,通过家长会、家校联系册、家庭阅读计划等方式,加强家校沟通,共同关注学生的学习成长。鼓励家长参与学校教学活动,如家长进课堂讲述职业故事、共同策划家庭阅读日等,让家长成为学生学习共同体的支持者和参与者,让学生在家庭环境中也能感受到语文学习的乐趣和价值。

(2)社会实践,增强语文实践能力
将语文学习与社会实践紧密结合,组织学生参与社区服务、文化考察、环保宣传等活动。通过实地考察、调研采访、撰写报告等形式,让学生在实践中学习语文知识,运用语文技能解决实际问题,增强社会责任感和实践能力。

(3)网络学习平台,拓宽学习视野
利用互联网和信息技术手段,搭建网络学习平台,为学生提供丰富的在线学习资源和互动交流空间。通过在线课程、微课、网络论坛等形式,引导学生跨越时空限制,与全国各地的师生交流学习心得,拓宽知识视野,培养自主学习能力和信息素养。

(二)语文学习共同体:促进个体生命完全发展的实践路径
1.激发内在动力,培养主动学习意识
和润语文注重激发学生的内在学习动机,通过创设生动有趣的学习情境、设计具有挑战性的学习任务、提供个性化的学习支持等方式,让学生在轻松愉悦的氛围中感受到语文学习的乐趣和价值。同时,注重培养学生的自主学习能力,鼓励其主动探索、积极思考、勇于质疑和创新,形成持续学习的良好习惯。

2.深化思维训练,培养创新精神
在语文教育领域,和润语文理念着重于深化学生的思维,鼓励学生深入剖析文本,进行批判性反思,并鼓励创造性表达,以此培养逻辑思维的严密性、创新思维的活跃性以及解决复杂问题的能力。通过策划辩论竞赛、创新写作练习及项目导向学习等活动,让学生在实践中不断锤炼思维,激活内在的创新潜力。

3.关注情感体验,提升人文素养

和润语文认为,语文教学不仅是知识的传授和技能的培养,更是情感的交流和心灵的滋养。在教学过程中,教师应注重挖掘文本中的情感因素和文化内涵,引导学生感悟作者的情感世界和人生哲理,培养其审美意识和人文精神。同时,关注学生的心理健康和情感需求,提供必要的心理支持和情感关怀,促进其身心健康发展。

4.构建多元评价体系,促进全面发展

和润语文推崇构建一个多元化且注重成长发展的评估框架,旨在全面而客观地衡量学生的学习成效与发展状况。此评价体系应涵盖知识技能掌握、思维能力发展、情感态度倾向以及行为习惯养成等多个核心维度,采用课堂观察、作业分析、测试评价、自我评价、同伴评价等多种方式相结合的方法。通过科学合理的评价体系,帮助学生认识自我、树立信心、明确方向,促进其全面发展。

(三)教师专业素养的提升:和润语文实施的关键

在和润语文的实施过程中,教师的专业素养起着至关重要的作用。因此,提升教师的教育教学能力与综合素养,强化其专业发展支持,显得尤为关键。具体而言,可以从以下几个维度着手实施。

1.更新教育观念

引导教师确立以学生为中心的教学观,重视学生的个性化差异与成长需求,聚焦于学生核心素养与综合能力的培养与提升。

2.拓宽知识视野

鼓励教师不断学习新知识、新技能和新方法,拓宽知识视野和学术领域,提升跨学科教学能力和资源整合能力。

3.提升教学能力

通过组织教学观摩、教学研讨、教学竞赛等活动,提高教师的教学设计、课堂组织、教学实施和教学反思能力。

4.强化科研意识

鼓励教师积极参与教育科研活动,探索语文教学的新思路、新方法和新路径,为和润语文的实施提供理论支撑和实践指导。

5.加强师德建设

注重教师的师德师风建设,引导教师树立正确的职业观、价值观和道德观,以高尚的师德风范和严谨的教学态度影响和感染学生。

(四)和润语文视角下的校内外协同与语文学习共同体的价值

1.促进语文学习的深度与广度

校内外协同的语文学习共同体能够打破传统课堂教学的局限性,将语文学习延伸至课外、校外。通过与社区、家庭等多元主体的合作,学生能够在更广阔的空间内接触和使用语文,从而加强对语言的理解和运用能力。同时,校内外协同还能够为学生提供更多元化的学习资源,如图书馆、博物馆、文化遗址等,这些资源能够丰富学生的知识储备,拓宽他们的视野。

2.提升学生综合素养

在语文学习共同体中,学生不仅学习语文知识,还通过互动、合作等方式培养批判性思维、创新能力及社会责任感等综合素养。校内外协同的方式能够为学生提供更多实践机会,如社区服务、文化探访等,这些活动能够让学生在实践中学习、在学习中实践,从而实现知识与实践的有机结合。同时,通过与不同背景的人交往,学生还能够增强跨文化交流能力,提升国际视野。

3.促进个体生命的完全发展

学校内外联动的语文学习社群,聚焦于学生的全方位成长,尤其重视在协作学习中塑造学生的生命观念与价值体系。参与丰富多彩的学习活动,使学生能更深刻地探索自我、理解他人,从而树立起正确的生命观与价值观。此外,在共同学习的过程中,学生还能够学会与他人合作、分享与包容,培养良好的人际关系和社会适应能力。这些能力对于学生个体生命的完全发展具有重要意义。

4.推动教育教学改革

校内外协同的语文学习共同体建设是推动教育教学改革的重要途径之一。通过构建学习共同体,学校能够打破传统的教学模式和评价体系,更加注重学生的主体性、实践性和创新性。同时,校内外协同机制能促进学校、社区与家庭等多元主体间的紧密协作与资源共享,构建强大的教育合力。这些变革措施将有效提升教育教学的品质与成效,为教育事业的稳健前行注入持久动力。

5.提供理论与实践参考

校内外协同的语文学习共同体建设不仅具有实践意义,还具有重要的理论价值。通过深入研究和实践,可以总结出适用于不同学段、不同学科的学习共同体建设模式和策略。这些成果不仅能够为教育工作者提供实践指导,还能够为教育理论研究者提供丰富的案例和数据支持。同时,通过国内外比较研究,还可以借鉴国外先进经验,丰富和完善我国的学习共同体理论体系。

总之,和润语文作为一种新兴的教育理念与实践框架,通过校内外协同构建语文学习共同体,不仅为学生提供了丰富多样、和谐共生的学习环境,更为其个体生命的完全发展奠定了坚实的基础。

第四节 多维互嵌——促进"多元融合"评价体系构建

在新时代语文教育领域,不断追求教育质量的提升和学生的全面发展已成为核心目标。随着素质教育以及中高考改革的不断推进,"双减"政策的落地,"大单元整体教学"的深入研究,和润课堂多维互嵌和"评"促进的评价体系的深入探究,传统单一的评价方式显然已经无法适应现阶段教育教学多样化的发展,更无法真正地贴合新时代的教育理念,其弊端逐渐凸显,在评价中,学生高分低能,唯分数论成败,其他评价方式占比偏低,不利于学生个性化发展及全面发展。传统"一刀切"的评价模式不断暴露出弊端,教育系统开始倡导关注学生智能的多样性与差异性,我们需要一种更加全面、科学、公正的评价体系,以适应时代的发展和教育改革的需求,于是,多元融合学习评价应运而生。

一、新时代多维互嵌——建构"多元融合"评价体系的价值探索

我们分析单一评价体系和"多元融合"评价体系的特点(表4-1),以更深入了解"多元融合"评价体系顺应新时代语文课程标准提出的"教学评"一体化的要求。

表4-1 单一评价体系和"多元融合"评价体系对比

对比维度	单一评价体系	"多元融合"评价体系
评价内容	主要集中在知识掌握和考试成绩	涵盖知识、技能、情感、态度、价值观等多方面
评价方式	以考试、测验等量化方式为主	包括考试、作业、课堂表现、实践活动、作品展示、自我评价、同伴评价等多种方式
评价主体	通常只有教师	教师、学生、家长、同伴等多主体参与
评价标准	统一、固定的标准	灵活、多样化,考虑个体差异

续表

对比维度	单一评价体系	"多元融合"评价体系
评价时间	集中在学期末或特定阶段	贯穿整个学习过程,注重形成性评价
对学生影响	可能导致学生为分数而学习,忽视全面发展	激发学习兴趣,促进全面发展和个性成长
对教学反馈	反馈信息有限,难以全面反映教学问题	提供丰富、全面的信息,有助于改进教学方法
对教育公平	可能对某些类型的学生不利,造成不公平	更能适应不同学生的特点,促进教育公平

比较传统单一评价体系和"多元融合"评价体系各自的特点,可以得到如下结论:传统的单一评价体系是以某一特定的标准作为评判依据的体系,而"多元融合"评价体系则是综合运用多个标准进行综合评价的体系。

单一评价体系相对操作简便,标准明确,但是过于侧重某一方面的结果,造成评价的视角比较狭窄,容易形成以偏概全的偏见,从而出现评价的不准确性,这会对学生形成全面的认识产生一定的不良影响。单一评价体系也可能造成学生过分关注某一方面的评价指标,而忽视自身的全面发展,从而给学生带来一定的压力,对培养学生的创新能力和实践能力有一定的不利影响。所以,在学生评价中应该提倡多元化的评价体系。

"多元融合"评价体系具有更综合、全面、科学、公平的特点。它运用多种不同的标准和主体,对学生在学习过程中的各种表现和潜能进行准确的捕捉。过程性评价能较好地激发学生的参与热情,促使学生养成自我反思、自我调整的习惯。但在实施过程中也面临着一定的挑战,比如操作起来比较复杂,对评价主体之间协调的要求也比较高,另外就是资料的收集整理有一定难度。但相信这些问题都能得到有效解决。

从整体考虑,在教育实践活动中,要逐步从单一的评价体系向多元融合的评价体系转变,把多元融合的优势发挥出来,以促进学生的全面发展和教育质量的提高。但在转变过程中,必须解决好"多元融合"评价体系中出现的问题,加强评价主体的培训工作,对评价过程和方法进行优化,保证评价的实效性和可行性,做到有的放矢,把教育实践活动真正落到实处。

二 多维互嵌——构建"多元融合"评价体系的意义

（一）有助于促进学生全面发展

"多元融合"评价体系能对学生学习情况的各方面进行更综合的评估，对学生发展的反馈也更为准确。它不局限于学生的学业成绩，关注学生各方面素养的培养，如学生的创新思维、实践能力、合作精神等，以发掘学生的潜能并促进其个性化的发展，是对学生综合发展的更好促进。

（二）有助于促进教育公平

不同学生的学习风格不同，优势也不同。多元融合的评价方式，让每个学生都有展示自我的机会，减少单一评价方式造成的不公平现象，让每个学生都能得到教育应有的认同和鼓励。

（三）有助于促进教学方法的改进和创新

评估是为了更好地教学，多元融合的评估结果能够帮助教学，教师能够及时调整教学策略和教学方法，提高教学质量，根据多元化的评估结果来了解学生的学习需求和困难。

（四）有助于为学生创造良好的学习环境

通过"多元融合"评价体系为学生创造一个更积极健康的学习环境，激发学生的学习兴趣和主动性，培养学生的自主学习能力和终身学习意识。通过多维度的评价来促使学生全面发展，提高其社会适应能力和竞争力，为今后的发展打下坚实的基础，因此构建"多元融合"评价体系具有十分重要的意义。

总之，构建"多元融合"评价体系，是当前教育发展的必然趋势，对于促进教育改革，促进学生的全面发展，促进教育质量的提高，具有不可估量的重要意义。

三 和润语文视域下多维互嵌——"多元融合"评价体系的内涵

(一)和润语文评价体系的核心

和润语文倡导以生为本,以"和"为贵,"和""力"共进。在评价中,"和"既是和也是合,力既是评价主体多样化的合力,也是评价激励导向的作用力。这是一种聚力评价的正向体系,焕发着蓬勃的生命力,正在和润课堂中实践。"多元融合"评价体系,本质上是一种突破传统单一评价模式,追求全面、综合和动态评价理念与实践的结合体。其核心内涵在于两大关键要素——"多元"和"融合"。

"多元"体现在评价主体的多样性,涵盖了从独特的视角为评价提供有价值信息的教师、学生自己、同学、家长等方方面面;也体现在评价内容的丰富性,既关注学生的学业成绩,又关注学生在不同学科中学习态度、兴趣习惯等非智力因素的发展和能力的增强;还体现在考核方式的多样性,既有纸笔测验,又有实际操作,既有口头表达,又有作品展示,以适应不同类型的学习成果和学生的特点。

"融合"不是简单的叠加,而是互相渗透、互补,将这些多元元素有机地融合在一起。各测评主体在测评过程中相互配合,相互交流,共同构建综合客观的测评成绩;不同的测评内容之间是相通的,都是学生综合素养的共同反映;多种考核方式通力合作,将学生的学习情况、发展潜力等从不同的角度予以揭示。

这种评价体系的内涵还在于,它不是一次性的、静态的判断,而是为了适应学生的成长变化,随着学生的学习过程不断调整和完善,强调评价的发展性和动态性。同时,该评价体系还注重评价结果的反馈和运用,帮助学生通过及时有效的反馈,明确方向,有的放矢地调整后续的学习和发展策略,认识自身的优势和不足。

"多元融合"评价体系的内涵是以促进学生全面发展为根本目标,通过多元元素的融合,实现对学生真实、全面、动态的评价,为教育教学提供有力的支持和引导。

(二)和润语文中"多元融合"评价体系的素养导向

《义务教育语文课程标准(2022年版)》提出了课程育人的四个核心素养,这既是和润语文多元评价的出发点,也是落脚点。在和润语文中,多元评价是指在语文学科核心素养导向下,通过多种评价方式,从学习结果的角度,对学生各学段的学业成就和关键能力发展状况进行多维度描述,以促进学生全面发展。由于语文学科人文性与工具性统一的特征,课程目标应体现出语言学科与其他学科在知识、能力、素养层面上的多元融合。评价目标与课程目标的一致性决定了语文课程教学评价只有多维互嵌、多元融合,才能培养出新时代全面发展的社会主义接班人。

(三)和润语文中"多元融合"评价体系多维互嵌的具体表现

多维互嵌是指在"多元融合"评价体系中,多个维度相互交叉、相互渗透、相互融合,它们之间有非常紧密的联系并相互影响,在评价体系中起着非常重要的作用。

评价维度彼此联系、相互影响,在具体考核过程中会相互交织在一起,构成一个综合评价的系统。不同的考核主体在评价内容上会有所侧重,对同样的内容进行不同方式的考核;同样在评价内容上也会受考核主体不同的影响;不同的时间也会得出不同的考核结果。

运用多维互嵌的办法,使考核制度更富于全面性、动态性和有机性,对学生的学习状况和发展状况有更精确的反映,为教育教学工作提供有价值的反馈和引导,使考核体系具有更强的实用性。

1.评价主体与评价内容的互嵌

教师在对学生学业成绩进行评价的同时,关注非智力因素,如学生的学习态度、刻苦程度等。学生在学校课程中对知识的掌握程度,家长在评价学生家庭学习成绩时也会有所涉及。同学之间进行互评时,不仅对彼此运用知识的能力进行评价,在小组学习或者项目化学习合作过程中也会对团队精神、沟通能力等进行考量。

2.评价方式与评价目标的互嵌

通过课堂讨论、小组项目等方式考核学生的思维能力和创新能力,达到全面衡量学生知识掌握程度和能力发展程度的目的。通过纸笔测试来考查学生对基础知识的记忆和理解程度。通过非纸笔测试,如运用作品来展示和评价学生的创造性和动手能力,也能体现出学生知识的融会贯通和表达水平,达到培养学生全面素养的目标。

3.评价时间与评价效果的互嵌

进行即时性评价,如运用课前诊学单有助于把握学情,能够及时影响学生当下的学习行为,增强学习效果。进行阶段性评价,如月度或学期评价,能够总结一段时间内学生的学习进展和变化,为后续学习提供调整方向,提高长期学习效果。

4.学科知识与综合素养的互嵌

在评价整本书阅读理解能力的同时考查学生的批判性思维和情感感知能力。阅读解题过程的评价中,融入对学生逻辑推理能力和问题解决策略的考量,体现学科知识与综合素养的相互渗透。

5.校内评价与校外表现的互嵌

学校对学生的评价参考其假日小队活动、暑期夏令营、社会实践、社区服务等校外活动中的表现,了解学生在真实生活场景中的语言应用能力和社会责任感。校外培训机构或活动组织者的评价反馈也能加强学校对学生的全面认识,共同促进学生成长。

6.量化评价与质性评价的互嵌

用考试分数等量化数据呈现学生的知识掌握程度,同时通过教师的个性化评语、学生的自我评价报告、班级小管家线上评价等质性描述深入分析学生的学习情况。量化的评价结果可以为质性评价提供基础,质性评价又能对量化结果进行深入解读和补充,使评价更具深度和全面性。

四 多维互嵌——构建"多元融合"评价体系的重要组成部分

"多元融合"评价体系的基础和核心内容是在推进构建"多元融合"评价体系的过程中,为培育新时期全面发展的人而综合考虑智力因素和非智力因素。这两方面同时抓,才能对学生的发展有一个整体的认识。

纸笔测试与非纸笔测试相结合可以达成综合评价。通过两种考查方式相结合,以不同角度、不同形式综合客观地评价学生。

多元融合的评价体系,其导向和保障分别是评价目标和评价行为。明确、合理的考评目标为考评行为提供了方向,而对考评目标的实现需要适当、有效的考评行为,两者相互促进,保证考评制度的科学性、实效性。

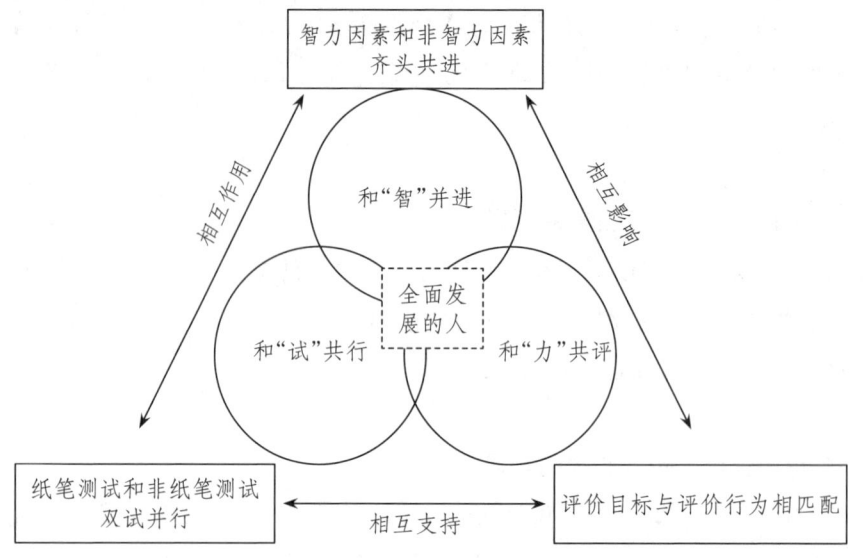

```
                    智力因素和非智力因素
                        齐头共进

         相互作用                        相互影响
                        和"智"并进

                         全面发展
                          的人
              和"试"共行        和"力"共评

    纸笔测试和非纸笔测试                评价目标与评价行为相匹配
         双试并行          相互支持
```

综上所述,和"智"并进、和"试"共行、和"力"共评这三个重要内容形成的语文评价体系,为全面科学有效地实现评价提供了明确的方向。多元化的考核内容,兼顾了智力和非智力两个方面的因素,使学生的综合素质反映得更加全面;考核方式多样化,纸笔测试与非纸笔测试相结合,使考核与学生实际能力、学习过程更加贴合;评价主体多元化,促使评价目标与行为相适应,确保了客观全面。这一系列措施的实施,有助于打破传统评价的局限,激发学生的学习热情和潜能,促进教育朝着更加公平、高效、优质的方向发展,为学生的全面发展提供有力的支撑和保障。

总之,它们相互作用、相互支持,共同构建起一个全面、公正、科学的"多元融合"评价体系。

(一)和"智"并进——评价内容多元化,智力因素和非智力因素齐头并进

《义务教育语文课程标准(2022年版)》指出,语文学科要立足学生核心素养发展,发挥课程育人功能,要构建语文学习任务群,注重课程的阶段性与发展性,要突出课程内容的时代性和典范性,加强课程内容整合,要增强课程实施的情境性和实践性,促进学生学习方式的变革,要倡导课程评价的过程性和整体性,重视评价的导向作用。

语文课程评价内容的多元化体现了加德纳所提出的多元智能理论的理念。

评价内容不仅应涵盖语文学科知识,还应包含语文作为交流工具所承载的其他学科知识。也就是说,对学生能力的评价,除了考查其语料积累、语言技能及语用能力外,还应考量学生在语文学科融合课程中对其他学科知识的理解及相关技能的掌握情况,从而评判学生是否达成语文学科融合教学的课程目标,实现综合能力的发展。和润语文注重培养学生的多元思维和表达能力,通过丰富多样的教学内容以及不同类型的评价方式,激发学生的学习兴趣与动力。

1. 小学语文评价内容多元化的必要性和意义

传统单一的考核内容大多集中在学生的知识记忆和应考能力上,学生的真实水平和语文学习的潜能难以得到全面的呈现。与之不同的是,多样化的考核内容可以像阅读理解、写作表达、口语交际、文化素养等内容一样,广泛涵盖学生语文学习的诸多方面。

评价内容的多样化,对激发学生的学习兴趣和学习热情有很大帮助。一旦测评的内容不再局限于枯燥的知识点,而是涉及学生的实际应用能力、创新思维和情感体验,学生就会更加主动地投入学习,然后在语文中感受魅力,找到乐趣。

多元化的评价内容能培养学生的批判性思考能力,提升学生的创新能力,使学生在解决实际问题中有所建树,为其今后的发展打下扎实的基础。因此,这种评价方式,对于满足社会对人才的需求是有帮助的。

因此,在教育教学中,对每个学生的个体差异要给予足够的重视和尊重。每个学生都有自己独特的学习方法和特长,而多元化的考核方式能发现这些差异并加以肯定和认可,从而为每个学生提供均等的发展机会,促使其进行个性化成长。因此,在教育教学中,对每个学生的个体差异要有正确的认识,并采取相应的措施予以重视。

多元化的考核内容能更有针对性地给予教学反馈,使教师对学生的学习成绩有更清晰的认识,教师对学生的学习状况有更准确的把握,从而对授课策略与方法进行相应的调整,使教学质量得到进一步的提高。

无论是智力因素还是非智力因素,在小学语文评价中都扮演着不可或缺的角色,占据着极其重要的地位。(表4-2)

(1)智力因素

智力因素对学生语文知识的获取和运用有直接的影响,如语言理解能力、逻辑思维能力、记忆能力等。语言理解能力好,能使学生准确把握语义和出题人的立意;逻辑思维能力强,在行文时能帮助学生条理清楚地组织结构,进行论证;记忆能力佳,对词汇、诗句、优美文段的积累都有帮助。

例如,学生在阅读理解题目中,能否迅速领会文章主旨、准确答题,是由智力因素决定的。在行文过程中,能否构思出新颖的主题,并用恰当的修辞方法和写作技巧进行表达,也是由智力因素决定的。

(2)非智力因素

非智力因素包括学习情趣、态度、意志品质、感情经历等方面的内容。浓厚的学习兴趣可以激起学生对语文世界的主动探索欲望,使之始终保持一种积极向上的学习状态。积极的学习态度使学生能认真对待每一项学习任务,不畏艰难,锲而不舍。坚强的意志品质使他们在面对挫折的时候不轻言放弃,在学习上努力跨越一个个障碍。丰富的情感体验能加强学生对语文的感悟和认识,有助于他们在文学作品中更好地理解情感的流露。

比如,一位对语文兴趣浓厚的学生,在提高阅读量和理解力的同时,还会主动阅读大量课外读物。一名意志顽强的学生,在面对写作难题时,会不断地加以修正和完善,使自己的写作水平不断提高。

表4-2 智力因素和非智力因素对比

维度	智力因素	非智力因素
定义	主要指认知能力,如观察力、记忆力、思维力、想象力等	主要包括动机、兴趣、情感、意志、性格等
对学习的影响	有助于知识的获取、理解、运用和创新,有助于提高学习效率和成绩	影响学习的动力、持久性、态度和应对困难的能力,对学习的深度和广度有重要作用
培养方式	通过系统的教育教学、阅读、思考练习等	通过激发兴趣、培养积极情感、磨炼意志、塑造良好性格等
在教育中的体现	课程设置注重知识体系和思维训练,教学方法强调启发式和探究式	营造积极的学习氛围,鼓励合作学习,关注学生的情感需求和心理健康
在小学语文中的实例	学生在阅读理解中通过仔细观察文章细节,准确回答问题;学生凭借良好的记忆力,快速记住生字词	学生因为对古代诗词的浓厚兴趣,主动背诵大量古诗词;学生在写作遇到困难时,凭借坚强的意志坚持修改、完善作文

由表4-2可知,在小学语文教学中,智力因素和非智力因素是互为补充的。在语文学科的学习中,智力因素是基础中的基础,而非智力因素是语文能力的重要组成部分。

首先,智力因素中的观察力与记忆力在知识获取和运用方面发挥着举足轻重的作用。学生良好的观察力使其对课文内容有准确的认识,而出色的记忆力则帮助他们记住大量的生字词。这些能力在传统的纸笔测试中都能直观体现,从而可以通过分数和等级来衡量学生对知识的掌握程度。因此,观察力和记忆力是学生在学习中必不可少的。

其次,非智力因素如兴趣、意志等,虽然很难在纸笔测试中直接量化,但对学生的语文学习有着深远影响。以兴趣为例,如果学生对语文学习充满兴趣,他们会更主动地阅读课外书籍,参与课堂讨论。非纸笔测试如课堂表现评价、课外阅读记录评价等,能够体现这种积极的学习态度和自主学习行为。所以重视激发学生的兴趣和意志,能提高学生的自主学习能力和语文素养。如在教学过程中对学生的学习表现进行综合评价,既有利于激发学生的学习热情和积极性,又对学生语文水平的提高起到推波助澜的作用。

再次,对写作评价而言,影响文章立意和构思的是学生的思维、想象力等智力因素,而意志因素则决定了学生在写作中能否对作品进行精心的修改和完善,攻克难关。

最后,智力因素中的语言组织和表达能力在口语交际评价中固然重要,但自信、积极的情绪等非智力因素能使学生说话更加流畅,更加自信满满。

综上所述,小学语文评价中,智力因素和非智力因素是相辅相成的。单纯依靠以智力因素为主的传统评价方式,容易忽视学生学习动机、情感态度等方面的发展,而与非智力因素评价相结合,对学生语文学习状况的反映会更为全面准确,对教学提高、学生发展的指导价值更大。

2.小学语文评价内容多元化设计

(1)传统笔试评价方式的局限性

从某种程度上说,传统的小学语文笔试考核办法提供了一个标准来衡量学生对知识的掌握程度,但其局限性也是显而易见的。

笔试常以考查字词拼写、课文背诵等语文知识的记忆和理解为主。这种方式很容易忽略学生的实际应用能力,比如阅读、写作、口语沟通等。例如,学生在笔试中可能会准确默写出古诗词,但在实际情境中却不能恰当地引用,也不能恰当地进行赏析。

笔试测评标准化、统一性强,对学生的个性差异、思维方式的独特性难以完全照顾。对于那些思维活跃却不善于应考的学生来说,真正的语文水平和语文潜能,也许并不能完全展现出来。

笔试形式比较单一,通常以书面作答为主,无法对学生语言表达的流畅、情感的传达、创新思维等综合语文素养进行全面考核。再者,对笔试的过分依赖,可能导致教学过程过于注重知识的灌输,而忽视了对学生兴趣的培养、态度的培养、学习方法的培养等。

(2)口头表达评价在小学语文评价中的应用

在小学语文评价中,口头表达评价是很有应用价值的。教师通过课堂演讲、小组讨论等形式,对学生的语言组织能力、逻辑思维能力、表达的流畅性与精确性等方面进行直接的观察,从而达到潜移默化的效果。如学生在课堂上讨论"我最喜欢的小动物"时,能用丰富的文字、生动的描述,把自己喜欢小动物的理由阐述清楚,将自己良好的口头表达能力体现出来。

对学生的口头表达能力进行测评也能促进他们形成自信,使得有效沟通能力提高。教师和同学的积极反馈会促使学生对自己有更准确的认识并增强自我认同感。学生在不断交流中学会倾听他人意见并进行有效表达,促进交流技能的提高与完善,与他人互动时更加游刃有余地进行有效的交流与沟通。

此外,由于这种考核方式能及时发现学生在语言运用方面所存在的问题,如发音不准或用词不当等,所以教师能有针对性地加以辅导和纠正,以促使学生的语言能力迅速得到提高,从而有效地促进教学效果的提升。

(3)作品展示评价在小学语文评价中的意义

作品的展示评价对小学语文教学有重要意义,是小学语文教学的重要内容之一。

小学生的语文课文阅读与写作,在作品评价中占有举足轻重的地位。在语文学科的学习中,小学生阅读与写作能力的提高,意义非同凡响。

学生作文的展示、手抄报的展示、书法作品的展示,都能直观地体现其文字的运用、创意的构思和审美的能力。如表现学生内心世界丰富、思维视角独特的作文,反映学生融会贯通知识和艺术表现力的一份精心制作的手抄报。

作品展示评比为学生增强成就感、增强学习动力提供了一个平台。学生在作品得到展示和认可的同时,也会产生自豪的情绪,从而在后续的学习中更加积极地投入。

同时,这样的考核方式对学生创新精神的培养和个性发展是有帮助的。学生在创作过程中不受规范答题的束缚,自由发挥,尽情展示自己的文体特色。

学生之间相互评价作品能促使相互学习和交流得到强化。欣赏别人的作品能使学生开阔视野,汲取灵感,发现自己的不足,然后不断改进自己的学习情况,从而共同进步。

综上所述,在现行的教学考核办法下,单一的笔试评价方式有它的局限性和不足之处。使用多元化评价办法,如口头表达评价与作品展示评价相结合,能够更综合地对学生的语文学习情况进行考核与评价,有利于激发学生的学习兴趣与潜能,促进语文教学质量的提高。因此,在语文教学中应充分利用各种教学资源进行多元化评价方式的探索和实践。

3.智力因素和非智力因素齐头并进

(1)智力因素在小学语文评价中的重要性

小学语文评价中,智力因素如词汇量和阅读理解能力占有极其重要的地位。学生词汇量的丰富程度直接影响着其表达能力和写作水平,这是从听写词汇测试中可以体现出来的。而词语接龙游戏,可以考查学生对词汇的灵活运用能力以及储备的词汇量,这是从词语接龙游戏本身可以体现出来的。同时,语文学科是一门语言学科,学生在这门学科的学习中,除了阅读和写作之外,还需要在听写词汇测试中体现出自己的阅读理解能力。

阅读理解能力是衡量学生对文字材料的理解和分析问题的关键所在,教师可让学生做阅读理解题来考查学生对文章主旨、要义、细节、推理等方面的把握程度,如要求学生对故事内容进行归纳概括,对给定的段落进行问题回答等。

此外,智力因素中的语言逻辑思维能力也不容忽视。在写作中,学生能否有条理地组织思路、清晰地表达观点,都能反映出其语言逻辑思维的水平。

(2)非智力因素在小学语文评价中的重要性

非智力因素(如情感态度、创造力)同样对小学语文教学起着不可忽视的作用。语文学科是一门语言与文字的学科,非智力因素在小学生对语言文字的理解能力和运用能力中占有相当重要的位置。

积极学习情绪能促使学生更加主动地投入语文学习中,热爱语文和充满学习热情的学生会在课堂上积极参与学习,课后主动阅读和写作。教师可以通过观察学生的课堂表现以及他们对语文活动的兴趣程度来评价学生的情感态度,从而在课堂上给学生以正面的启发和指导。

创意思维在小学语文教学中同样具有举足轻重的地位。在学生的写作和口头表达中,能否表现出与众不同的思路和新颖的表达形式,是创意思维的体现。例如,在故事的创编中,有的学生能推陈出新地构思出富有想象力的情节,这种创造性的表现应该得到充分的肯定与鼓励,以促进学生创造性思维的发展。

此外,学生面对困难时的坚持和努力,以及与同学合作时的团队精神,也都属于非智力因素的范畴,对学生提高核心素养有着深远的影响。

(3)如何平衡智力因素和非智力因素的评价标准

使智力因素和非智力因素的评价标准齐头并进,需要从多个方面进行综合考虑。

第一,建立多元化的评价体系。

传统的纸笔考试不再是唯一的考核方法,在课堂表现评价之外还增加了作品展示评价、小组合作评价等多种形式。在课堂表现评价中既重视学生对知识的掌握,又重视学生的参与热情与态度;在作品展示评价中除了对作品本身的质量与创意加以考量之外,也要重视学生在创作过程中所表现出来的毅力与协作精神,并对这些表现进行综合评定。这样,对学生的综合能力才会有更全面的考核。

第二,合理分配权重。

考虑到教学目标与学生发展需求,为智力因素和非智力因素考核指标赋予适当的权重是合理且必要的。如在平时的综合评价中适当加大非智力因素的考核权重有利于学生全面发展。

第三,注重过程性评价。

对学生在学习过程中智力和非智力方面的表现进行不间断的观察和记录,并及时给予反馈和鼓励。如对学习上有困难,但一直保持积极的心态,努力克服困难的学生给予肯定,并给予加分。

第四,加强教师培训。

使教师对智力因素和非智力因素的重要性有充分的认识,对学生在两个方面的表现有准确客观的评价,掌握科学的评价方法和技巧。

(4)智力因素和非智力因素齐头并进的特点(表4-3)

表4-3 智力因素和非智力因素齐头并进的特点

特点	描述
全面性	涵盖学生发展的多个方面,关注知识、技能等智力方面,也重视态度、兴趣、习惯等非智力方面,能全面反映学生真实状况
平衡性	对智力因素和非智力因素同等重视,避免评价失衡,促进学生均衡发展
个性化	考虑多种因素,能捕捉每个学生的独特之处和优势领域,为个性化教育提供依据
动态性	随学生智力和非智力方面的发展变化,评价内容相应调整更新,准确反映成长轨迹
激励性	关注和肯定非智力因素,激发学生学习积极性和主动性,培养良好学习态度和习惯
综合性	整合不同类型因素,使评价结果更具综合性和说服力,为教育决策和教学改进提供有价值的参考
前瞻性	符合现代教育对学生全面发展和综合素质培养的要求,适应未来社会对人才的需求

4.小学语文评价内容多元融合的实施策略

(1)制定多样化的评价标准和评价方式

要想达到小学阶段语文教学内容的多样化,就必须根据学生在课堂上的各种表现,结合作业的完成情况以及小组合作的能力,从多个方面来考核学生在课堂上的表现,而不是单纯以考试成绩作为唯一标准。如可结合课堂参与情况具体考核学生的积极参与度,问题回答的完整性和正确性,以及与同学的互动配合情况等。

学生的评优测评方式也应尽量丰富多样,传统的纸笔考试不再是唯一的评价手段。组织手抄报制作大赛、安排语文实践活动是考核学生学习情况的重要手段;让学生在参观博物馆后写一篇心得体会,考查学生的观察和感悟能力。

(2)培养教师多元评价意识和能力

教师是评价的主要执行者,多元评价意识和能力的培养是重点。学校可组织定期的培训和研讨活动,引导教师对多元评价的理念和方法有深入的了解和认识。例如,在校内组织讲座活动,邀请有关专家分享和介绍国内外先进的评价经验和案例,使广大教师对多元评价的重要性和可行性有更深刻的认识和体会,并通过开展观摩课和示范课的方式,促使广大教师在实践中学习和运用多元评价方式。

鼓励教师进行自我反思和同伴交流,以分享在评价过程中遇到的困惑与成功经验,共同促进评价水平的提高。另外,还可为教师提供相关的学习资源,如专业书籍或在线课程等,促使其不断更新自己的评价观念和方法,提高教学质量和评价水平,促进教育的发展。

(3)加大家校协作力度,落实多元化的考核内容

家校合作在促进小学语文评价内容多元化的实施中占有举足轻重的地位,有利于孩子综合素质的考核。学校定期召开家长会,向家长介绍关于多元化评价的理念及其具体实施方法,使家长对孩子的综合素质有全面的了解和认识。从而使家长明白,语文测评不只是看分数和学习成绩,更重要的是考核孩子全面发展情况。

建立家校交流的平台,如微信群主会议等,使家长及时了解孩子在学校的一切表现情况,包括课堂参与度、课外活动作品创作等方面。同时鼓励家长积极参与到孩子的学习过程中去,共同完成阅读任务、参与实践活动等,并将孩子在家里的表现及时反馈给教师,做到心中有数,为学生的综合考核提供更为全面的依据,同时也为家长和教师之间的交流互动提供便利。

此外,为了使学生及家长更多地了解学校组织的各种评价活动的情况,如作品展览的评选情况、活动表演的观摩情况等,学校还邀请家长共同参与评价工作,使他们亲身感受到多元化的评价所带来的魅力和效应,从而使家长更加支持学校的工作,并主动配合学校的各项工作。

(4)运用AI智慧课堂的先进技术手段,支持小学语文的评价内容多元化

利用AI智慧课堂等先进技术手段,为小学语文评价内容多元化提供有力支撑。智能教学平台对学生学习过程的实时监测和数据采集,包括在线作业完成情况、课堂互动表现、在线测试成绩等,为教师教学和学生学习提供更为精确的数据。

利用自然语言处理技术对学生作文口语表达进行自动评价和分析,并迅速准确地给出反馈。比如智能写作批改系统可以指出语法错误、词汇运用不当等问题,并给出改进意见。这样对学生的写作和口语表达都能起到很好的促进作用。

利用增强现实技术还原历史场景或文学作品中的情景,为学生创设生动有趣的学习情境的同时,让学生获得沉浸式的体验,展现自我的理解和创意。

应用大数据技术对学生学习资料进行深度挖掘分析,向教师提供更精确的个

性化的评价报告和授课建议,使学生对自己的学业表现有更准确的了解,并帮助教师针对每个学生的不同情况来制定更有效的授课和评价策略,使教学变得更有针对性。在提高学生学习成果的同时,也为学生和教师创造更好的教学和学习环境。

综上所述,为促进小学语文评价内容的多元化,促进学生全面发展,应采取制定多样化的评价标准和方式,培养教师的多元评价意识和能力,强化家校合作,运用先进技术手段等几个方面的措施。

下面以福建省厦门实验小学和润语文课堂学评单为例,说明在日常语文课堂中如何让评价多元化,使智力因素和非智力因素齐头并进。(表4-4)

表4-4　学评单中体现的智力因素和非智力因素

学单类型	智力因素	非智力因素
课前诊学单	了解学生已有的知识储备和对即将学习内容的了解程度,通过预习问题的设置、知识点的小测验等,为后续教学提供依据,有助于学生自主学习能力的培养和预习习惯的养成	可以设置一些激发学生兴趣的引导性问题,如与生活实际相关的话题,或者鼓励学生分享他们对新知识的好奇和期待,调动学生的学习积极性和主动性
课中导学单	上课期间,为了促使学生对知识有深入的认识,提高运用能力,以及开拓创新思维,引导学生进行一系列的思考练习、案例分析小组讨论等多种形式的学习活动	重视学生对课堂上活动的参与程度,包括分组合作中的协调配合能力、学生回答问题的热情与信心、面对困难时的坚韧不拔及持之以恒的努力等,培养学生的团队协作精神,增强学生的自我肯定和抗挫折能力,使学有所获,学有所成,取得长足的进步
课后拓学单	布置"阅读拓展材料""写作练习""实践活动"等拓展性作业,使课堂知识得到巩固和深化,学生的知识面得到拓展,运用能力更加全面	鼓励学生自主选择自己感兴趣的拓展方向,培养学生的学习兴趣,培养学生的自我管理能力,培养学生的自主发展能力。同时强化学生的责任心和自律性,通过作业完成的认真程度和按时完成的情况进行考核

例如,在课前诊学单中,设置"你能想到哪些与本节课主题相关的生活现象?"来启发学生思考,这既考查了他们的联想能力(智力因素),又激发了他们的探索兴趣(非智力因素)。

再如,课中导学单里,安排小组讨论"如何运用所学知识解决实际问题",不仅锻炼了学生的问题解决能力(智力因素),还能观察到学生在小组中的沟通、合作表现(非智力因素)。

又如,课后拓学单布置"选择一个你感兴趣的相关话题,写一篇短文",既拓展了写作能力(智力因素),又让学生依据兴趣选择,培养了自主学习的热情(非智力因素)。

通过这三单的设计和运用,能够在关注学生智力因素发展的同时,注重非智力因素的培养,从而实现智力因素和非智力因素的齐头并进。

5.小学语文评价内容多元化价值取向

(1)评价内容多元化对学生学习动机和兴趣的影响

我们对厦门实验小学实行多元化评价内容的班级进行了调查分析,以准确评估评价内容多元化对学生学习动机和兴趣的影响。评价内容多元化后,对比实施前后的学生课堂参与度、作业完成积极性以及自主学习时间等数据发现,学生的学习动机和兴趣明显增强。

评价内容多元化实施前,学生在课堂上主动回答问题的比例在30%左右,而实施后这一比例上升至60%。在完成作业方面,过去55%左右的学生按时完成作业,且完成质量较高,而这一比例在实行多元化评价后,提高到75%。另外,学生每天花在自主学习语文上的时间也从平时的平均20分钟增加到现在的平均40分钟。

例如,在评价一次以"春天"为专题的文学创作时,在传统的语文考核方式的基础上,也对学生的观察能力和情感表达能力给予了重视和考核。学生在写作的时候不是简单地为了达到某种目的而去写作,而是把注意力集中在对春天的细致观察和真实情感的抒发上,从而使自己对写作产生了极大的兴趣和热情,也在大量阅读优秀范文的基础上进一步提高了自己的写作水平。

有关数据与案例均表明,评价内容的多元化可以激发学生自主学习的内在动机,使学生由过去的被动式学习向主动式探求转移,从而对语文学习产生浓厚兴趣,这是通过数学学科中语文作业的改革得出的。

(2)评价内容多元化对学生综合素养的提升作用

通过长期跟踪、考核学生的语言表达、思维能力、审美情趣、文化素养等方面的内容,发现多元化的考核内容对学生综合素养的提高起到了明显的促进作用。

在评价内容多元化实施后,学生在口语沟通和书面表达上的精确性、流畅性、丰富性有了显著提高。以口语表达为例,在一场主题为"我们传承红色基因"的演讲活动中,除了评价演讲内容外,还会考虑到肢体语言、语音语调等多个方面的内容。学生不断锻炼语言组织能力和表达能力,演讲水平在准备演讲的过程中有了质的飞跃。

多元化的评价促使学生学会从不同角度思考问题,锻炼了学生的创新思维和逻辑思维能力,而这是阅读能力考级中设置开放性问题的目的所在——鼓励学生发表独特见解,从而得出深刻的思考和独到的观点。如一次以促进思辨能力培养为突出特色和重难点的考查。

在赏析评价文学作品时,引导学生感受文学之美,从而培养学生的审美感知和鉴赏能力,以提高审美情趣。如部编版教材四年级下册第三单元关于轻叩诗歌大门的实践活动中的朗诵诗歌评价中,学生对诗歌的韵律和意境有了更深刻的认识,审美情趣得到了提高。

文化素养方面,学生通过传统文化知识的考查和实践活动的评价,对中华优秀传统文化有了进一步的认识并提升了传承意识。如评价一次端午节主题活动时,学生除了对端午节的由来及传统习俗有所了解外,还通过参加亲手包粽子、做香囊等活动,对传统文化有了更深刻的体会和感悟。在这样的活动中,学生在体验中加深了对文化的认识和感悟。

以上各方面的进步说明,考核内容的多元化使学生的综合素养得到了整体提升,为今后的发展打下了坚实的基础,具有十分重要的借鉴意义。

(3)评价内容多元化对教学质量和效果的促进作用

我们对教师的教学方法、教学资源的利用以及教学成果进行观察分析,以了解考核评价内容的多元化对教学质量和效果的促进作用。

从教师授课方式上看,多元化的考核内容促使教师为适应多元化的考核要求,不断创新教学方式。教师不再拘泥于传统的授课式教学,而是更多地采用激发学生学习积极性和主动性的小组合作学习、探究式学习和情景教学等多种方式。

在教学资源的利用上,教师更加注重丰富教学内容,提高教学的趣味性和实用性,如多媒体资料、课外读物、实践活动场地等多种教学资源的整合。

从教学成绩上看,学生的语文成绩在评价内容多元化实施后有了显著提高。以一所学校的两个并列班级为例,实行多元化评价的班级,期末考试成绩平均高出未实行的班级8分,优秀率也提升了15%。同时,各类中文比赛的获奖学生数量也大幅上升。

例如,在一次以跨学科为研讨主题的古诗词教学中,教师采取了多元化的评价方式,如背诵、作画、创作故事等。学生不仅学会了背诵、理解古诗词,而且

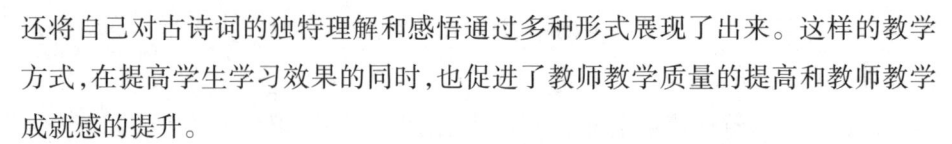

还将自己对古诗词的独特理解和感悟通过多种形式展现了出来。这样的教学方式,在提高学生学习效果的同时,也促进了教师教学质量的提高和教师教学成就感的提升。

综上所述,评价内容多元化对教学质量和效果起到了积极的促进作用,推动了小学语文教学的不断发展和进步。

6.小学语文评价内容多元化的成效

推行小学语文评价内容多元化的成果是十分显著的。首先,促进了学生的全面发展。由于从多个维度来评价学生的语文学习成果,而不再仅仅以考试成绩为唯一衡量标准,学生在语言运用能力方面得到了更全面的锻炼和提高。同时对学生的思维品质、情感态度等方面的评价也起到了积极的作用。

例如,对学生的口语表达作品展示等部分进行评价后,那些原来在纸笔考试中表现不是很突出但在表达能力和创造力上有一定基础的学生,在获得展示自我的机会的同时,也增强了自信心,并因此在其他方面取得了进步。

其次,教师为适应多元化的考核要求,在教学方法和策略上进行了不断的探索和改进,对学生综合素养的培育也给予了更多的重视,既丰富了课堂教学的内容和形式,又提高了教学的针对性和实效性。因此,在培养学生综合素质方面,我们的努力取得了一定的效果。

再次,对学生学习的兴趣和主动性产生了正面的推动作用,使学生通过多元化的评价方式来感受语文学习的乐趣与意义,也使学生主动投入各项学习活动中,不再把学习看成一种负担。

最后,学校加强了家校合作,使家长参与多元的评价过程,更多地了解孩子的学习情况。由此形成家校教育合力,家校更加紧密地结合在一起。

7.未来小学语文评价内容多元化发展的趋势和挑战

在未来,小学语文的评价内容将随着时代的发展而更多元化起来。

智能化:得益于人工智能技术的进步,评价方式也趋向于自动化、智能化。如对学生作文运用自然语言处理技术进行自动批改和分析,进而为教师提供更精准的评价资料与意见,使教师的教学更具针对性。

个性化:针对不同学生特点开展教学和测评,使每个学生都能够得到个性化需求的满足,达到因材施教的目的,使学习变得更有针对性。

过程性：重点考核学生的学习过程，对学生学习进度进行实时跟踪，及时给学生以反馈与引导，使学生在学习中不断取得长足的进步，促进学生的持续发展。

然而，发展过程中面临的挑战也是举不胜举的，如教师自身专业素养和评价能力有待于不断提高以顺应发展要求的新情况，要保证评价的公正性、客观性不受主观因素的干扰，技术的应用要充分考虑到保护学生隐私与数据安全等方面的问题，等等，这些都需要不断完善。

为应对上述发展趋势，以及所面临的一些困难与挑战，必须不断摸索和创新，充分发挥评价所起到的导向作用，从而促使小学语文教育事业不断向前发展，让更多的孩子受到良好的教育，使小学语文教育朝着更加科学有效的方向发展。

(二)和"试"共行——评价方式多样化，纸笔测试和非纸笔测试双试并行

多样的评价方式包括传统的纸笔测试，还有问卷、访谈、档案袋、表现性评价等非纸笔测试。不同评价内容需要与之相匹配的评价方式。

纸笔测试主要评价学生的词汇语法运用和阅读理解能力，而非纸笔测试则更侧重于评价学生的口头表达、实际应用能力以及创造性思维等方面。非纸笔化评价方式主要用于形成性评价，非纸笔测试既关注学生学科素养发展的结果，又关注学生学习的努力程度和进步状况。纸笔测试和非纸笔测试并行，实现对学生学习的全程评价和全要素评价。

1.评价方式多样化定义（表4-5）

表4-5　评价方式多样化定义

要点	具体内容
评价方式多样化的定义	运用多种不同类型、形式和方法的评价手段，不依赖单一评价途径
关键要点	类型多样、形式丰富、方法多元
类型多样	形成性评价（课堂提问、作业批改、日常观察等） 总结性评价（期末考试、结业测评等） 定量评价（分数、等级） 定性评价（评语、描述性报告）
形式丰富	书面形式（试卷、作业、报告） 口头形式（演讲、答辩、讨论） 实践形式（实验操作、项目完成、实地考察）

续表

要点	具体内容
方法多元	测试法(标准化测试、教师自编测试) 观察法(自然观察、参与式观察) 作品分析法(对学生作品进行分析) 调查法(问卷调查、访谈)
目的	更全面、客观、准确地反映真实情况,避免局限性和偏差,为改进优化提供依据,适应不同特点和需求,激发积极性和潜力

2.纸笔测试与非纸笔测试的特点与应用(表4-6)

表4-6 纸笔测试与非纸笔测试的特点与应用

测试类型	特点	应用	示例	优点	缺点
纸笔测试	具有标准化、客观性强、便于大规模实施等特点。能有效考查学生对知识的记忆、理解和运用能力	常用于阶段性学业水平检测、选拔性考试等,如期中、期末考试,升学考试等	字词拼写、诗词填空、阅读理解、作文写作	标准化和客观性,便于大规模施测,考查知识的系统性,易于分析和比较	局限性较大,缺乏情境性,容易导致应试教育
非纸笔测试	强调实践性、灵活性和综合性。注重学生的实际操作、口头表达、情感体验等方面的表现	适用于日常教学中的过程性评价、综合素质评价等,如口语表达测评、实践活动展示、小组项目评估等	举办自然主题的诗歌朗诵会,合作制作自然主题手抄报,项目化学习成果展示	全面性、情境性和真实性,激发兴趣和主动性,个性化	主观性较强,施测难度较大,难以大规模推广,评价标准较难统一

通过深入了解和合理运用这两种不同的测试方式,我们能够更加全面、准确地评价学生的学习情况,为他们的成长和发展提供有力的支持和引导。根据上述表格,我们可以看出:

第一,纸笔测试和非纸笔测试各具特点,在教育评价中都有其不可替代的作用。

第二,纸笔测试的优点在于标准化、客观性强,便于大规模施测和系统性考查知识,这使其在大规模的阶段性学业水平检测和选拔性考试中具有明显优势。然而,其局限性在于缺乏情境性和对实践、情感等方面的考查,容易导致应试教育倾向。

第三,非纸笔测试强调实践、灵活和综合,能全面考查学生的多方面能力,激发学生兴趣和主动性,体现个性化,适用于日常教学中的过程性评价和综合素质评价。但它存在主观性较强、施测难度大、难以大规模推广和评价标准难统一的缺点。

第四,在实际应用中,应根据评价目的和对象的不同,灵活选择和结合使用纸笔测试和非纸笔测试。例如,在重要的阶段性检测中可以以纸笔测试为主,而在日常教学中则应增加非纸笔测试的比重,以更全面地了解学生的学习情况和综合素质。

第五,作为教育工作的从事者,提高自身评价能力十分必要,要对各种测评方式有深入的了解,并掌握运用方法,在制定评价方案时做到科学合理。同时,也应致力于改进非纸笔测试的标准和方法,把主观性和不确定因素降到最低,提高测评的可靠性和实效性。这样才能更好地开展教育工作。

总之,纸笔测试和非纸笔测试并驾齐驱在促进教育教学的发展和学生的全面成长中扮演着重要的角色。

3.小学语文评价方式多样化的必要性

(1)小学语文评价的现状与问题分析

现今小学语文评价面临的挑战很多,面临的问题也很多。有关调查显示,厦门市超过70%的学校对学生语文学习成绩的评价,仍主要依靠期末考试成绩,而对学生参与程度、口语表达能力、阅读兴趣培养等方面的关注,则存在不足的现象。

在考核内容上,对阅读理解、写作创意、文化素养等方面的考核相对薄弱,而重点考查单词、语法等基础知识。例如,在对50所小学的调查中发现,只有20%的学校会将学生的课外阅读量和阅读感受纳入评估中。

同时,评价的主体比较单一,所有的评价过程几乎都是教师主导,很少有机会让学生自评、互评。这种现状既不能全面反映学生的语文真实水平,又可能抑制学生的学习热情与创新思维。

(2)多样化评价方式的优势与重要性

多样化的评价方式具有显著的优势,也为小学语文教学带来了重要意义。研究显示,综合多种评价方式,学生语文学习兴趣可提高25%,学习分数平均提高12%。

通过课堂成绩评估、作业考核、小组项目合作评价等多样化的手段更全面地了解学生的学习过程和努力程度。如学生在口语表达测评中,锻炼语言的条理性、表现力等,自信心也有所增强;而作品陈列考核,则可以激发学生的创造性、想象力。

对于学生个体差异、特长的发现以及个性化教学,多样化的评价也是有帮助的。据统计,在实行多元化评价的班级中,70%以上的学生都能在自己擅长的领域充分发挥能力,这又反过来带动语文整体素养的提高。

(3)纸笔测试与非纸笔测试简析(表4-7至表4-10)

表4-7 纸笔测试设计原则

设计原则	具体内容
目标明确原则	紧密围绕大单元的教学目标,如考查学生对自然主题相关的字词、修辞、写作手法等知识的掌握
层次分明原则	题目设置从基础到拓展层次分明。基础题考查基本知识,如自然主题课文的背诵;拓展题要求学生分析自然文学作品的深层含义
情境关联原则	创设与大单元主题相关的情境,让学生在情境中运用所学知识解决问题
信度效度原则	保证测试题目准确反映教学内容,评分标准客观公正

表4-8 非纸笔测试设计原则

设计原则	具体内容
实践导向原则	将语文知识应用于实践,提升语言表达能力,如通过实地观察自然,撰写自然观察日记
个性展示原则	给予学生充分空间展示个人特长和创意,如举办自然主题的诗歌朗诵会
合作互动原则	安排小组活动,考查团队协作和沟通能力,如合作制作自然主题手抄报
多元评价原则	采用教师评价、学生自评和互评等多种方式全面评价学生表现

表4-9 纸笔测试改进方向和策略

改进措施	具体内容
优化测试内容	减少机械记忆类题目,增加对理解、应用和创新能力的考查。设置开放性的阅读理解题,让学生发表独特见解。融入生活实际情境,使题目更实用有趣
丰富题型	除传统题型外,增加判断题、连线题、图表题等题型。引入案例分析题,培养综合分析能力
分层设计	根据学生水平和能力设计分层弹性试卷,基础卷考查基础知识,提高卷侧重知识拓展深化。让学生自选试卷层次,增强自信和学习动力
突出语文素养	加大阅读、写作和口语交际考查比重,提升综合素养。增加经典文学作品赏析题,培养审美和文化素养
强化过程性评价	不仅关注期末成绩,也将平时作业、课堂表现、小测验等纳入评价体系。定期进行阶段性测试,及时反馈学习情况,以便调整教学和学习方法
灵活命题	鼓励教师自主创新命题,避免标准化试题。紧跟时代和社会热点,使测试内容与时俱进
规范评分标准	制定详细、明确、统一的评分标准,减少主观性和随意性。对开放性题目提供多样参考答案和评分要点,尊重个性和创新思维
增加反馈与指导	测试后提供错题分析和学习建议,组织试卷讲评,针对共性和个别问题分别进行讲解和辅导

表4-10 纸笔测试和非纸笔测试双试并行优势互补

对比维度	纸笔测试	非纸笔测试	互补方式
考查内容	侧重于知识的记忆、理解和书面表达	侧重于实践能力、创新思维、情感态度等的评价	纸笔测试考查基础知识,非纸笔测试考查知识应用和综合能力,两者结合全面评估学生
情境性	多为脱离真实情境的抽象题目	设置在真实或接近真实的情境中	以纸笔测试的理论知识为基础,通过非纸笔测试的情境任务检验学生运用知识解决实际问题的能力

续表

对比维度	纸笔测试	非纸笔测试	互补方式
学生参与度	形式相对单一，学生参与积极性可能受限	形式多样有趣，能激发学生兴趣	利用非纸笔测试的趣味性激发学生对学习的热情，再通过纸笔测试巩固知识
评价标准	较为统一和明确	较难统一	以纸笔测试的统一标准保证评价的客观性，用非纸笔测试的灵活标准挖掘学生的多元潜力
适用范围	适用于大规模的统一测试	不太适合大规模统一测试	大规模初筛用纸笔测试，针对特定学生或特定能力的深入评估用非纸笔测试
对教学的反馈	主要反馈学生对知识的掌握程度	能反馈学生在实践、创新等方面的表现	综合两者反馈，为教师调整教学策略提供更全面的依据

通过以上表格，我们可以发现纸笔测试和非纸笔测试各有原则。其在考查内容、情境性、学生参与度、评判标准、适用范围、对教学的反馈等方面都有自己的特色。

纸笔测试能以统一明确的评判标准，有效地考查学生记忆、理解和书面表达知识的情况，适用于大范围的统一考试，主要对学生掌握知识的情况进行反馈。

非纸笔测试设置真实或接近真实的情景，形式多样，趣味性强，能激发学生参与热情，但考核标准统一难度较大，不太适合大规模统一测试。能对学生在实践中的表现和创新中的表现进行反馈，着重考查动手、创新思维和情感态度等方面的能力。

使纸笔测试的优势与能力测评的非纸笔性形成互补，这样的评估手段能更全面地考核学生的能力和素质。针对不同的需求和目的选择适当的纸笔测试和非纸笔测试，能向教学提供更加全面有效的信息，有助于教师调整授课策略，为促进学生全面发展充分发挥作用。

【案例说明】

案例一:厦门实验小学三年级纸笔测试和非纸笔测试相结合

纸笔测试:

1.阶段性进行单元小测验,考查学生对生字词、古诗词、课文内容等基础知识的掌握情况。运用符合该单元的人文要素或者贴合学段特点的思政元素进行情景化设计。三大板块由主题情境串联而成。比如根据遨游太空的元素,设计龙娃星际游主题情境,串联三大板块——"储能:积累与运用""探测:阅读与提升""遨游:表达与交流"。

2.日常布置读写结合,以仿写课文段的结构为主写百字小练笔,评价学生的文字表达能力、逻辑思维和创意构思。如学完《荷花》一课,结合假日小队活动到厦门植物园观赏并观察三角梅,再模仿课文经典段落写《三角梅》。

非纸笔测试:

1.结合学校的六节一会,举办朗诵比赛:选取经典诗文,让学生有感情地朗诵,考查他们对诗歌韵律的把握和情感表达能力。如在学习了古诗《赠刘景文》后,举办朗诵活动,评价学生是否能读出诗歌的韵味和情感。

2.故事复述或改编:讲一个故事给学生听,然后让学生对故事内容进行复述或改编,对学生的听力、理解力、想象力、语言组织能力等方面进行考核。比如让学生在学完《老房子总也去不了》后续写文章,到期末利用班会课开展"我的作文集"主题展览。

3.情景表演:设置与课文有关的情境,学生以小组为单位进行表演,观察学生对人物的认识、语言的表达、团队合作等方面的情况。让学生在学完《牛肚里的旅行》后,在角色扮演这一环节中进行分组学习。

4.创编童话故事:学生自己组队,轮流对童话故事进行续写,并进行分工合作,如封面设计、插图绘制、故事简介等。比如结合学校的童话节活动,将学生创编的童话故事搬上舞台进行展演。

5.口语交流活动:设置如"我的暑假生活"等主题讨论,让学生畅所欲言,对学生的口语表达能力、思维逻辑等进行评估。

6.语文综合实践活动:如组织学生开展查找校园内或居住小区错别字活动,以及错别字使用情况纠错活动,考查学生正确使用汉字的能力和观察汉字的能力。

案例二：厦门实验小学一年级期末综合评价活动

福建省厦门实验小学一年级开展了以"奔赴星辰，献礼80华诞"为主题的期末综合评价活动，活动以"献礼母校80华诞"为契机，融趣味性、挑战性于一体，形式多样，凸显学科特色。孩子们畅游"星辰大海"间，在学习中体验，在体验中收获，在收获中成长！（表4-11）

表4-11 "奔赴星辰，献礼80华诞"为主题的期末综合评价活动考查点

站点名称	学科	考查内容	具体活动	能力培养
摘星揽月站	语文	认读、阅读	"羲和探日迎盛会，玩转词语摇摇乐""嫦娥奔月庆诞辰，古诗飞轮转转乐""妙语连星颂辉煌，看图说话翻翻乐"	语言运用等核心素养能力
天眼问宇站	数学	计算、观察、表达、解决问题	用数学思维，解决生活问题	数学知识运用与联系生活能力
英语星球站	英语	看图说短语、认识身体部位单词	看图说短语、身体部位相关活动	语感与表达能力
快乐冲刺站	体育	协调灵敏与平衡	钻栏架、跳绳梯、投沙包	运动技能与反应能力
科技探索站	科学	分析表达、发散思维、解决现实问题	探究空矿泉水瓶里是否有空气	动手实践与问题解决能力
乐动星辰站	音乐	演唱、动作创编	放声歌唱、为歌曲创编动作	音乐表现与创造力
手绘星球站	美术	想象与绘画	运用两个以上图形画一幅画并涂色	想象与创作能力
实践空间站	劳动实践	整理收纳	分类整理书包内物品	生活自理与劳动能力

每个板块依据一年级学段特点设置不同子任务，综合考查学生的学科核心素养。教师依据子任务所主要考查的不同核心能力，分等级细化评价描述，学生的游园卡上直接显示所获星级。这种非纸笔测试方式不仅考查了学生对各学科知识的掌握情况，还注重在真实情境中评价学生的创新能力、实践能力和综合素质，深受学生喜爱。

通过纸笔测试和非纸笔测试的结合,可以更全面地了解学生的学习情况和综合素质,激发学生的学习兴趣,促进学生语文能力的发展。同时,非纸笔测试的形式更加多样化和趣味化,能够减轻学生的考试压力,让他们在轻松愉快的氛围中展示自己的能力和才华。教师可以根据教学目标和学生的实际情况,合理安排两种测试方式的比例和内容,以达到更好的教学效果。

4.小学语文评价方式多样化实施情况与效果评价

(1)实施过程中的困难与挑战

在小学语文评价方式多样化的实施过程中,面临了一些显著的困难与挑战。以笔者三年级语文教学为例,在口语交际课堂中使用课堂导学单助力口语交际,使孩子说的时候有支架,说的时候有方向,小组可以借着评价的要点以评促学。但是在课堂实践中,评价框几乎都是摆设,孩子未经训练,不懂得把握分寸来互相评分。教师也发现每个学生很难在有限的上课时间里观察、记录得很全面、准确。有的学生在小组讨论中过于积极,有的学生则比较沉默,对不同性格的学生,教师的评价也很难平衡。

在进行口语表达测评等非纸笔测试时,面临的挑战是主观性较强的测评标准。评委可能存在个人偏好,对学生的口语表达流畅度、情绪投入等方面进行主观评判,造成评判结果的客观性不够。

另外,实行多元化考评,在设计、组织、考评等方面需要教师投入更多的时间和精力,加重了工作负担。

(2)不同评价方式对学生表现的影响比较

经过对多种考核方式的实践与观察,发现不同的考核方式对学生的表现产生了明显的影响。在考核过程中发现,量化考核对学生的学习成果有较为精确的测评与比较;而定性考核对学生的学习情况则更多的是从思想上加以引导。

如以写作评价作为切入口进行论述的话,以往传统的纸笔写作评价中主要着重于对语法的正确性以及作文内容的完整程度进行评定。但是引入同伴互评后,学生除了关注自身作品的质量之外,更多的是从同伴的作品中学习到不同的写作思路和写作技巧,从而激发他们的竞争意识和学习动力,这一点是传统评价模式所没有的。

阅读评价除纸笔考试的阅读理解题之外,还可增加读书节阅读分享会作为评价途径。那些本来不太爱读书的学生,在阅读分享活动的熏陶下,慢慢提高了自己的阅读兴趣,阅读能力也得到了很大的提高。通过分享活动,学生不仅可以学到新知识还可以认识更多的人。

和润语文课堂实践中班级在进行口语表达评价时,采用了课堂演讲和小组辩论的形式。原本胆小不敢发言的学生在多次锻炼后,变得更加自信,语言组织能力也得到了显著提高。

(3)效果评价与改进策略

经过对各种小学语文教学手段的考查与比较研究后,得出这样的结论:在小学阶段的语文教学中运用多样化的教学手段和评价方式,是行之有效的一种途径。

现在的学生比以前普遍更有学习的积极性,并且对语文的兴趣更浓了。在综合测评中,学生除了对知识的熟练掌握外,对自身能力的发展和素养的提高也更加重视了。学生在学习中以更积极主动的态度去获取知识。

然而,在考核教师方面还存在一些要加以完善的地方,以进一步提高其客观性和精确性。培训教师以使他们在主观性评价方面能够有比较一致的标准和评价办法,使考核工作更加科学有效。

同时,对教师的评价流程要进行优化和改进,在减轻教师工作负担的同时提高评价的实效性。可运用信息技术手段进行评价数据的收集与分析,提高评价的精准性和效率。

此外,为了与家长形成教育上的配合效应,建立与家长的良好沟通渠道,促进家长对孩子考核方式的了解,以利于对孩子进行全面发展的引导,使教育效果得到更好的发挥。

小学语文测评方法的多样化能更好地服务于教学,有利于促进学生的全面发展。不断总结经验、改进策略,使小学语文测评方式的多样化在提高学生学习效果与促进学生语文素养的全面发展上发挥更大作用。

5.未来发展方向

在未来,可就纸笔测试和非纸笔测试的以下方向进行开发与推进。

(1)多元化与融合

考试形式将不再是传统的纸笔和非纸笔形式了。随着技术的不断发展,虚拟现实和增强现实技术的广泛应用,将使考试的形式和情景都得到丰富。纸笔考试将结合非纸笔形式,相互补充地进行综合测试,对考试结果进行更全面的评定。随着科技的发展,考试形式将更加多样化,为考生提供更丰富的测试情景,使考试结果得到更精确的评定,为考生提供更广阔的发展空间。

(2)个性化定制

根据每个学生的个体差异及其学习特点而制定个人专属的测试方案,使不同学生的需求都能得到很好的满足,最大限度地挖掘学生的潜能。可简称为:有针对地测学用。

(3)关注核心素养

更加紧密围绕学生的核心素养,如批判性思维、合作能力、创新精神等,设计更具针对性的测试内容和方式。

(4)加强反馈与指导

测试的结果不仅仅是一个分数或等级,而是提供详细的反馈和个性化的指导建议,帮助学生了解自己的优势和不足,促进其持续发展。

展望未来,为了促进纸笔测试和非纸笔测试的健康发展,和润语文提出以下几点建议:

第一,教师要不断更新自己的教育理念,增强自己的测评能力,对各种考试方法的优点,做到心中有数,融会贯通。

第二,学校要加大力度支持评估改革,鼓励教师创新测试形式,提供必要的资源和技术保障。

第三,不过度关注分数,重视学生的全面发展和综合素质的提高,家长和社会要树立正确的评价观念。

(三)和"力"共评——评价主体多元化,促进评价目标与评价行为相匹配

评价既能帮助我们了解学生的学习成果和发展情况,又能提供有力的教学改进依据,对教育教学起着至关重要的作用。传统的评价往往是单一主体的教师,这种评价方法有局限性。评价主体的多元化,在教育理念不断更新的今天,已逐步成为重要的教育评价发展趋势。

1.评价主体多元化对评价目标和评价行为的影响

步入评价主体多元化的奇妙领域时,就打开了一扇通往全新评价世界的大门,而在这扇门后的评价目标和评价行为正在经历着一场深刻而又迷人的变革。

所谓的评价主体多元化,就好似一次绚丽多姿的交响乐演奏,各方以各自特有的音符共同奏响着评价的乐章。教师已经不是唯一的指挥家了,在学生的配合下家长和社会各界也纷纷加入这场演奏。在多元主体的共同参与下,评价的目标变得丰富多彩、具有层次性了。其从单一走向了多元,从局限走向了开阔。

以往的评价目标只考虑知识的掌握程度以及学习成绩的高低,而随着学生主体的加入和家长重视程度的提高,目前的评价目标更多地着眼于学生的全面发展,这包括学生情感态度价值观的塑造、学习过程中的努力和成长个体的独特优势及潜能的发掘等方面内容。因此,评价的重头是对学生综合素养的考核。

评价行为也发生了很大的变化,从以往的教师单方面评价转变为学生的自我评价,使学生学会反思和自我认知;家长的参与也带来了家庭视角的关注与支持;社会也给予学生更广阔的视野和真实的反馈,学生由此获得更丰富的成长经历和更全面的认识。这些多元化的评价方式,像一支支充满想象力的画笔,在学生的成长画卷上描绘出了更多细致入微的图画,也把学生的成长历程刻画得更加丰富。如此丰富多彩的评价方式,对学生的全面发展起到了重要的促进作用。

总之,评价主体的多元化就像春风化雨一样,使评价目标和评价行为的土壤得到了充分的滋润,从而促使教育的花朵更加绚丽多彩且富有生机地成长起来。

2.小学语文评价目标设计

(1)小学语文评价目标的确定原则

在确定小学语文评价目标时,应遵循素养导向原则、整体性原则、阶段性原则、个性化原则、发展性原则。(表4-12)

表4-12 评价目标原则

原则	描述
素养导向原则	以培养学生的文化自信、语言运用、思维能力和审美创造等核心素养为根本出发点,确保评价目标能够引领学生全面发展语文素养
整体性原则	涵盖语文学习的各个方面,包括识字与写字、阅读与鉴赏、表达与交流、梳理与探究等,综合考量学生在不同领域中的表现,以全面评价其核心素养的达成情况

续表

原则	描述
阶段性原则	依据学生的年龄特点和不同学段的学习要求,设置具有梯度和层次的评价目标。例如,低年级注重字词基础和简单的口语表达,高年级则更关注深度阅读和复杂的写作能力
个性化原则	尊重学生的个体差异,考虑到学生的学习风格、兴趣爱好和特长,为每个学生提供展示其独特语文素养和潜力的机会
发展性原则	着眼于学生的未来发展,不仅关注当前的学习成果,更注重培养学生持续学习语文的能力和积极的学习态度

（2）评价目标与课程标准的对接

《义务教育语文课程标准(2022年版)》明确了小学语文的课程目标和核心素养要求,评价目标应与之紧密对接。(表4-13)

表4-13 评价目标与课程标准对接

核心素养	课程标准要求	评价目标	评价方式举例
文化自信	对中华优秀传统文化、革命文化和社会主义先进文化的理解与传承	考查学生对经典文学作品的阅读和理解,对传统节日、民俗文化的认识,以及在写作和交流中体现出的文化认同感	让学生撰写关于传统文化习俗的作文
语言运用	词语的积累、语法的掌握、口语交际和书面表达的规范与流畅	对应词语积累、语法掌握等要求,设置字词听写、句子改写、口语表达和写作等方面的评价任务	在阅读测试中设计题目,考查学生对词语在语境中的准确运用
思维能力	培养形象思维、逻辑思维和创新思维	对学生阅读理解中的推理分析能力、写作中的构思创意能力等进行考查	让学生对故事进行改编或续写
审美创造	感受文学作品的美,具备一定的审美鉴赏和创造能力	包含对学生审美感知和表达的评估	组织学生开展诗歌朗诵会

(3)评价目标的分类和具体内容(表4-14)

表4-14 评价目标的分类和具体内容

核心素养	分类	具体内容
文化自信	热爱中华文化	积极参与传统文化活动,如诗词朗诵、书法比赛等;能讲述中华优秀传统文化故事,表达对其的喜爱和认同
	继承和弘扬文化	在写作和口语表达中,恰当引用经典文化语句和典故;对文化传承有自己的思考和行动,如参与文化保护宣传
语言运用	字词积累与运用	准确拼写和理解常见字词,能在不同语境中正确运用;丰富词汇量,掌握近义词、反义词等
	语法规范与表达	遵循语法规则进行书面和口头表达,避免常见语病;能运用多种句式使表达更生动、丰富
	听说读写综合能力	听懂他人的讲话,并能准确概括主要内容;流畅、清晰地进行口头表达,包括演讲、讨论等;阅读理解不同体裁的文章,提取关键信息;写出结构完整、内容具体、语言通顺的各类文体
思维能力	形象思维	能根据文字描述在脑海中构建画面;通过想象丰富故事内容
	逻辑思维	有条理地阐述观点,合理论证;分析文章的结构和逻辑关系
	创新思维	提出独特的见解和想法,对问题有新颖的思考角度;在写作中展现创新的构思和表达方式
审美创造	感受美	体会文学作品中的语言美、情感美、意境美;发现生活中的语文之美,如广告语、招牌等
	鉴赏美	评价文学作品的优劣,分析美的元素;对不同风格的作品有一定的鉴赏能力
	创造美	用优美的语言进行创作,展现美的表达;通过手抄报、书法、朗诵等形式创造美的作品

3.小学语文评价行为设计

(1)评价行为的种类和形式

小学语文评价行为种类丰富多样,形式也不拘一格。

从评价的主体来看,分为教师评价、学生自评和学生互评三个方面,学生自评和互评是学生评价的主要内容。教师评价能准确地指出学生的优点和不足,并以其专业知识和教学经验对学生进行有的放矢的辅导。比如,教师在批改作文时,对文章结构、语言运用等方面的问题都会进行详细的点拨。

学生自评有助于自我反思、自我管理能力的培养。比如,学生在做完一篇阅读练习后,可以回顾一下自己的答题过程,想想哪些地方做得不错,哪些地方还有待提高,这样就可以得出结论。

学生互评可以促进学生互相学习,互相切磋。在小组合作完成一项中文任务后,小组成员之间可以互相评价彼此的表现,分享彼此的长处与心得。

从评价时间节点看,有形成性评价,也有总结性评价,有助于教师调整教学策略和学生改进学习方法。可把形成性评价贯穿于教学过程中,对学生的学习进度和存在的问题进行及时反馈。比如,学生对新知识的掌握程度,可以通过课堂提问、小考等方式进行了解。

总结性评价一般是在学习结束一个阶段后进行,以综合评定学生的学习成绩。如期末考试、期末总评等。

(2)评价行为的工具和方法

要想达到既科学又有效的考核,就需要在运用各种不同工具和方法的基础上,对所考核的对象进行综合分析和评价。

在传统的评价工具中,试卷与作业是较为普遍的形式。经过精心设计的试卷,能较好地考查学生对知识的掌握程度及应用能力,而作业的完成情况也能很好地反映学生的学习态度和学习效果,从而对其日常学习情况有一个较为综合的认识。

此外,还可利用课堂表现记录工具、学习档案袋等辅助性工具来记录学生的学习情况。课堂表现记录能详细记载学生在课堂上的参与程度以及所发表的言论质量等,为考核提供较为直观的依据。而学习档案袋则收集了学生在某一段时间内的作品以及测试成绩等各方面的资料,从多方位展现学生的学习历程与成长轨迹。如能合理运用这些工具,对于学生的学习情况便能做到心中有数,从而使教学有的放矢。

评价方法上除了定量的评分制度之外,定性评价也起着举足轻重的作用。它以文字描述的方式对学生的学习表现进行更加细致入微的分析和评价,如教师针对学生作文给出具体而详尽的评语,指出学生学习的优点和改进方向。

同时,观摩法也是有效的考核手段之一。教师可结合学生在课堂上的行为举止、语言表情以及分组活动中的表现,对学生学习状态、情感态度等进行观察分析。

(3)评价行为的实施过程和效果

对行为执行过程进行评价的关键是严谨地进行策划并以有序的方式加以实施。

首先,考核前要阐明评价的目的在于什么,使学生明确评价的要求与期望,如主题是否鲜明,内容丰富度如何,语言是否生动活泼等。再如,在开展一次写作评价之前,要说明优秀作文的评价标准,使学生在评价时有的放矢。

其次,在整个评价过程中,必须使评价工作保持公平合理、客观有效。对处于不同层次的学生要运用与之相适应的评价尺度,同时要着眼于学生个体的差异与提高情况,使评价结果真正起到应有的导向与促进作用。

最后,评价结束以后,为了给学生及时地反馈评价结果并给予具体的建议与鼓励,教师应该结合具体的情况推荐相应的阅读材料。比如针对学生在阅读理解中出现的问题,教师就可以有针对性地推荐相关的阅读材料。

使评价行为变得科学合理,可取得显著效果。一是能调动学生学习的热情和主动性,使学生对自己的学习有更明确的目的性。二是对教师教学方式的改进起到推动作用,促进教学质量的提高。三是能促进家校合作,共同助力学生成长发展的同时,让家长对学生学习情况有更深入的了解。

(4)教师在评价中的作用

教师在小学语文教学中占有举足轻重的地位,既是知识的传授者,又是评价的主导者和引导者。

教师作为主导者,为了完成教学目标和执行课程标准,必须制定明确而科学的考核标准与方案。如就写作教学而言,教师对教学内容的充实度进行评价,对授课结构的合理性进行考核,对教学语言是否准确生动进行评定等。

同时,教师也是评价过程的引导者。运用课堂提问、作业批改、阶段性测试等多种方式,对学生的优点和不足进行及时的了解,并有针对性地加以引导和建议。比如,对阅读理解中认识有偏差的学生,教师可引导其重新阅读文章,分析文章结构和主旨,帮助学生提高对文章的认识能力。

案例:教师教学《桂林山水》这一课时,采取课堂提问的方式来了解学生对课文内容的掌握情况,并对学生回答的不准确进行有步骤的纠正和引导,使学生逐步获得概括和理解等方面能力的提高。如学生答非所问或答错时,教师不是简单地否定或置之不理,而是引导其从课文中找出关键语句进行进一步的思考和分析。

(5)学生在评价中的参与方式

学生在考核中要积极主动地参与,发挥自己的主体作用。在完成自己的学习过程和成果后进行自我评价,对优点和不足进行剖析,并据此制订改进计划。

学生之间相互评价,也是重要的参与方式之一。在小组合作学习中,对对方的表现进行综合评定,如参与程度之高低,协作能力之强弱,对知识的掌握程度如何等,在促进学生相互学习和交流的同时,提高学生的学习效果和成绩。

案例:在语文综合性学习活动中,学生分组完成关于"传统节日"的综合实践学习研究报告后,在相互展示成果并进行互评的同时,更深入地了解了各组的研究内容和评价标准,也促进了学生对团队合作的认识和重视程度的提高。

(6)家长和社会在评价中的支持与参与

家长在评价中占有举足轻重的地位,要对孩子的学习过程给予重视,与孩子共同阅读讨论,对孩子的学习进度及兴趣点做到心中有数。另外,家长还可参与由学校组织的各种家长评价活动,如家长开放日及亲子作业,对孩子的学习情况给予及时的反馈与建议,辅助孩子的学习。因此,在教育过程中,家长应多关注孩子,积极参与到对孩子的教育中来。

社区可以组织有关语文方面的各种活动,如书法比赛或朗诵活动等,给学生提供一个展示自我、提高评价能力的平台,这对小学语文的评价也是有益的。

案例:学校邀请家长参加学生的课外阅读考核评价,家长与学生共同制定读书计划,记录阅读心得并加以分享与交流后,学生的课外阅读热情得到明显的提高。

(7)多元化评价主体的协同与互动

要想获得有效的评价,就需要有多元化的评价主体如教师、学生、社会等的协同与配合,进行多方位的全面考核。

教师要与学生进行良好的交流,对评价的结果进行及时的反馈,并鼓励学生积极参与到评价过程中去。另外,教师还要与家长保持密切的联系,让家长了解孩子在学校的学习情况,与教师共同促进孩子的成长。通过这样的配合,教师与学生之间可以形成良好的互动,对学生的学习起到积极的促进作用。

学生之间要互相尊重,在相互学习和互评中相互促进,在共同提高中共同成长。

家长和社会对学校的评价工作应给予积极支持和配合,为学校提供各种资源与支持。

案例:在学校组织的一次诗歌朗诵比赛中,师生共同协作,对学生进行指导和评选;家长以观众的身份给予鼓励和肯定,并对作品进行专业点评;社区也邀请了专业人士进行点评,最终促使学生在多方面都得到了提高。通过这样的活动学生获得了一个全面深入的展示和学习机会。

4.促进评价目标和评价行为相匹配的策略

(1)激励机制的建立与完善

和润语文提出,在评价上建立和改进激励机制是促进评价目标和评价行为相匹配的重要环节,使学生在学习中有更大的热情和主动性,从而更加积极地投入到与评价目标相一致的学习活动中去,使语文学科的教学效果得到较好的发挥。

例如,在语文教学的考核体系中可以设置奖励制度,对达到评价目标的学生颁发荣誉证书予以表彰和奖励的同时,对超越评价目标的部分也给予相应的奖励,如小奖品或者是一些特殊的学习机会等。这样既是对学生个人的肯定,又能在班级中营造积极向上的学习氛围,促使其他学生向优秀者看齐,努力调整自己的学习行为以达到评价目标,从而使整个语文教学工作取得较好的成绩。同时也为激发学生学习的积极性和主动性起到了一定的促进作用。

对教师而言,激励机制也可以包括教学成果的认可和奖励。鼓励教师设计更贴合评价目标的教学活动和评价方式,提高教学质量。

(2)教育资源的合理配置与支持

评价目标与评价行为的相匹配是有效配置与支持教育资源的前提。"以文为本以润为主"是"和润语文"教育理念的精髓所在,因此必须使教学资源与教学评一体化的要求相适应。要做到这一点,就必须把"以文为本以润为主"贯穿于教学的始终,在"以文为本以润为主"的基础上,做到有法可依、有章可循。

首先,要为学生学习语文提供全方位、丰富的资源材料,包括优秀的教材学习资料,丰富的课外读物和多媒体资料等,从而对学生的语文能力有不同层次的提高和训练。

其次,要为教师提供专业发展的机会和资源,使他们能够不断提升自己的教学和评价能力,更好地引导学生实现评价目标。比如,组织教师参加关于教学评一体化的培训和研讨活动,让教师掌握最新的教学方法和评价策略。

最后,还应建立信息化平台,方便教师和学生获取资源,进行交流和反馈,提高评价的效率和效果。

(3)评价结果的反馈和调整机制

在教学评一体化的开展过程中,及时有效的评价结果反馈与调整机制是举足轻重的一环。"以评促教""以评促改""以评促发展"是教学评一体化的根本宗旨所在,要深入分析"评"和"教""改""管"之间的相互联系和差异所在。

对学生的反馈应该是具体而清晰的,以帮助他们认识自身优势与不足并指出提高的方向。教师在进行写作评价中除了指出语法错误之外,还要就文章结构立意等方面的问题给出建设性的建议,以引导学生在学习中有的放矢,从而使评价目标得到更好的达成。

对教师本身的教学行为也要做好相应的反思和改进工作,根据评价的结果进行相应的调整与改进。如果很多学生对某些评价目标的达成情况不理想的话,作为教师要及时调整自己的授课方式、内容或考核办法。

同时,学校层面要定期对评价数据进行汇总和分析,总结经验教训,不断优化评价体系和教学策略,以确保评价目标和评价行为始终保持良好的匹配度,推动和润语文教学的持续发展。

5.小学语文评价主体多元化的意义和局限性

首先,采用多元化的评价方式,能对学生的全面发展起到很好的促进作用。教师能够从专业教学的角度出发,对学生的知识掌握和能力的提高进行评价;学生以自评互评相结合的方式进行自我反思与协作学习能力的培养;家长的参与,使评价与学生的日常生活表现更紧密地联系在一起,促使家庭教育与学校教育相协同;另外,社会对学生的评价也为学生开阔了视野并增加了实践机会,有利于学生综合素质的提高。总之,多元化的评价方式为学生的全面发展提供了有力的保障。

再次,考核主体的多元化有利于调动学生的学习兴趣和学习主动性。学生了解到自己所做的工作能得到多方位的认可与褒扬的时候,会更有动力投入到学习中去,从而通过不断地学习来提高自己的语文功底。

最后,这种考核办法也可以达到教育公平的目的,为每个被评价的学生提供均等的发展机会。由具有不同背景和观点的评价主体进行评价,并对不同学生所表现出来的差异给予重视。

小学语文评价主体多元化在实施过程中也可能存在一些局限性。

例如,不同的考核主体可能有不同的考核标准,这会造成考核结果的不一致性,并使可比性受到一定的影响。并且在协调各考核主体的参与过程中,可能存在着投入大量的时间精力和沟通不畅的问题。所以需要从多方面入手进行改进和提高。

但需要指出的是,这些局限性并不能否定评价主体多元化的积极意义。通过不断优化评价方案,加强培训和沟通,这些问题是可以逐步得到解决的。

6.未来小学语文评价设计的发展趋势

今后的小学语文评价设计将呈现以下几个方面的积极态势。

智能化与大数据应用:随着技术的不断进步,智能化的工具和大数据分析将会得到更多的应用。北上广等地已开始探索实时监控、数据分析学生的学习过程,以智能教育平台为基础,更加精准、及时地为评估提供依据。

强调综合素质评价:不再只注重对知识的掌握,而是更加重视对学生创新能力、实践能力、社会责任感等综合素质的考核。学习借鉴优秀成果经验,开展丰富多样的实践活动和项目式学习,并将其纳入考核评价体系,切实做到边学边查边改。

个性化评价:充分挖掘每个学生的特长和潜能,围绕学生的个性化需求进行评价方案的设计和实施,运用大数据分析、人工智能等技术手段进行评价反馈与发展性意见的定制,以达到对学生进行有的放矢的教育。

跨学科评价:建立有利于培养学生跨学科知识运用能力和解题技巧的考核办法,打破已有学科门类的界限,对学生进行全方位的考核评价。考核评价内容涉及多学科交叉融合,评价方式采取多种手段,考核评价的结果对学生进行综合评价。

国际视野与本土文化融合:在小学语文教学中形成有中国特色的语文测评制度的设计思路——借鉴国际先进的测评理念与方式的同时充分考虑我国的文化传统和教育实际。

总之,今后小学阶段的语文教学设计将不断探索和创新,为培养学生的语言文字运用能力和全面发展提供更有力的支撑,使语文教学真正起到寓教于乐的效果,使广大教师在教育教学工作中有更大的提高和发展。

以下是一份语文大单元评价量表,可供大家阅读参考。(表4-15)

表4-15 语文大单元评价量表

评价维度	评价行为	教师评价	学生自评	学生互评	家长评价
基础知识	进行字词听写、文学常识小测验	根据测验结果给予评分和评语	自我评估掌握程度,标记易错点	互相检查听写,交流易错知识	观察孩子在家中的学习表现,如默写、背诵情况
阅读理解	完成阅读理解练习题,分析学生对课文重点段落的理解	批改练习题,指出理解偏差	反思自己的理解思路和不足	小组讨论中分享各自的理解,互相评价	关注孩子对课文的讨论和分享,了解其理解程度
写作表达	布置与单元主题相关的写作任务,评估作文中写作技巧的运用和语言表达能力	评阅作文,给出写作建议	分析自己作文的优点和可提升之处	阅读同学作文,提出修改意见和优点	查看孩子的作文,评价写作进步和表达能力
口语交际	组织课堂讨论、小组汇报等活动,观察学生的发言表现	观察表现,进行点评	自我评价发言时的表现和进步	互相评价表达的清晰性和逻辑性	聆听孩子讲述课堂交流内容,评价表达水平
情感态度	观察学生在课堂上的参与度、专注度,以及课后自主学习的情况	根据观察给予态度评价	反思自己的学习热情和投入程度	互相鼓励,评价学习积极性	观察孩子在家中学习语文的主动程度和热情
合作学习	评价小组作业中每个学生的贡献和合作表现	评估小组合作效果和个人贡献	自我评价在小组中的合作表现	互相评价合作中的配合情况	了解孩子与同学合作完成任务的情况和表现
文化传承	让学生撰写对单元中文化元素的感悟,或进行文化主题的演讲	评阅感悟和演讲内容	反思自己对文化内涵的理解深度	互相交流文化感悟,评价传承意识	与孩子交流文化相关话题,评价其文化认知

多主体的评价能够更全面、客观地反映学生在语文大单元学习中的真实情况,促进学生的全面发展。通过这样明确且相互匹配的评价目标和行为,能够全面、准确地评价学生在语文大单元学习中的表现和发展。

第五章

和润语文案例式解读

第一节 教学相长篇

"教学相长"出自《礼记·学记》,原文为:"是故学然后知不足,教然后知困。知不足,然后能自反也;知困,然后能自强也。故曰:教学相长也。"意为:学,然后才知道自己的欠缺;教,然后才明白自己理解的困顿不透。学生知道了不足,就能刻苦钻研和自我反思,教师知道了不解困惑之处,才能努力使自己变得更有智慧。如此,在教与学之间,达到教学相长的效果。

和润语文深信教学相长的道理,认为教师和学生是平等的,教师要尊重学生的看法,善于倾听学生的意见,鼓励学生大胆质疑。这样才能实现教与学的相互促进。而其中营造"互动·体验"的课堂氛围是关键。

互动,即课堂中彼此影响、彼此作用的一个过程。和润语文认为教师在课堂上不再是单纯的知识传授者,而是引导者和促进者。学生在互动中发现问题、提出问题、解决问题,不仅习得知识,更培养了批判性思维和解决问题的能力。

体验,指根据学生的认知特点和规律,通过创造实际的或重复经历的情境和机会,呈现或再现、还原教学内容,使学生在亲历的过程中理解并建构知识、发展能力、产生情感、生成意义的教学策略。和润语文认为,体验所关心的不仅是学生获得多少知识、认识多少事物,更在于学生的生命意义获得怎样的彰显和扩展。

在营造"互动·体验"的课堂氛围中,和润语文提出了三个基本策略。

第一,和美情境,激发学生学习兴趣。在和润语文课堂中,教师需要关注学生的情感体验,运用生动形象的语言、丰富多彩的教学手段和寓教于乐的教学方法,创设和美情境,打造"互动·体验"的课堂氛围,更好地引导学生感受语言美、情感美和文化美,从而产生对语文学习的热爱。

第二,和畅对话,走进学生心灵深处。和畅对话是和润语文的核心,它强调的是师生之间的平等、尊重和理解,是一种基于信任和关怀的交流方式。在这样的对话中,教师不再是单纯的知识灌输者,而是学生学习路上的引导者和伙伴。学生也不再是被动的接受者,而是主动的探索者和思考者。和畅对话能丰富课堂的互动性和体验感,让学生真正成为学习的主人,从而更好地走进学生的情感世界,促进其全面发展。

第三,和契思辨,激发学生思维飞扬。和契思辨,具体指的是教师引导学生进行深入的思考和辨析,培养学生的批判性思维和独立思考的能力。课堂上进行和契思辨,能激活学生的思维力,加强多元思维互动,丰富学生的思维体验,提高问题解决能力,并对学生未来的发展具有深远影响。

综上所述,通过创设和美情境、开展和畅对话、进行和契思辨的策略,能有效地营造"互动·体验"的课堂氛围,不仅能激发学生对语文的探究欲望,还能在知识生成过程中,发展学生的思维力与表达力,获得丰富深刻的思想与情感体验,并在体验知识生成的过程中,进一步发展语文核心素养。

章节导览图

教学相长篇
- 主张:教师和学生是平等的,教师要尊重学生看法,善于倾听学生的意见,鼓励学生大胆质疑,才能实现教与学的相互促进
- 关键:营造"互动·体验"的课堂氛围
- 策略
  - 和美情境,激发学生学习兴趣
    - 创设真实性情境
    - 创设梯度性情境 —《跳水》
    - 创设问题性情境
  - 和畅对话,走进学生心灵深处
    - 创设和畅情境,营造对话氛围
    - 精设关键问题,丰富对话维度 —《池上》
    - 聚焦思维引导,提升对话品质
  - 和契思辨,激发学生思维飞扬
    - 质疑追问,凸显思辨
    - 比较推理,强化思辨 —《总也倒不了的老屋》
    - 想象补白,激活思辨

一 和美情境,激发学生学习兴趣

(一)理论来源

《义务教育语文课程标准(2022年版)》提出:"创设真实而富有意义的学习情境,凸显语文学习的实践性。"

(二)理论阐释

正所谓"无情境不教学",没有情境的教学,是抽象的、生硬的、灌输式的、机械的教学。和润语文倡导积极创设和美情境,营造一种充满美感的教学情境,力争实现三个层次:以境启思,通过在情境中提出问题、展现矛盾、引发冲突激活学生的思维;以境引思,通过创设连续的、动态的情境将学生的思考引向深入,使他们能透过现象看本质;以境创思,通过进一步拓展情境,将其扩展到书外,延伸到课外,引导学生在真实的情境中运用所学知识解决实际问题。

在和润语文中,和美情境源于生活中语言文字运用的真实需求,服务于解决现实生活的真实问题,注重发挥情境在促进学生思维发展方面的独特作用。故在课堂上常常看到师生、生生间思维激荡、碰撞,迸射出创造性的火花,给大家带来几多惊喜。

如何创设和美情境呢？可以从以下三个方面去努力。

1.创设真实性情境

要确保和美情境的有效性,首先要保证情境是真实的。杜威曾提出,学习应该以真实情境为基础,而不是基于孤立的知识点。只有贴近生活的真实情境,才能激发学生学习的欲望和动机,引学生"入境",从而发生有意义的学习。那么,真实的情境从何而来？教师要有智慧的眼光和收集的意识,善于发现学校生活、家庭生活、社会生活中适合为学习内容服务的教学素材。

如在部编版教材二年级上册《朱德的扁担》的教学时,为了更好地感受朱德和战士们当时挑粮的艰辛,教师可以让学生回忆自己在生活中看到的使用扁担的场景并分享,比如旅游爬山时看到的挑山工用扁担挑重物,也可以让学生回家用棍状物品挑东西感受一下"挑"等,学生在联想自己真实生活中的事例之后,可以更准确地了解"挑"的不容易;同时联系生活实际,让学生了解五六十里山路是有多远,用图片展示"山高路陡",引导学生想象"挑粮路"之长、之险。学生带着这种感受去阅读课本内容,从而更好地体会战士们不怕困难、朱德同志与战士们同甘共苦的精神。

2.创设梯度性情境

和美情境通常以片段式和一"境"到底式呈现。在片段式情境教学法中,教师往往在每一个教学环节设置一个教学情境,让学生掌握相应的知识点;而一

"境"到底式的教学方法,是将一个情境分解成若干个片段,根据教学进程和学习内容需要,设置成梯度性的情境,引导学生从简单情境逐步"拾级而上"到复杂情境,在学习过程中了解情境的"前因后果",从而让学生不由自主地完成全程参与。这种"爬梯子"的感觉,正符合学生的心理特征和学习规律。

部编版教材四年级下册《黄继光》可以创设"伟大的品格"之人物专刊征集活动情境——为黄继光做一份人物专刊。首先,聚焦黄继光的语言、动作及当时的环境,丰满英雄形象,完成黄继光的人物专刊;其次,融合复述故事,推荐人物专刊;最后,进行拓展延伸,迁移所学,鼓励创作其他的人物专刊。从感悟、梳理、提炼、表达等方面层层深入,这样有梯度的和美情境让课堂更具有整体性和实践性。

3.创设问题性情境

和润语文认为,教师不应将提问局限在"是什么""为什么""怎么样"等书本中能够直接找到答案的问题,而要将情境作为提问的载体,将解决情境中的问题作为驱动学生思维的任务。通过情境联结学生的知识、经验、能力和方法等,引导学生在活动、任务中将学习结构化,从而使素养在无形中得到培育。

在部编版教材五年级上册《珍珠鸟》的教学过程中,教师可以根据学习提示,设置问题性情境——"'我'和珍珠鸟在由不信任到相互信赖的过程中,心情发生了怎样的变化?",引导学生围绕这一情境,以作者的角度梳理对珍珠鸟的情感变化,以珍珠鸟的视角思考珍珠鸟的心情变化。

总之,和美情境不仅要关注情境本身,还要关注学习的主体、学习的目标、学习的策略等。创设和美情境,能使学生更快地融入学习中,让学生感到"情境即在眼前""我即在情境中",在真实性情境、梯度性情境、问题性情境中体会到语文与广大世界的紧密关系,让学生成为语文学习的创新者和发现者,最终提升学生的学科核心素养。

(三)案例论证

部编版教材五年级下册《跳水》创设问题性情境。

环节一:创设情境,触发思考。

故事来到了千钧一发的时刻,孩子处于如此危险的境地,船长出现了。引导学生思考:如果你是船长,这时你会怎么说? 会如何做?

环节二：比较做法，凸显智慧。

①将常规做法和书中做法进行对比，在对比下更加凸显船长的智慧和果断。出示：

第一句：(常规做法)船长一看到自己的儿子站在那高高的桅杆上，不禁大惊失色，对着儿子大喊："儿子，不用怕！我来想办法救你！""你千万不要回头，千万不要向下看！"

第二句：(船长做法)船长看到儿子在桅杆顶端的横木上，就立刻瞄准儿子，喊道："向海里跳！快！不跳我就开枪了！"船长又喊："向海里跳！不然我就开枪了！一！二！"

②对比这两种做法有什么不同？哪种更好呢？

环节三：揣摩内心，厘清思维。

①揣摩船长内心，这时船长是怎么想的呢？

②虽然对船长的心理描写不着一字，但船长的做法背后藏着严密的逻辑推理思维：首先，孩子已经非常害怕，这时不能再大惊小怪，制造紧张气氛；其次，孩子进退两难，动弹不得，这时只有促使他当机立断，马上作出决定，否则会更危险；再次，水手们善于游泳，现在他们都在甲板上，孩子跳进海里后，水手们就立刻跳进海里救他，这样反而更安全。

(四)案例评析

部编版教材五年级下册《跳水》是第五单元的第三篇文章，本单元语文要素是"了解人物的思维过程，加深对课文内容的理解"，本文重难点是细化船长的思维过程，理解船长做法中的智慧。

为了解决这一难点，教师创设了问题性情境——"如果你是船长，这时你会怎么说？会如何做？"

首先，联系生活，进行换位思考。引导学生围绕这一问题性情境进行换位思考，联系生活经验谈做法。绝大多数学生都认为船长这时会非常紧张和担心，可能会对儿子进行及时的安抚和劝慰。

其次，比较做法，凸显过人智慧。将学生所思考的常规做法与书中船长的做法作比较，明白在千钧一发之际，船长的急中生智、从容镇定，理解他的过人之处。

最后，揣摩内心，呈现思维过程。思维无形无声，难以捉摸。但在前面换位思考和比较做法的基础上，学生更容易走进船长的内心，能更好地细化船长的思考过程，更好地理解船长是如何结合当时海面情况和水手们的位置等因素，作出了这样的决定。

总之，和润语文中的和美情境能更好地承载认知冲突和动机激发，让课堂更加鲜活灵动。不仅能够营造出"互动·体验"的学习氛围，还能让学生全身心地投入学习中。

二 和畅对话，走进学生心灵深处

（一）理论来源

《义务教育语文课程标准（2011年版）》指出："阅读是运用语言文字获取信息、认识世界、发展思维、获得审美体验的重要途径。阅读教学是学生、教师、教科书编者、文本之间对话的过程。"

（二）理论阐释

"对话"作为一种教学方法，发生在教学过程和教学情境中。和润语文认为"对话"不仅是指师生双方狭隘的语言交谈，而且是指师生双方各自向对方的精神敞开和彼此接纳，实现和畅对话，达成一种真正意义上的精神平等与沟通，同时也是师生交往、积极互动、共同发展的过程。

和畅对话是和润语文的核心。它强调的是师生之间的平等、尊重和理解，是一种基于信任和关怀的交流方式。和畅对话，具体指在课堂教学中，对话贯穿于教学的各个环节，以民主平等为前提，以对话为手段，以言语互动为中介，充分调动师生智慧，使对话从无效走向有效，从肤浅走向深刻，营造充满活力的互动体验场，真正让课堂对话发挥效用，使对话主体的思想、知识结构等实现自我重构。

打造充满活力的和畅对话课堂主要有三个策略。

1.创设和畅情境，营造对话氛围

和谐、民主、友好的对话氛围，是和畅对话的前提。在这种氛围中，学生处于放松的状态,思维活跃,大脑快速运转,反应敏捷,其思考能力、反应能力、表达能力能够得到尽情释放。因此,和润语文主张教师注重营造和谐的对话氛围,创设对话情境,主动走近学生,引导学生感受阅读的魅力,调动学生参与对话教学的积极性和主动性。

部编版教材四年级上册《走月亮》的教学中,引导学生将自己想象为文中的"我",正牵着阿妈的手在迷人的月色下走月亮。启发学生思考:这时"我"可能看到什么？听到什么？想到什么？这样的对话情境创设,使学生仿佛置身于当时的情景中,对角色有更深入的理解,从而促使学生多方面、多角度深入地剖析文本,与文本展开心灵的对话。

2.精设关键问题,丰富对话维度

和畅对话还要精心设计关键问题,需要有适当的难度、梯度、密度和开放度,符合学生的"最近发展区"。这样的问题要与文章的重难点相匹配,也便于开展深度对话。

在教学部编版教材六年级下册《两小儿辩日》这篇文言文时,以"孔子是智者吗？"这一问题引导辩论,在不断地思考、体验、辩驳、质疑的对话过程中,发现面对两个小孩的争辩,孔子虽然不能作出明确的判断,但这恰恰表现了孔子实事求是的精神,他并没有因为自己的学识渊博而轻易下结论,而是承认自己的无知,体现了他谦虚谨慎的态度。这样的关键问题和对话方式,能引导学生由表及里、由浅入深地思考,在对话中一步步明晰思考、点拨提升,最终实现和畅对话。

3.聚焦思维引导,提升对话品质

阅读教学应当给学生多元解读、自主发现文本含义的空间,鼓励学生有个性地阅读,让学生对文本进行二度创造,动态地建构文本意义。但实际教学中,我们常会看到学生在多元解读中,为了追求个性化和自己独特的理解而置文本价值取向于不顾,有时甚至扭曲了文本本身的价值取向。和畅对话认为教师既要珍视学生个性,鼓励多元对话,也要正确把握文本价值,聚焦思维引导,使学生与文本对话走向"同一线",提升阅读对话的品质。

部编版教材一年级下册《咕咚》一课,出现了不少"跑"的情节:小兔子"拔腿就跑",小猴子"跟着跑",狐狸、山羊、小鹿等"一个跟着一个跑"。大家都在

"跑",可是这个"跑"的动作背后又有什么不同呢?引导学生深入探究文本,联系生活实际读懂文本内核——兔子胆小,听到"咕咚"声后受了惊吓,不够镇静,没有去探究事情的真相就赶快跑了;而小猴子、狐狸、山羊、小鹿等是人云亦云,人家说什么就信什么,人家做什么就跟着做什么,是盲从。如上聚焦思维引导的和畅对话,使学生对文本的理解更深刻、更生动。

(三)案例论证

部编版教材一年级下册《古诗二首》之《池上》品读"偷"乐的环节。

环节一:借助字典释义,了解字面意思。

①"偷采白莲回"的"偷"是什么意思呢?"偷"在字典里有3个意思:偷窃、偷盗;瞒着别人、悄悄地;抽出(时间)。

②对比明晰"偷"的意思应为:瞒着别人、悄悄地。

环节二:巧妙拓展"偷"字,加深理解内涵。

①瞒着别人,悄悄去看,这就是"偷看";瞒着别人,悄悄去听,这就是"偷听";瞒着别人,悄悄地笑,这就是"偷笑";瞒着别人,悄悄地吃,这就是"偷吃"。

②诗中的"偷采"是什么意思呢? 瞒着别人,悄悄地采。

环节三:调动生活经验,深入理解心境。

①引导学生联系实际,平时在家里有没有背着爸爸妈妈悄悄地做过什么事情? 当你得逞了,心情又是怎么样?

②回到诗歌,如果你就是诗歌中的这个小娃,你悄悄地采白莲,你心里怎么想? 心情如何? 引导学生讨论"偷"之前的想法、"偷"过程中的紧张以及成功"偷"后的快乐,丰富"偷"的心境。指导朗读。

(四)案例评析

部编版教材一年级下册《古诗二首》之《池上》是一首轻快活泼的小诗,本单元以夏季为主题,希望学生通过多元策略理解生字词和诗歌意思,感受夏天的美好和生活中的情趣。

一般的古诗教学,做到学生能理解诗意、读懂古诗也就基本结束教学了,这使得学生对诗歌的理解停留在浅层化的泥潭。但和润语文主张在课堂上建构和畅对话,通过对话带领学生往古诗深处走一走,看见文本的独特性和艺术性,触摸文本表达的奥妙。

在故事教学中,强调"立片言以居要,乃一篇之警策",诗眼往往是领会诗词主旨的关键,抓住诗眼便能达到"提领而顿,百毛皆顺"的效果。《池上》这首诗中最能体现情趣的落脚点,那就是"偷"这个字。如何深入理解"偷"字,成了和畅对话的关键问题。

在以上案例片段中,教师先通过借助字典明确"偷"的字面意思,再巧拓"偷"字内涵,清晰诗中的"偷"字的真正含义,接着以"偷"时的心情为连接点,调动生活经验理解"偷"的心情,最后迁移到对诗中人物心情的揣摩中,让学生深入朗读、品悟,想象小娃"偷"之前、之时、之后的心路历程。

学生在自主、对话、探究中,领悟了"偷"中蕴含的情趣——这不是真正意义上的偷东西,而是对美好事物的向往,是天真率直的本性的外显。只有体会了小娃偷之前"撑小艇"时的急切期待到"偷采"时的紧张兴奋,才能对成功偷采后"不解藏踪迹"时的得意忘形有所感受,才能真正通过"偷"的对话,理解诗人层层变化、细致逼真的情态描写。

本案例抓住"偷"字,展开多角度、有梯度的对话,层层深入,从释义层到解码层再到评鉴层。教学的对话切入点从了解字面意思到理解诗歌意思,再到参悟艺术特色,进而内化成学生成长的力量。这样逐层进阶的和畅对话,建构"互动·体验"的对话方式,不仅极富情趣,也深含理趣,让学生在不经意间入境、入心,激发对语文学习的兴趣和热爱,提高他们的阅读能力和文化修养,直指核心素养的提升与发展。

三 和契思辨,激发学生思维飞扬

(一)理论来源

《义务教育语文课程标准(2022年版)》中"思辨性阅读与表达"是一个重要的组成部分,它强调在阅读与表达中培养学生的思辨能力,明确指出"通过阅读、比较、推断、质疑、讨论等方式,梳理观点、事实与材料及其关系;辨析态度与立场,辨别是非、善恶、美丑,保持好奇心和求知欲,养成勤学好问的习惯;负责任、有中心、有条理、重证据地表达,培养理性思维和理性精神"。

(二)理论阐释

语言是思维的外壳,思维是语言的内核。和润语文主张在语文学习过程中,要融入和契思辨,触摸思维本质,提高思辨能力,让语文课堂从惯性走向反思,从混沌走向思辨,从浅层面走向深层次。

和契思辨,具体指的是教师引导学生通过语言文字,进行深入的思考和辨析,培养学生的批判性思维和独立思考的能力。和契思辨能激活学生的思维力,加强多元思维互动,丰富学生的思维体验,提高问题解决能力,并对学生未来的发展具有深远影响。

如何打造和契思辨课堂呢?可以从以下三点着眼思考。

1.质疑追问,凸显思辨

和契思辨强调辩证地思考,有理有据、负责任地表达自己的观点。以质疑追问来引导和推动理解和思辨,可以有效地拓宽思维深度,凸显和契思辨的本真性。

在部编版教材六年级下册《鲁滨逊漂流记(节选)》一课中,可以这样启发思辨——"为什么鲁滨逊能够一个人在孤岛生存28年?"以此问题带领学生在文本研读的基础上,寻找依据,提炼观点,展开讨论。不少学生会提出人物性格特点、人物精神品质、现实物质基础等方面原因。在讨论的基础上,再进一步追问——"这些原因按照重要性来排序,你会如何排序?"引导学生将这些原因按重要程度进行排序,引发进一步思考。其实,这个问题并没有唯一答案,质疑追问是为了锻炼他们的思辨逻辑能力,让他们的思考更趋全面、更富辩证。

2.比较推理,强化思辨

和契思辨倡导在课堂上积极运用比较、分析、概括、推理等思维工具,让思维可视化,强化和契思辨的深刻性。

在部编版教材二年级上册《曹冲称象》的教学中,一般教师会把课堂落脚点放在感受曹冲的聪明与智慧上,然而这个故事早就家喻户晓,对学生已经知道的知识进行教学,意义并不大。我们可以先引导学生自主交流称象的方法,再与曹冲的办法进行比较,明白曹冲的办法更好。接着,围绕"为什么曹冲的方法更好"这一问题,进行推理分析,引导学生走进曹冲思维的背后,探究"等量代换"的思维方式,明确其中的妙处。这样一来,学生一开始对曹冲只是很笼统的聪明的印象,而现在却非常清晰地明白他胜人一筹之处。强化思辨的深刻性,也便于引导学生建构起自己解决问题的思维模型。

3.想象补白,激活思辨

杜威认为学习就是要学会思维。思维是人的智力核心,而思辨是思维的关键,是具有生长力的语文核心素养。和润语文提出要高度重视学生思维的发展与提升、思辨的生成与深度,多给学生自主自由阅读与思考的时空,在积极主动的思维活动中发展思维能力,获取思维方法,提升思维品质,为其长远发展奠基。

部编版教材四年级上册《王戎不取道旁李》的教学中,抓住"唯戎不动"这一空白点,引导学生思辨"王戎真的没动吗?"。探究后发现,虽然王戎的身体没动,但是脑子在动、在推理。从而引导学生站在王戎的角度进行推理,明白王戎的思维过程:甜李—竞走取之—树必无李,苦李—无人取之—多子折枝,深化对王戎这一人物形象的理解。

和契思辨,激活学生的思维力,加强多元思维互动,丰富学生的思维体验,提高问题解决能力,对学生未来的发展具有深远影响。

批判性思维教学与研究学者董毓说:"独立思考的本质,不在于结论,而在于论证过程。"和契思辨不一定有确定的结论,注重思辨的过程,注重言之有理、言之有据。在新课程背景下,我们坚持和契思辨,坚持多元、理性的阅读方式,相信一定能培养出学生不唯上(不盲从权威)、不唯众(不盲从大众)、不唯己(不盲从自我偏见)的理性精神。

(三)案例论证

部编版教材三年级上册《总也倒不了的老屋》和契思辨教学环节。

环节一:梳理表格,发现规律。

①出示表格,讨论发现故事规律。

老屋说话	借宿者	借宿时间	借宿原因	老屋表现	老屋表现
"好了,我到了倒下的时候了!"	小猫	一个晚上	找不到安心睡觉的地方	低头看看,吃力地眯起眼睛	再站一个晚上
"再见!好了,我到了倒下的时候了!"	母鸡	二十几天	找不到安心孵蛋的地方	低头看看,墙壁吱吱呀呀地响	再站二十几天
"再见!好了,我到了倒下的时候了!"	蜘蛛	一会儿	我找不到一个安心织网捉虫的地方	低头看看,眼睛眯成一条缝	老屋老屋,我给你讲个故事吧

②交流:反复结构;老屋乐于助人;关键句重复……

环节二:创编故事,进阶预测。

①小组讨论:如果要在中间加一段故事,你会加什么内容?

老屋说话	借宿者	借宿时间	借宿原因	老屋表现	老屋表现
"好了,我到了倒下的时候了!"	小猫	一个晚上	找不到安心睡觉的地方	低头看看,吃力地眯起眼睛	再站一个晚上
"再见!好了,我到了倒下的时候了!"	母鸡	二十几天	找不到安心孵蛋的地方	低头看看,墙壁吱吱呀呀地响	再站二十几天
"再见!好了,我到了倒下的时候了!"	蜘蛛	一会儿	我找不到一个安心织网捉虫的地方	低头看看,眼睛眯成一条缝	老屋老屋,我给你讲个故事吧

②抓住故事复沓的结构特点,纵向横向观察表格要素,大胆预测。

环节三:讨论结局,多元预测。

①自主预测:老屋最后倒下了吗?三种结局,你倾向于哪一种,为什么?

②提供表达句式:我猜结局是……依据是……

③启发思辨:如果老屋真的倒下了,就一点儿价值都没有了吗?引入"一鲸落,万物生"的故事,引导学生发现生命消逝后,依然有价值产生。

好了,我到了倒下的时候了	小猫	一个晚上	我找不到一个安心睡觉的地方	低头看看,吃力地眯起眼睛	喵喵,谢谢
再见!好了,我到了倒下的时候了	老母鸡	二十几天	我找不到一个安心孵蛋的地方	低头看看,墙壁吱吱呀呀地响	叽叽,谢谢
再见!好了,我到了倒下的时候了	小蜘蛛	一会儿	我找不到一个安心织网抓虫的地方	低头看看,眼睛眯成一条缝	

老屋终于倒下了 → 谢谢 老屋就是倒不了

(四)案例评析

《总也倒不了的老屋》是部编版教材三年级上册预测单元的第一篇课文,是一篇童话,讲述了老屋与小猫、老母鸡和小蜘蛛之间的故事。

在以上教学片段中,共有两个和契课堂的思辨点。

第一,预测情节,开展趣味思辨。引导学生进行情节创编,但并不是天马行空地预测,而是建立在把握课文内容的基础上。我们把这个预测的情节放置在母鸡之后、蜘蛛之前,也就是引导学生要关注到时间长短、困难大小等细节,进行更契合、更精准的预测。

第二,预测结局,开展深度思辨。在预测老屋结局时,引导学生思辨:老屋最后倒下了吗?三种结局,你倾向于哪一种,为什么?引导学生多角度大胆预测,巩固预测策略。并且追问"如果老屋真的倒下了,就一点儿价值都没有了吗?",适机引入"一鲸落,万物生"的故事,引导学生发现生命消逝后,依然有价值产生。以此来强化思辨的深度性。

本案例聚焦《总也倒不了的老屋》,针对预测策略开展思辨,让预测不再是天马行空的猜测,而是丰富、多元且有深度的。

和润语文认为语文课堂是最好的思辨精神启蒙现场,而融入和契思辨的每一个教学现场都是学生对世界的一次伟大冒险。学生的生命状态是和契思辨课堂效果的唯一注解,即每一堂成功的和契思辨课都能看到充满生机的学生。和契思辨的语文课堂具有互动性和体验感,是带领学生质疑、反思、批判、重构、创新的过程,是师生共同奔赴真理的过程。

第二节 言意共生篇

关于"言"与"意"的探讨,自古以来便是中国哲学和文学领域的重要议题。庄子认为语言是一种工具和手段,"言者所以在意",即语言的目的在于传达意义。刘勰在《文心雕龙》中提出"心既托声于言,言亦寄形于字",强调言与意之间的紧密联系,认为文学作品中的语言不仅是表意的工具,还与情意融为一体。

和润语文主张"言意共生"的理念,认为其是语文学习的核心所在。强调言与意的和谐统一,语言的表达与意义的传达相辅相成,从而使学生能够深入理解文本,有效提升语言应用能力。"生言"和"生意"是"言意共生"的两个重要方面。

"生言"指的是学生对语言的生成和理解,即能够准确地使用语言来表达自己的思想。

"生意"则是指学生对语言背后所蕴含的深层含义的理解,即能够深入解读文本,把握作者的意图和情感。

在探寻"生言·生意"的有效策略中,和润语文提出了以下三点。

第一,立足言之根本——言尽意,构建语文的"科学世界"。在和润语文的课堂中,教师应以核心素养为引领,坚实立足于学生的语言表达,对教学内容与方法进行深度优化。着重强化思维训练与情感教育,通过多样化的途径全面提升学生的语言运用与思维能力,进而培育学生语文核心素养。同时,应当持续深化对核心素养视域下小学语文教学的探索,不断完善教学方法与评价体系,为学生的全面发展构筑坚实的基石,提供更优质的支持与保障。

第二,求索意之灵魂——言不尽意,追寻语文的"文学世界"。在和润语文的世界中,教师不仅教授语言知识,更致力于引导学生进入文学的殿堂,探寻言不尽意的深邃内涵。通过感受文字之美,激发文学兴趣;品读经典名著,拓宽文学视野;发掘生活素材,培养文学创造力;开展文学活动,提升文学素养;倡导阅读文化,传承文学精神;借助现代科技,拓展文学教育途径等等润物无声的方式,引领学生进入"文学世界",开启他们的心灵之旅。

第三,翘望人之生长——言意共生,生成崭新的"人的世界"。在和润语文的课堂中,教师与学生之间、学生与学生之间,形成了一种良性的互动关系。教师不仅是知识的传授者,更是学生的引导者和伙伴。学生不再是被动接受知识的容器,而是主动探索、积极思考的主体。翘望人之生长,是和润语文的核心理念。人的生长,意味着学生在知识、能力、情感、态度、价值观等方面的全面发展。这一理念要求教师在教学过程中,关注学生的个体差异,尊重学生的主体性,激发学生的潜能,促进学生的个性化发展。

综上所述,和润语文主张立足言之根本、求索意之灵魂、翘望人之生长,深入探寻"生言·生意"的有效策略,通过引导学生深入解读文本、加强语言运用、拓宽文化视野等途径,全面提升核心素养,为其未来的发展奠定坚实的基础。

章节导览图

言意共生篇
- 主张:强调言与意的和谐统一,语言的表达与意义的传达相辅相成,从而使学生能够深入理解文本,有效提升语言应用能力
- 关键:探寻"生言·生意"的有效策略

策略
- 立足言之根本——言尽意,构建语文的"科学世界"
  - 增强语言储备力
  - 提升语言理解力
  - 激活语言表达力
  - 《记金华的双龙洞》
- 求索意之灵魂——言不尽意,追寻语文的"文学世界"
  - 领悟文字之韵
  - 挖掘生活之源
  - 追溯文化之根
  - 《圆明园的毁灭》
- 翘望人之生长——言意共生,生成崭新的"人的世界"
  - 塑造情感世界
  - 激发创新思维
  - 赋能心灵成长
  - 《少年闰土》

一 立足言之根本——言尽意，构建语文的"科学世界"

(一)理论来源

《义务教育语文课程标准(2022年版)》提出："语文课程应引导学生热爱国家通用语言文字，在真实的语言运用情境中，通过积极的语言实践，积累语言经验，体会语言文字的特点和运用规律，培养语言文字运用能力。"

(二)理论阐释

"言之根本"即语言表达，是语文核心素养中的基础要素。在小学语文教学中，教师应该立足于学生的语言表达，通过多种途径提高学生的语言运用能力和思维能力，进而培养学生的语文核心素养。"言尽意"，是指通过语言表达出内心所思所想的能力。在语文学科中，言尽意表现为学生对语言文字的理解和运用能力，以及通过语言表达自己思维的能力。立足言之根本，构建语文的"科学世界"，需要深入理解言尽意的内涵和现状，采取有效的策略提高学生的言尽意能力。这不仅有助于培养学生的核心素养和综合能力，更有助于推动小学语文教育的创新和发展。

在和润语文教学中，教师需格外重视学生的语言表达训练，通过多元化的途径和策略，全面提高学生的语言运用能力和思维能力。只有坚守言之根本的原则，才能更有效地培养学生的语文核心素养，为他们未来的学习和成长奠定坚实而稳固的基础。

如何立足言之根本？主要从以下三个方面去努力。

1.增强语言储备力

增强语言储备力是提升学生语言表达能力的核心环节。通过广泛而深入的阅读，学生能够有效增强自身的语言储备力。阅读使学生接触到丰富的词汇、多样的句式以及不同语境下的语言表达技巧，这些能为学生构建一个庞大的语言宝库。和润语文主张教师应引导学生通过不断地阅读与积累，增强语言储备力，进而为他们在语言表达上展现更大的魅力奠定坚实的基础。

在部编版教材三年级下册的《赵州桥》一课中，学生通过阅读不仅积累了丰富的词汇和句式，如"雄伟""坚固"等形容词和"这种设计，在建桥史上是一个创举"等句式，还深入理解了如何通过具体细节和修辞手法来描绘事物的特点。

教师积极引导学生深入阅读课文,鼓励他们分享对语言表达方式和修辞手法的理解,并通过仿写练习和阅读分享会等形式,让学生在实践中提升语言表达能力。这样的教学过程不仅增强了学生的语言储备力,还培养了他们的审美情趣和文学素养,使他们在日常生活和写作中能够更加自信、准确地运用语言。

2.提升语言理解力

提升语言理解力是深化个人认知、拓展思维边界的重要一环。它不仅仅是对文字表面的解码,更是对信息背后深层含义的挖掘和领悟。提升语言理解力是语文教学中的核心目标,它关乎学生能否准确解读文本信息、领悟深层含义。为实现这一目标,和润语文认为教师需要引导学生广泛阅读,积累词汇,关注语境,学习逻辑思维,并通过听、说、读、写的综合训练,加强对语言信息的敏感度。同时,学生还需学习常用的表达方式,并注意观察非语言信息,以便更全面地理解言语背后的意图和情感。通过这样全方位的培养,学生的语言理解力将得到显著提升,为他们的语文学习和未来的交流表达奠定坚实基础。

以部编版教材五年级上册的课文《桂花雨》为例,教师在提升学生理解力方面可以采取多种教学方法。首先,通过情感导入和图片展示,激发学生对桂花的兴趣和情感共鸣,为理解课文奠定情感基础。其次,引导学生仔细阅读课文,关注作者对桂花雨和摇花乐的生动描写,积累相关词汇,并通过语境分析深入理解作者的情感表达。为了增强学生的情感体验,教师可以提出问题引导学生思考,并鼓励他们分享与课文相关的个人经历和感受,与作者产生情感共鸣。最后,通过拓展阅读相关文章,帮助学生拓宽视野,进一步理解故乡和童年的情感表达。这些教学方法的综合应用,能够有效提升学生的理解力,培养他们的阅读兴趣和批判性思维。

3.激活语言表达力

语言表达包括口语表达和书面表达。和润语文认为,口语表达是语言表达的重要组成部分。通过口语表达训练,学生可以锻炼自己的思维能力和表达能力,提高自己的语言运用能力。教师可以组织学生进行课堂讨论、演讲、角色扮演等活动,鼓励学生大胆表达自己的想法和观点,同时注意纠正学生的语言表达错误和不足之处。而写作是衡量学生语言表达能力的重要标尺。它不仅能帮助学生巩固和深化语言知识,还能显著提升他们的语言运用能力。为此,教师可以精心设计写作任务,如要求学生撰写日记、周记或读后感等,以激发学生的写作兴趣。在完成这些任务后,教师应及时给予学生细致的写作指导和反馈,帮助他们识别并改正语法错误、提升写作技巧,同时鼓励他们发挥创意,丰富语言表达。

以部编版教材六年级上册的课文《桥》为例,在课堂上,教师可以组织学生进行关于课文主题的讨论,如"舍己为人"的精神,鼓励学生分享个人看法和感受,并通过角色扮演活动深入体验和理解课文中的人物情感。此外,要求学生撰写读后感或进行故事续写,不仅能锻炼他们的书面表达能力,还能提升他们的创造力和批判性思维。完成写作任务后,教师应给予细致的指导和反馈,帮助学生提升写作技巧,识别并改正语言表达中的不足。通过这些教学活动,学生的语言运用能力和思维能力将得到显著提升,为他们未来的学习和生活奠定坚实基础。

总之,和润语文坚守"语言之基"是培育学生语文核心素养的关键所在。认为教师应将焦点放在学生的语言储备力、理解力和表达力上,通过多元化的教学手段和策略,帮助学生更深入地理解和运用语言,为其未来的学术追求和人生发展奠定坚实的基石。

(三)案例论证

部编版教材四年级下册《记金华的双龙洞》立足语言之基。

环节一:阅读积累,感受语言之美。

①教师引导学生初读课文,鼓励学生用笔标出文中令人印象深刻的句子或段落。

②学生轮流标出句子或段落,并分享感受,如其中的修辞手法、词语的巧妙运用等。

③鼓励学生课后进行相应的摘录,并在今后的阅读和写作中反复回味,汲取养分。

环节二:口语表达,模拟导游风采。

①学生分组扮演导游和游客,导游需根据课文内容,结合个人理解,向游客按顺序生动地介绍双龙洞的美丽与神秘。

②结合评价量表,进行实时的师评或生生互评,指出亮点和不足,并给出改进建议。

③结合评价量表评选出"最佳导游"。

环节三：写作实践，描绘心中之景。

①回顾本文，分析并提炼出作者运用的主要写作技巧。例如：生动的细节描写、合理的顺序安排、恰当的比喻和拟人修辞手法。

②回想令自己印象最深的一处景，思考这个景致的主要特点、氛围以及自己想要传达给读者的感受。

③模仿本文，进行初步构思，绘制写作思维导图。

④教师对写作思维导图给予指导反馈，学生及时进行修改和调整。

（四）案例评析

部编版教材四年级下册《记金华的双龙洞》所在单元的语文要素是"了解课文按一定顺序写景的方法"和"学习按游览的顺序写景"。本节课的教学任务旨在引导学生通过阅读课文，感受作者运用语言的巧妙与魅力，并通过角色扮演等活动培养学生的口语表达能力。同时，通过回顾和分析课文中的写作技巧，指导学生将这些技巧应用于自己的写作实践中，从而提升学生的写作水平，激发学生对祖国自然美景的热爱与欣赏之情。

和润语文以核心素养为导向，培养学生通过语言表达内心所思所想的能力，旨在立足语言之基，提升学生的语言感受、口语表达和写作能力。本课例巧妙地设计了三个层次分明的环节，以培养学生的语言感受、口语表达和写作能力。

首先，在环节一中，教师引导学生初读课文，鼓励他们标出文中令人印象深刻的句子或段落，并分享自己的感受。这样的设计不仅让学生深刻认识到语言的魅力，还锻炼了他们的文本解读和语言鉴赏能力。同时，通过课后的及时摘录，培养学生积累语言素材的习惯，为今后阅读和写作打下坚实基础。

其次，在环节二中，教师采用模拟导游和游客的角色扮演形式，让学生在实践中锻炼口语表达能力。这种新颖有趣的活动激发了学生的学习兴趣，提高了他们的语言运用水平。通过结合评价量表的实时评价，学生能够及时了解自己的表现，并针对不足之处进行改进，从而提升自我反思和修正能力。

最后，在环节三中，教师将阅读理解与写作实践相结合，引导学生回顾课文并提炼写作技巧。这不仅使学生学习到如何生动地描绘景致，还鼓励他们将所学技巧应用于自己的写作中。这种读写结合的教学方式有助于学生深入理解并灵活运用语言文字，显著提高他们的写作能力。

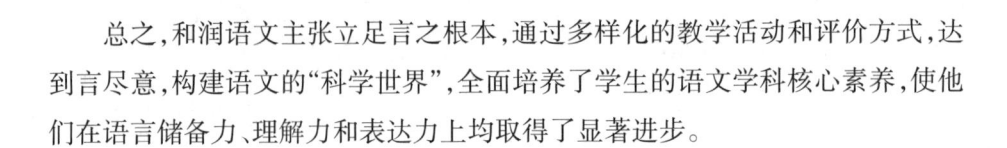

总之,和润语文主张立足言之根本,通过多样化的教学活动和评价方式,达到言尽意,构建语文的"科学世界",全面培养了学生的语文学科核心素养,使他们在语言储备力、理解力和表达力上均取得了显著进步。

二 求索意之灵魂——言不尽意,追寻语文的"文学世界"

(一)理论来源

《义务教育语文课程标准(2022年版)》提出语文课程应引导学生"感受语言文字的美,感悟作品的思想内涵和艺术价值,能结合自己的经验,理解、欣赏和初步评价语言文字作品,丰富自己的情感体验和精神世界"。

(二)理论阐释

"求索意之灵魂"意味着对文学作品内在意蕴的深入挖掘和寻求。文学不仅仅是文字的堆砌,更是作者灵魂的倾诉和思想的表达,需要读者用心去体会、去感悟。和润语文主张在"求索意之灵魂"的过程中,教师引导学生与作者进行心灵的对话,探寻作品背后的深层含义,理解作者的创作意图和情感世界。

"言不尽意"是对文学语言独特性的深刻认识。文学语言具有丰富性、多义性和模糊性等特点,在文学作品中,作者常常运用隐喻、象征、暗示等修辞手法,将深刻的意蕴隐藏在字里行间,让读者在品味和琢磨中感受到言外之意、弦外之音。因此,"言不尽意"也提醒我们在文学学习中要善于捕捉这些微妙的语言现象,理解并表达作品的深层含义。

"追寻语文的'文学世界'"是对语文教育目标的明确指向。语文教育的最终目的是培养学生语文核心素养,让他们能够在文学的世界中感受到生活的美好,思考人生的意义。和润语文认为教师不仅要引导学生阅读优秀的文学作品,更要引导他们深入理解作品的主题、人物、情节和语言风格,感受作品所传达的情感和思考。同时,还要鼓励学生自主创作文学作品,让他们在实践中体验文学创作的乐趣和挑战,不断提升自己的文学素养和创造力。

综上所述,求索意之灵魂——言不尽意,追寻语文的"文学世界"是一种对语文教育和文学学习深层次的追求与理解。它强调在文学的探索与学习中寻找、领悟并表达那些难以言说的深刻意义,培养学生的语文核心素养,让他们在文学的世界中感受到生活的美好、思考人生的意义。

如何求索意之灵魂？主要从三个方面去努力。

1.领悟文字之韵：深悟文学，品味其独特之美

领悟文字之韵，不仅是探寻文学深层魅力的起点，更是一种心灵的启迪和精神的滋养。在教学中，和润语文主张教师应当引领学生穿越文字的表面，去触摸那些隐藏在字里行间的情感和哲理，品味每一个字词所蕴含的独特之美。通过深入阅读，让学生感受到作者笔下的细腻与深邃；通过个性化的感悟，激发学生的思考与共鸣；借助多媒体教学的丰富形式，使文学场景和情感更加生动鲜活。更重要的是，我们要致力于培养学生的文学素养，让他们在欣赏文学作品的同时，提升对人性、社会和文化的深刻理解，从而陶冶性情，丰富内心世界，最终形成自己独特的审美情趣和人文关怀。这样的教学过程，不仅是对文学作品的解读，更是一次次灵魂的旅行，让学生在文学的海洋中自由遨游，收获智慧与启迪。

在部编版教材三年级上册的《秋天的雨》一课中，教师引导学生深入阅读课文，细品文中描绘秋天景象的细腻文字，感受文字背后的韵律和节奏。接着，通过分析品读重点语句和段落，帮助学生领悟文字如何展现秋天的多彩和生机，品味其独特之美。同时，鼓励学生分享个性化感悟，通过交流促进对课文更深入的理解和感悟。此外，教师还利用多媒体教学资源辅助教学，让学生直观地感受秋天的美，加深对文字之韵的领悟。最后，教师鼓励学生多阅读、多欣赏关于"雨"的其他文章，提升文学品位和鉴赏能力。这样的教学过程不仅使学生深刻领悟了文字之韵，更在无形中深化了对文学的理解和热爱。

2.挖掘生活之源：细掘点滴，描绘生活之韵律

和润语文强调教育过程中对生活细节的深刻洞察和情感体验的重要性。鼓励教师引导学生不仅仅关注书本知识，更要关注生活的每一个角落，从中寻找灵感，提炼情感，培养审美情趣和创造力。通过细心观察，培养学生对世界的敏感度和好奇心。而将这些感悟和体验转化为文字、艺术或其他形式的作品，则是对生活韵律的描绘，既锻炼了表达能力，也加深了对生活的理解和热爱。这种教育方式不仅有助于提升学生的文学素养和艺术修养，更能培养他们的情感、思维和人文素养，让他们成为更加全面、有深度的人。

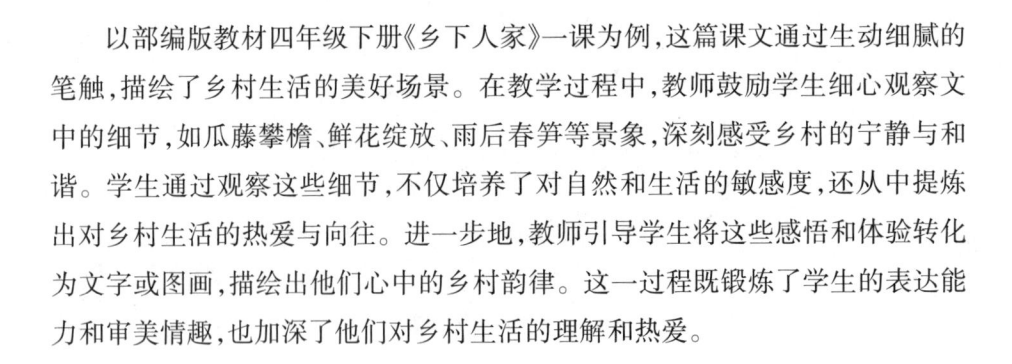

以部编版教材四年级下册《乡下人家》一课为例,这篇课文通过生动细腻的笔触,描绘了乡村生活的美好场景。在教学过程中,教师鼓励学生细心观察文中的细节,如瓜藤攀檐、鲜花绽放、雨后春笋等景象,深刻感受乡村的宁静与和谐。学生通过观察这些细节,不仅培养了对自然和生活的敏感度,还从中提炼出对乡村生活的热爱与向往。进一步地,教师引导学生将这些感悟和体验转化为文字或图画,描绘出他们心中的乡村韵律。这一过程既锻炼了学生的表达能力和审美情趣,也加深了他们对乡村生活的理解和热爱。

3.追溯文化之根:传承经典,铸就文化自信之基

和润课堂中,教师引导学生深入探索中华文化的深厚底蕴,通过学习和传承经典文学作品,不仅让学生领略其独特魅力,培养学生文化素养,同时在这一过程中建立并坚定学生的文化自信。通过多样化的文化活动和实践体验,让学生在实践中感受中华文化的魅力,进而增强文化自信。同时,鼓励学生发挥创新精神,将中华文化的元素与现代文学创作相结合,形成具有独特视角和风格的文学作品,实现文化自信与文学创新的有机融合,为学生的全面发展奠定坚实基础。

以部编版教材五年级下册《梅花魂》一课为例,教师引领学生踏上了一场深入探寻中华文化的奇妙之旅。课文中的梅花,作为中华文化中坚韧与高洁的象征,激起了学生对传统文化的浓厚兴趣。通过学习,学生不仅了解了梅花在中国文化中的重要地位,更深刻感受到了其背后的文化内涵,培养了深厚的文化情感。结合多样化的教学活动,如分享梅花诗词、讲述梅花故事以及参观梅花园等,学生直观地领略了中华文化的魅力,深化了对中华文化的理解和认同。同时,教师鼓励学生将传统文化元素融入现代文学创作,激发创新思维,提升文学素养。这次教学不仅让学生增长了知识,拓宽了视野,更在无形中增强了他们的文化自信,为他们未来的全面发展奠定了坚实的基础。

总之,和润语文认为,领悟文字之韵是深悟文学美的关键,同时需细掘生活之源,用文字描绘生活韵律。此外,追溯文化之根,传承经典并融入现代视角,可激发文学创新之魂。如此,方能引导学生领略文学魅力,感受生活美好,传承文化精髓。

(三)案例论证

部编版教材五年级上册《圆明园的毁灭》求索意之灵魂。

环节一:细品文墨,领略圆明园之风华。

①教师精心挑选了课文中描绘圆明园昔日壮丽景象的段落,引导学生逐字逐句品味。例如,"圆明园中,有金碧辉煌的殿堂,也有玲珑剔透的亭台楼阁;有象征着热闹街市的'买卖街',也有象征着田园风光的山乡村野。"这段描述不仅展现了圆明园的宏伟与精致,更透露出一种历史的厚重感。

②在赏析过程中,教师着重强调了文字的魅力、意象的构建以及情感的传达。通过"金碧辉煌"与"玲珑剔透"等词语的对比,学生深刻感受到了圆明园建筑的华丽与细腻。而"买卖街"与"山乡村野"的意象对比,则为学生勾勒出一幅幅生动的历史画卷,让人仿佛穿越时空,亲历了圆明园的繁华与宁静。

③学生在教师的引导下,积极参与赏析与交流,不仅深入理解了课文内容,更在品味文字的过程中,体会到了作者对圆明园深深的眷恋与惋惜。

环节二:体悟生活,探寻园林之意境。

①教师鼓励学生分享自己游览园林或公园的经历,与圆明园形成对比。这一设计不仅拉近了学生与历史的距离,更让他们在比较中深化了对圆明园独特魅力的理解。

②学生通过提炼园林元素和布局特点,如假山、流水、亭台、花木等,进一步思考了这些元素在构成园林美景中的作用。这一过程不仅锻炼了学生的观察力和分析能力,更让他们学会了在生活中发现和欣赏美。

③教师巧妙地将学生观察到的园林元素与课文中的描写相结合,引导学生思考如何在日常生活中融入园林之美,从而提升自己的生活品质。这一环节的设计充分体现了和润语文的教学理念,即立足生活,感悟文学之美。

环节三:追溯历史,激荡爱国之情怀。

①教师以深入浅出的方式向学生讲述了中国园林文化的悠久历史和辉煌成就。这不仅让学生领略到了园林艺术所蕴含的深厚文化底蕴,更激发了他们对传统文化的热爱和尊重。

②学生通过自主查阅资料或观看教育视频,深入了解了传统园林文化的经典之作及其背后的历史故事和文化背景。这一过程不仅丰富了学生的知识储备,更让他们在探寻中感受到了园林艺术的博大精深。

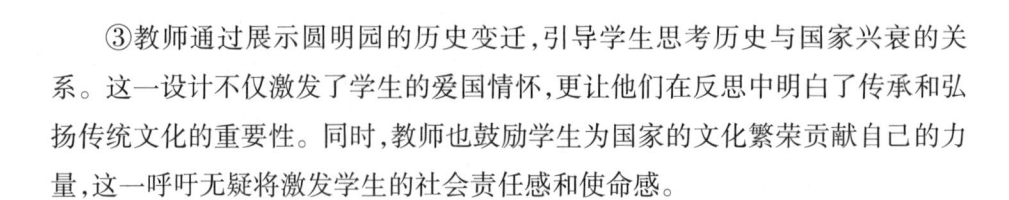

③教师通过展示圆明园的历史变迁,引导学生思考历史与国家兴衰的关系。这一设计不仅激发了学生的爱国情怀,更让他们在反思中明白了传承和弘扬传统文化的重要性。同时,教师也鼓励学生为国家的文化繁荣贡献自己的力量,这一呼吁无疑将激发学生的社会责任感和使命感。

(四)案例评析

部编版教材五年级上册《圆明园的毁灭》所在单元的语文要素是"结合资料,体会课文表达的思想感情"和"学习列提纲,分段叙述"。《圆明园的毁灭》作为小学语文教材中的经典篇目,不仅承载着深厚的历史文化内涵,更是培养学生审美情趣和爱国情感的重要载体。在此背景下,教师运用和润语文的教学理念,通过多维度的教学策略,引导学生深入理解和感受课文内容。

首先,立足文本,探寻深层意蕴。教师不是停留在表面的文字赏析上,而是引导学生深入文本,探寻文字背后的深层意蕴。通过对"金碧辉煌""玲珑剔透"等词语的深入解读,学生不仅能感受到圆明园建筑的壮丽与精巧,更能体会到作者对于这一历史遗迹的深深眷恋与惋惜。教师还引导学生关注课文中的情感线索,通过对比"昔日辉煌"与"今日残垣",强烈的反差让学生深刻体会到历史的沧桑与变迁,以及个人情感与国家命运的紧密联系。

其次,联系生活,拓展认知边界。教师鼓励学生将课文内容与现实生活相联系,通过分享自己游览园林的经历,让学生在对比中发现圆明园的独特之处,从而拓宽他们的认知边界。通过引导学生观察生活中的园林元素,如假山、流水、亭台等,教师让学生意识到园林艺术在生活中的广泛存在和重要作用,进而培养他们的审美情趣和生活品位。

最后,追溯历史,传承文化精髓。教师不仅关注课文本身的内容,更将教学视野拓展到更广阔的历史文化背景中。通过讲述圆明园的历史沿革和文化价值,教师让学生深刻认识到这一历史遗迹在中国文化史上的重要地位。教师还引导学生思考如何在现代社会中传承和弘扬园林文化,鼓励他们通过实际行动为传统文化的传承贡献力量。这种教学方式不仅培养了学生的爱国情怀和文化自信,更激发了他们的社会责任感和使命感。

总而言之,和润语文的教学理念强调,要深入领略文学之美,关键在于洞察文字的韵味与深意。同时,我们也应细心探寻生活的灵感之源,借助文字的力量来描绘生活的节奏与旋律。此外,回溯文化的根基,传承历史经典,并结合现代视角进行解读,有助于点燃文学创新的火花。通过这样的方式,我们能够更好地引领学生感受文学的无穷魅力,发现生活的绚烂多彩,并承担起传承文化精粹的重任。

三 翘望人之生长——言意共生,生成崭新的"人的世界"

(一)理论来源

《义务教育语文课程标准(2022年版)》提出:"语文课程致力于全体学生核心素养的形成与发展,为学生形成正确的世界观、人生观、价值观,形成良好个性和健全人格打下基础。"

(二)理论阐释

翘望人之生长,是和润语文的核心理念。人的生长,意味着学生在知识、能力、情感、态度、价值观等方面的全面发展。这一理念要求教师在教学过程中,关注学生的个体差异,尊重学生的主体性,激发学生的潜能,促进学生的个性化发展。

言意共生,是和润语文的教学方式。言,指的是语言文字的表达;意,指的是思想、情感、文化的内涵。言意共生,就是要在语文教学中实现语言与意义的和谐统一。通过言的传递,学生能够理解文本的意义;通过意的感悟,学生能够品味语言的魅力。言意共生,不仅是一种教学方式,更是一种教育智慧。

生成崭新的"人的世界",是和润语文的教育目标。在和润语文的课堂中,学生不仅能够获得知识,更重要的是能够形成对世界的认知和对生活的理解。学生通过阅读经典文本、品味优美语言、感悟丰富情感、体验多彩文化,逐渐形成自己的世界观、人生观和价值观。在这个过程中,学生不仅能够提升自己的语言素养和文化素养,更能够成为一个具有人文情怀和社会责任感的人。

在和润语文的旅程中,我们要始终坚守"翘望人之生长"这一核心理念,致力于学生在知识、能力、情感、态度和价值观等方面的全面发展。我们尊重每个学生的个体差异,强调学生的主体性,通过激发学生的潜能,引导他们走向个性化成长的道路。

如何翘望人之生长?主要从以下三个方面去努力。

1. 塑造情感世界：镌刻内心的丰盈与真挚，让情感之河流淌不息

和润语文致力于塑造学生的情感世界，通过营造一个安全、温暖、支持性的学习环境，让学生愿意镌刻并表达内心的丰盈与真挚。教师关注学生在课堂上的情感体验，及时捕捉并反馈他们的情感反应，引导他们通过写作、绘画、音乐等多种形式来表达自己的情感和思考。同时，鼓励学生对自己的情感进行反思和审视，帮助他们更好地理解自己的情感需求和情感状态。此外，和润语文还注重将情感教育融入学生的日常生活实践中，让他们在社会实践、志愿服务等活动中体验情感的力量和价值，从而让情感之河流淌不息，滋养学生的心灵成长。

部编版教材四年级上册《走月亮》一课，细腻地描绘了作者与母亲在月光下漫步的温馨画面，让学生深刻体验到亲情的温暖与真挚。在教学过程中，教师可以引导学生深入阅读课文，让他们感受到作者笔下流淌的情感之河，仿佛自己也置身于那月光之下，与作者一同感受那份宁静与美好。还可以鼓励学生分享自己与家人在夜晚散步时的经历和感受，引导他们用真挚的语言描述那些与家人共度的美好时光。通过这样的情感教育，滋养学生的心灵成长，让他们在未来的生活中更加充满爱与温暖。

2. 激发创新思维：孕育未来的智慧与创意，让思想之帆破浪前行

和润语文强调在教育过程中，不仅要注重知识的传授，更要关注学生的创新思维和创造力的培养。通过激发学生的好奇心和探索欲望，帮助他们孕育出独特的智慧和创意，这些智慧和创意将成为推动未来社会进步的重要力量。为了实现这一目标，在教学中，教师应该积极创设富有挑战性的问题情境，引导学生主动思考和解决问题。同时，鼓励学生大胆质疑传统观念，培养他们的批判性思维和独立思考能力。此外，教师还应提供丰富多样的教学资源，让学生在自主学习和探究中拓宽视野，增强信息素养。最后，通过组织各类创新实践活动，让学生在亲身体验中感受创新的乐趣，增强他们的实践能力和团队协作精神。如此，为学生的全面发展奠定坚实基础，以培养出具备创新思维和创造力的人才。

以部编版教材五年级下册课文《草船借箭》为例，这篇课文通过讲述诸葛亮巧妙借箭的故事，展现了智谋和创造性的力量。在教学中，教师可以引导学生深入理解诸葛亮的战略思维和巧妙计划，并鼓励他们思考如何在现代生活中运用类似的创新思维来解决问题。通过设计开放性的讨论问题,如"如果你是诸葛亮,会如何设计借箭计划?"或"现代社会中,有哪些情境可借鉴'草船借箭'的智慧?",引导学生跳出传统思维模式,发挥想象力和创造力来构思新的解决方案。此外,教师还可以组织角色扮演、情景模拟等创新实践活动,让学生在亲身体验中感受创新的乐趣与挑战。通过这些教学方式,学生不仅领略了古代智者的智慧,更在实践中培养了创新思维和创造力,为未来的学习和生活奠定了坚实的基础。

3.赋能心灵生长:启迪内在的潜能与力量,让心灵之树茁壮成长

和润课堂中始终坚持在教育过程中深入挖掘并激活学生内心深处的潜能与力量,进而促使他们心灵如同大树般,根深叶茂、茁壮成长。这不仅是对学生内在世界的深度唤醒,更是对其全面发展的深刻投入。在教学中,教师应秉持全人教育理念,以智慧为犁,耕耘学生心灵的沃土。通过启发式的教学方法和创新性的实践活动,我们引导学生探索自我、挑战自我,从而发现自身独特的潜能与力量。同时,尽可能提供多元化的学习资源,让学生在广泛涉猎中丰富内心世界,拓宽视野。此外,应注重培养学生的批判性思维,鼓励他们勇于质疑、善于创新,让心灵之树从思辨的土壤中汲取养分,茁壮成长。通过这样的教学实践,真正实现对学生心灵的赋能,让他们在教育的滋养下,内在潜能得以充分释放,心灵之树得以繁盛生长。

以部编版教材六年级下册的课文《匆匆》为例,教师通过朗读、品味、讨论等多元化的教学方法,让学生不仅理解了作者对时间流逝的深刻感悟,更在情感共鸣中激发了珍惜时间的意识。启发式的教学提问和小组讨论让学生深入挖掘自己内心深处的潜能,发现自身独特的思考方式和情感体验。同时,通过辩论活动培养学生的批判性思维,鼓励他们勇于质疑、善于创新。这样的教学实践不仅丰富了学生的内心世界,拓宽了他们的视野,更让他们的心灵之树在教育的滋养下茁壮成长,内在潜能得以充分释放。

总之,和润语文始终秉持"翘望人之生长"的核心理念,专注于学生在情感深化、思维塑造和心灵成长等方面的全面开花。我们珍视每位学生的独特个性,以学生的主体性为核心,激发他们的内在潜能,引导他们踏上个性化成长的独特道路。

(三)案例论证

部编版教材六年级上册《少年闰土》翘望人之生长。

环节一:情感共鸣,体验真挚友情。

①教师首先引导学生阅读《少年闰土》中描述"我"与闰土之间友情的段落,如两人一起捕鸟、看瓜刺猹等情景。这些文字不仅充满了童趣,更展现了深厚的友情。

②在阅读过程中,教师强调情感的共鸣与体验,引导学生设身处地地感受"我"与闰土之间的友情,体会那份纯真与美好。

③学生通过朗读、角色扮演等方式,深入体验人物情感,与课文中的人物产生共鸣,从而增强对友情的珍视与理解。

环节二:激发创新,解读多元视角。

①教师引导学生从多元视角解读课文,如分析"我"与闰土之间友情的形成原因、文化背景等。这一设计旨在激发学生的创新思维,培养他们的批判性思考能力。

②学生分组讨论,提出自己的观点和看法。他们可以从社会、文化、心理等多个角度解读课文,展现创新思维的火花。

③教师对学生的观点进行点评和引导,鼓励他们勇于表达自己的看法,同时也引导他们尊重他人的观点,形成多元包容的思维方式。

环节三:滋润心灵,感悟成长之路。

①教师引导学生思考《少年闰土》中人物成长的启示,例如如何面对生活中的困难,如何保持纯真与善良等。这一设计旨在滋润学生的心灵,帮助他们形成积极向上的人生观和价值观。

②学生通过写作、绘画等方式,表达自己的感悟和体会。学生可以从课文中寻找灵感,也可以结合自己的生活经历进行创作,展现自己的成长之路。

③教师对学生的作品进行点评和鼓励,肯定他们的努力和进步,同时也引导他们深入思考人生的意义和价值,为未来的成长奠定坚实的基础。

(四)案例评析

部编版教材六年级上册《少年闰土》所在单元的语文要素是"借助相关资料,理解课文主要内容"和"通过事情写一个人,表达出自己的情感"。《少年闰土》这一课例不仅是对经典文本的深入挖掘,更是和润语文"翘望人之生长"理念的生动实践。在当今这个充满变革与机遇的时代,本课例通过深度教学,让学生在情感体验、创新思维和心灵成长方面均有所斩获,体现了教育的时代价值。

首先,在情感体验方面,运用"沉浸式阅读"的方式,让学生深度体验"我"与闰土之间的纯真友情。通过朗读、角色扮演等多元化教学手段,学生仿佛置身于课文所描绘的情境中,与人物情感产生共鸣,从而深化了对友情的理解和珍视。这种情感体验的深化,不仅有助于培养学生的共情能力,更能在他们心中播下善良的种子,引导他们形成积极向上的人生观。

其次,在创新思维方面,鼓励学生从"跨界思维"的角度出发,对课文进行多元解读。学生不再局限于传统的文本分析框架,而是从社会、文化、心理等多个角度进行深度剖析,展现了他们独特的思考能力和创新精神。这种跨界思维的训练,不仅有助于培养学生的批判性思考能力,更能拓宽他们的视野,为未来的学习和生活打下坚实的基础。

最后,在心灵成长方面,引导学生通过"自我反思"的方式,深入探究人物成长的启示。学生结合自己的生活经历,对课文中的主题和意义进行深度思考,通过写作、绘画等方式表达自己的感悟和体会。这种自我反思的过程,不仅有助于学生对人生意义和价值进行深度探索,更能促进他们心灵的成长和成熟。教师的点评和鼓励,更是为学生的成长之路注入了强大的动力,激励他们不断前行。

综上所述,《少年闰土》这一课例在和润语文"翘望人之生长"理念的指导下,通过深度教学的方式,让学生在情感体验、创新思维和心灵成长方面均取得了显著的进步。这不仅体现了教育的时代价值,更展现了和润语文在促进学生全面发展方面的卓越成果。

总之,和润语文坚守"翘望人之生长"的核心理念,坚信教育的力量在于全面塑造学生的内心世界和未来发展。珍视并尊重每一位学生的独特个性,将其视为教育的核心,通过精心设计的教学活动,引导学生深入体验文本中的情感世界,让他们在朗读、角色扮演中深化对友情、成长等主题的感悟。同时,鼓励学生以跨界思维为工具,从多元视角出发,对文本进行深度剖析,培养他们的批判性思考能力和创新精神。更为重要的是,和润语文关注学生的心灵成长,引导他们通过自我反思,探索文本背后的深层意义,并结合自己的生活经历进行创作表达。在和润语文的精心培育下,学生将能够激发内在的潜能,勇敢地追求自我,踏上个性化成长的独特道路,为未来的生活和学习奠定坚实的基础。

第三节 和合共生篇

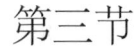

"和合共生"这一理念源远流长,可追溯至中国古代的哲学思想。在儒家文化中,"和"字代表着和谐、和睦,"合"则意味着融合、统一。两者相结合,"和合共生"即体现了不同事物之间和谐统一、相互促进、共同发展的理想状态。

和润语文主张"和合共生"的理念,认为"和合共生"在教育中被赋予了更加丰富的内涵,它倡导打破传统学科壁垒,通过多维度的课程整合,实现知识的相互渗透与融通,进而提高学生的综合素质,培养他们的创新精神和合作意识。同时,和润语文"和合共生——多维·融通"课堂也强调教育过程中师生之间的良性互动,以共同构建富有活力与创造力的学习环境,打造富有活力与创造力的语文课堂。这也是课程整合的目标和愿景,具有深远的意义。

"多维",既指知识层面的多元化和立体化,更强调学习内容的广度和深度。它倡导教师跨越传统学科划分清晰的界限,鼓励学生在知识间穿梭,寻找知识的共通点和交叉点,形成一个融合的学习网络。这种整合方式不仅丰富了学生的学习体验,也促使他们形成多维度的思考方式,从而在面对现实世界中的复杂问题时,能够灵活运用多维的知识和技能,提出创新性的解决方案。

"融通",则进一步强调了知识之间的相互渗透和深度融合。它不仅仅是简单的知识叠加,更是通过课程整合学习,让学生深入理解知识之间的内在联系和逻辑关联,从而构建起一个完整、系统的知识体系。还鼓励学生将所学知识应用于实际情境中,通过实践加深理解,形成自己的见解和观点,从而培养出具有创新精神的优秀人才。

为探寻"多维·融通"的有效策略,和润语文提出了以下三点策略。

第一,教材融合——语文大单元教学,围绕任务群统整教材。和润语文"多维·融通"的课堂,打破了传统单篇课文的教学模式,注重跨学科、跨领域的综合能力培养。在大单元教学中,教师围绕任务群进行教材统整,通过小组合作、探究式学习等多元化教学策略,激发学生的学习兴趣和积极性。这种教材融合的教学方式不仅丰富了教学内容,拓展了学生的知识面,还有效提升了学生的语文应用能力和综合素质,为学生未来的全面发展奠定了坚实基础。

第二,学科融合——语文项目化学习,全面打通学科壁垒。和润语文"多维·融通"的课堂,注重跨学科知识的整合与应用。教师设计跨学科的项目任务,引导学生参与其中,将语文知识与其他学科知识相结合,开展综合性的学习实践活动。在项目推进过程中,学生共同研究、讨论,运用多学科知识解决项目中的实际问题。这种学习方式不仅帮助学生巩固了语文知识,还培养了他们的跨学科思维能力和综合实践能力,为未来社会所需的复合型人才培养奠定了坚实基础。

第三,校内外协同——语文学习共同体,促进个体生命完全发展。和润语文"多维·融通"的课堂,还强调通过校内外资源的整合与互动,构建语文学习共同体,促进学生的全面发展。校内协同其他学科,利用图书馆、多媒体教室等资源,丰富学生的学习体验。校外协同方面,通过家校合作、社会实践以及网络学习平台,拓展学习共同体的边界。学校与家长紧密合作,让家长成为学生学习共同体的支持者。

综上所述,"和合共生"的理念,不仅体现了对古代哲学思想的传承与发展,更为小学语文课堂教学提供了创新的方向。和润语文主张"多维·融通"的课程整合策略,通过教材融合、学科融合以及校内外协同的有效路径,打破学科壁垒,丰富学习体验,提升核心素养,也为小学语文教育的改革与发展注入了新的活力。

章节导览图

和合共生篇

主张:打破传统学科壁垒,通过多维度的课程整合,实现知识的相互渗透与融通,进而提高学生的综合素质,培养他们的创新精神和合作意识。同时强调师生良性互动,构建富有活力与创造力的学习环境,打造语文新课堂

关键:构建"多维·融通"的整合课堂

策略:

教材融合——语文大单元教学,围绕任务群统整教材
- 聚合统整,提炼大单元主题
- 支架驱动,架设任务群体系
- 评价贯通,落实素养化目标
→ "我是神话讲传人"

学科融合——语文项目化学习,全面打通学科壁垒
- 挖掘教材内容,探寻学科"融点"
- 立足语文本位,把握学科"融度"
- 拆解活动任务,探究学科"融法"
- 组织多元评价,检测学科"融效"
→ 《火烧云》

校内外协同——语文学习共同体,促进个体生命完全发展
- 校内环境优化与资源整合
- 校外资源拓展与实践机会增加
- 学生综合素质培养
→ "自然之美的发现与守护"

一 教材融合——语文大单元教学,围绕任务群统整教材

(一)理论来源

《义务教育语文课程标准(2022版)》提出:"教师要明确学习任务群的定位和功能,准确理解每个学习任务群的学习内容和教学提示。在此基础上,综合考虑教材内容和学生情况,设计不同类型的学习任务,依托学习任务整合学习情境、学习内容、学习方法和学习资源,安排连贯的语文实践活动。"

(二)理论阐释

《义务教育语文课程标准(2022年版)》将学习任务群作为语文课程内容组织与呈现的方式。教材融合与大单元统整教学也成为当今小学语文教学中一种重要的教学模式。这一模式强调通过围绕任务群统整教材,打破传统的单篇课文教学的模式,实现跨学科、跨领域的综合能力培养。这与和润语文"教材融合——语文大单元教学,围绕任务群统整教材"的路径不谋而合。

崔允漷教授认为:"一个单元就是一个学习事件,一个完整的学习故事,因此,一个单元就是一个微课程。"在和润语文教学中,教师围绕一个核心任务或主题,将零散的知识点整合成一个有机的整体,形成系统的知识和技能体系,确定具有内在逻辑关联的语文实践活动,通过单篇、多篇或专题等多种样式落实语文学习任务群的要求,提高学生的语文应用能力和综合素质。

如何围绕任务群统整教材,设计语文大单元教学?主要从以下三个方面去努力。

1.聚合统整,提炼大单元主题

大单元教学的核心在于将零散的知识点整合成一个有机的整体,形成系统的知识和技能体系。为实现这一目标,教师需要深入挖掘教材内容,提炼出具有内在逻辑关联的大单元主题。主题的选择应贴近学生生活实际,能够激发学生的学习兴趣和探究欲望。同时,主题应具有一定的深度和广度,能够涵盖多个学科领域的知识点和技能点。

在确定大单元主题后,教师需要对教材内容进行精选和整合。精选的教材内容应具有代表性、典型性和实用性等特点,能够充分体现大单元主题的核心思想和价值。整合的方式可以是将相关课文、阅读材料、实践活动等进行有机

融合,形成一个相对完整的教学体系。在整合过程中,教师需要注重教材之间的联系和逻辑关系,确保教学内容的连贯性和系统性。

2.支架驱动,架设任务群体系

任务群是大单元教学的重要组成部分,它通过一系列相互关联、层层递进的学习任务引导学生自主探究、合作交流。为实现有效的任务群设计,教师需要依托大单元主题构建任务群体系。任务群的设计应遵循以下原则。

目标明确:任务群的目标应与大单元教学目标相一致,确保教学的针对性和有效性。每个任务都应具有明确的学习目标和要求,能够引导学生逐步深入理解和掌握相关知识点和技能点。

层次递进:任务群中的任务应按照学生的认知规律和实际需求进行设计,形成一个有梯度、有层次的任务链。任务的设计应具有挑战性和启发性,能够激发学生的学习兴趣和探究欲望,促进他们的思维发展和能力提升。

开放多元:任务群应鼓励学生发挥主观能动性,激发他们的创新意识和实践能力。任务的设计应具有开放性和多元性,允许学生从不同角度、不同层面进行探究和思考,培养他们的发散思维和批判性思维。

在任务群实施过程中,教师需要提供必要的支架支持。这些支架可以是问题引导、资源推荐、方法指导等形式,旨在帮助学生更好地完成任务并达到预期的学习目标。同时,教师还需要密切关注学生的学习过程和反馈情况,及时调整教学策略和方法以确保教学的顺利进行。

3.评价贯通,落实素养化目标

评价是教学过程中的重要内容,必须贯穿始终。它不仅能够检测学生的学习效果,还能够为教学提供反馈和指导,确保素养化目标的落实。具体来说教师应采取以下措施。

第一,多元化评价方式。教师应采用多元化的评价方式,包括课堂表现、作业完成情况、实践活动参与情况等,从多个方面综合评价学生的学习效果,更全面地反映学生的综合素质和能力水平。

第二,素养化评价标准。评价标准应紧扣核心素养的要求,关注学生的知识理解、思维发展、实践能力以及情感态度等方面的表现,更准确地把握学生的学习状况和发展方向,并为他们提供有针对性的指导。

总之,和润语文秉承"和合共生"理念,通过聚合统整提炼大单元主题、支架驱动架设任务群体系以及评价贯通落实素养化目标等方式努力实施"教材融合——语文大单元教学,围绕任务群统整教材"的路径,提高学生的综合运用能力和核心素养,为学生的成长和未来奠定坚实的基石。

(三)案例论证

部编版教材四年级上册第四单元整体教学设计"我是神话讲传人"。

【单元主题】

人文主题 神话故事
- 任务情节:我是神话讲传人
- 语文要素:了解故事的起因、经过、结果,学习把握文章的主要内容。感受神话中神奇的想象和鲜明的人物形象。展开想象,写一个故事。

【单元内容解析】

人文主题概览。

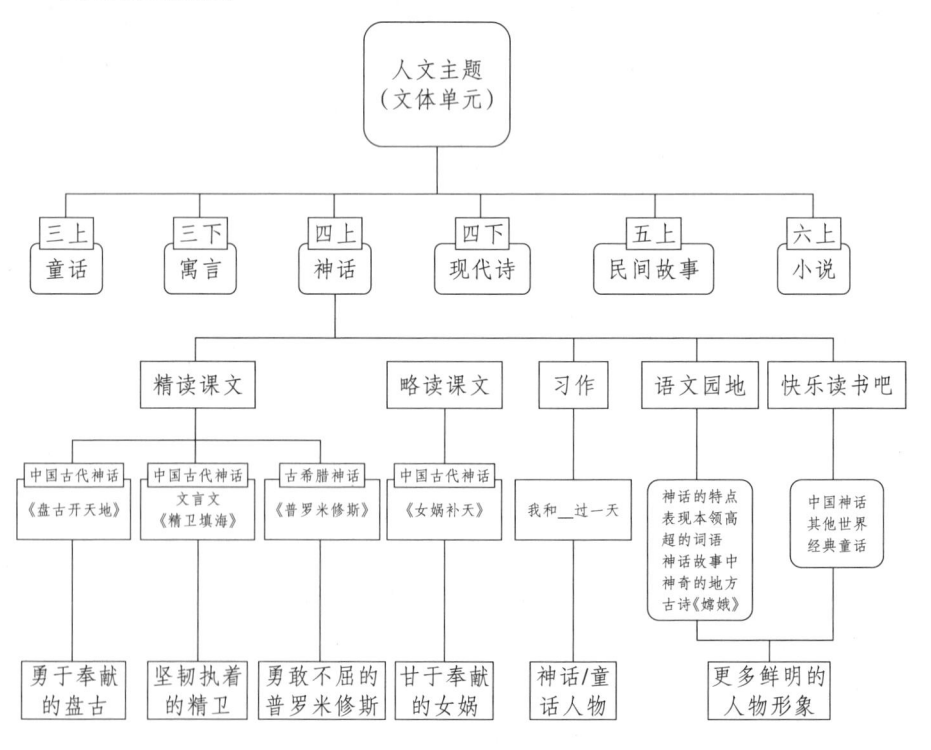

人文主题(文体单元)
- 三上 童话
- 三下 寓言
- 四上 神话
  - 精读课文
    - 中国古代神话《盘古开天地》—— 勇于奉献的盘古
    - 中国古代神话 文言文《精卫填海》—— 坚韧执着的精卫
  - 略读课文
    - 古希腊神话《普罗米修斯》—— 勇敢不屈的普罗米修斯
    - 中国古代神话《女娲补天》—— 甘于奉献的女娲
  - 习作:我和___过一天 —— 神话/童话人物
  - 语文园地:神话的特点 表现本领高超的词语 神话故事中神奇的地方 古诗《嫦娥》
  - 快乐读书吧:中国神话 其他世界经典童话 —— 更多鲜明的人物形象
- 四下 现代诗
- 五上 民间故事
- 六上 小说

214

第五章 和润语文案例式解读

语文要素概览。

①教材关联语文要素分布。

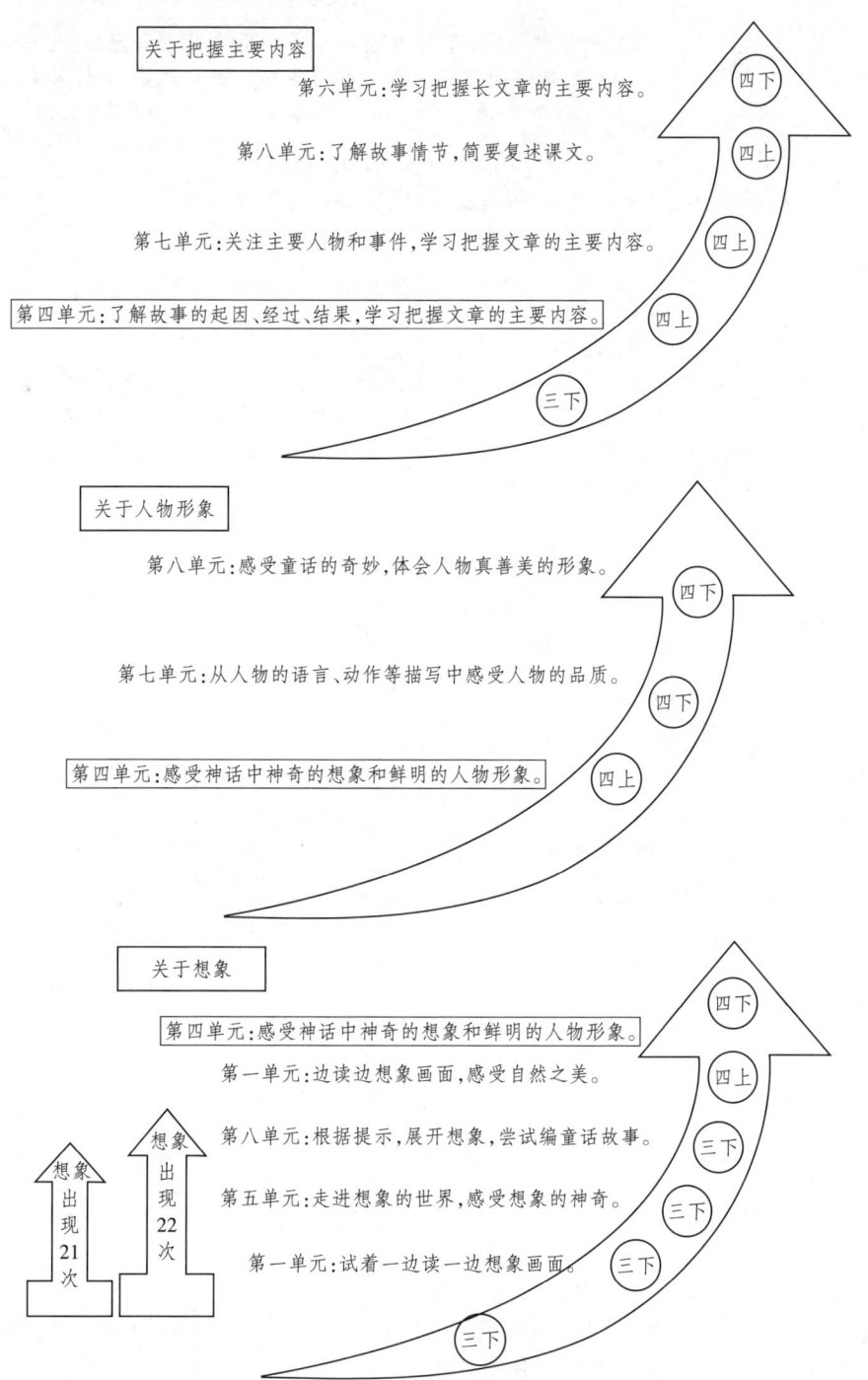

关于把握主要内容

第六单元：学习把握长文章的主要内容。 四下

第八单元：了解故事情节，简要复述课文。 四上

第七单元：关注主要人物和事件，学习把握文章的主要内容。 四上

第四单元：了解故事的起因、经过、结果，学习把握文章的主要内容。 四上

三下

关于人物形象

第八单元：感受童话的奇妙，体会人物真善美的形象。 四下

第七单元：从人物的语言、动作等描写中感受人物的品质。 四下

第四单元：感受神话中神奇的想象和鲜明的人物形象。 四上

关于想象

第四单元：感受神话中神奇的想象和鲜明的人物形象。 四下

第一单元：边读边想象画面，感受自然之美。 四上

第八单元：根据提示，展开想象，尝试编童话故事。 三下

第五单元：走进想象的世界，感受想象的神奇。 三下

第一单元：试着一边读一边想象画面。 三下

三下

想象出现21次

想象出现22次

215

②本单元语文要素训练单分布。

学习内容		语文要素		
		了解故事的起因、经过、结果,学习把握文章的主要内容	感受神话中神奇的想象和鲜明的人物形象	展开想象,写一个故事(写作要素对应的能力)
课文	盘古开天地	从课文中找出你认为神奇的地方,说说盘古开天地的过程	边读边想象画面,说说你心目中的盘古是什么样的	句式的重复 夸张的时间轴 超现实的环境 语言、心理表现 留有想象补白的空间 夸张的超能力行为、变化
	精卫填海	结合注释,用自己的话讲讲精卫填海的故事	精卫给你留下了怎样的印象?和同学交流	
	普罗米修斯	按照起因、经过、结果的顺序,讲一讲普罗米修斯"盗"火的故事	故事中哪个情节触动了你?和同学交流	
	女娲补天	默读课文,说说故事的起因、经过和结果	发挥自己的想象,试着把女娲从各地拣来五种颜色石头的过程说清楚、说生动	
习作	我和( )过一天			综合运用以上方法
语文园地	交流平台		回顾梳理神话的特点	
	识字加油站		想象神话角色及情境	
	词句段运用		表现神话人物本领高超的词语	
			交流神话中神奇的地方	
	日积月累		诗歌中的神话故事《嫦娥》	
快乐读书吧		阅读《中国神话故事》和《世界经典神话》,了解神话人物,积累素材		综合感受以上特点

【学情分析】

单元前测1:把握文章主要内容的能力 呈现:内容啰唆、人物关系梳理不清楚。 难点:如何把握文章主要内容。	**请自读《盘古开天地》,并写出主要内容。** 很久很久以前,天地还未分开,盘古沉睡在混沌的宇宙中;盘古醒来后,拿起斧头将天地劈开,盘古担心天地还会合在一起,就头顶天,脚蹬着地,支撑着天地之间;多年后,盘古累倒了,他的身体化为山川草木、日月星云,滋养着天地万物。 **请自读《普罗米修斯》,并写出主要内容。** 很久很久以前,地面上没有火,就在这时,一个叫普罗米修斯的神看到了人类没有火的悲惨情景,到天上去盗取火种,知道普罗米修斯从天上取出火种的宙斯很生气,要给他最严厉的惩罚,让火神执行,火神把普罗米修斯押到了高山上,用铁环死死地链着他的双手双脚,让他动弹不得,还派一只鹫鹰啄他的肝脏,有一天,大力士赫拉克勒斯救了普罗米修斯,他重新获得了自由。
单元前测2:感悟人物形象的能力 呈现:宽泛、空洞。 难点:如何把握文章主要内容。 需求:搭建想象的支架,充分想象感悟。	**请自读《精卫填海》,说说你心中的精卫是什么样的?** 她是一个善良的人。 **请自读《普罗米修斯》,说说你心中的普罗米修斯是什么样的?** 他是一个伟大、善良的人。
单元前测3:讲故事的能力 呈现:理论上知道如何讲好故事。 实际:内容啰唆、口头语多、拘谨、小动作多。 需求:讲故事的方法和机会。	**你觉得讲故事应该注意哪点?** 1.语句通顺,吐字清晰。 2.内容讲清楚,减少口头语。 3.加上适当的动作、表情,注意停顿。 **你觉得讲故事还应该注意哪点?** 1.讲故事时要声音洪亮。 2.要注意句组停顿。 3.要有感情,语速要慢一点。

【单元学习目标】

学习任务群	实践活动	任务群目标
基础型学习任务群(语言文字积累与梳理)	识字与写字	通过归类、集中识字等方式认识46个生字,读准2个多音字,分类指导写好33个生字,会正确书写29个词语。积累8个与"花"有关的词语
	阅读与鉴赏	能正确、流利地读课文。借助注释理解小古文。背诵《精卫填海》《嫦娥》,积累表现高超本领的四字词语,能联想到相关的人物或故事

217

续表

学习任务群	实践活动	任务群目标
发展型学习任务群（文学阅读与创意表达）		能通过了解故事的起因、经过、结果，把握文章的主要内容，激发阅读神话的兴趣，并初步感受中外神话不同的神奇
		能结合关键词句，感受神话故事中神奇的想象和人物鲜明的形象，领略神话的魅力
	表达与交流	能按照故事的起因、经过和结果，发挥想象，讲好故事，以合作的方式表演故事，做到有条理，讲生动，突出重点
		能展开想象写一个自己与神话人物的故事，把过程写清楚、写完整
		能根据同学的意见修改习作，并誊写清楚
拓展型学习任务群（整本书阅读）	梳理与探究	能产生阅读中外经典神话故事的兴趣，运用好阅读神话的阅读方法技巧（如对比策略）拓展阅读《中国神话传说》《世界经典神话故事与传说》，深刻理解神话故事对一个民族精神文明气质的影响和塑造，并能与他人分享交流阅读收获

【单元设计思想】

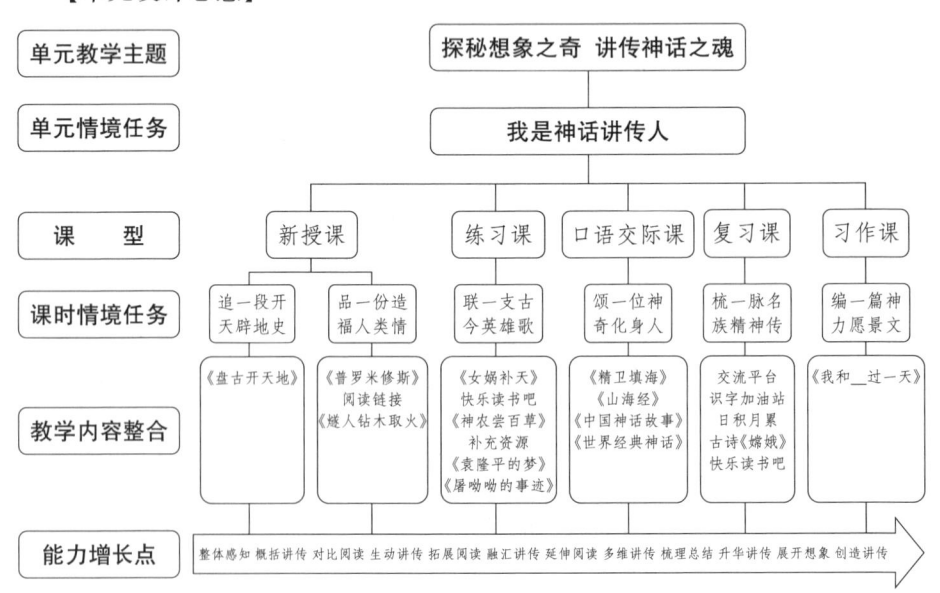

单元教学主题	探秘想象之奇 讲传神话之魂
单元情境任务	我是神话讲传人
课型	新授课 / 练习课 / 口语交际课 / 复习课 / 习作课
课时情境任务	追一段开天辟地史 / 品一份造福人类情 / 联一支古今英雄歌 / 颂一位神奇化身人 / 梳一脉名族精神传 / 编一篇神力愿景文
教学内容整合	《盘古开天地》 / 《普罗米修斯》阅读链接《燧人钻木取火》 / 《女娲补天》快乐读书吧《神农尝百草》补充资源《袁隆平的梦》《屠呦呦的事迹》 / 《精卫填海》《山海经》《中国神话故事》《世界经典神话》 / 交流平台 识字加油站 日积月累 古诗《嫦娥》快乐读书吧 / 《我和___过一天》
能力增长点	整体感知 概括讲传 对比阅读 生动讲传 拓展阅读 融汇讲传 延伸阅读 多维讲传 梳理总结 升华讲传 展开想象 创造讲传

【单元流程图】

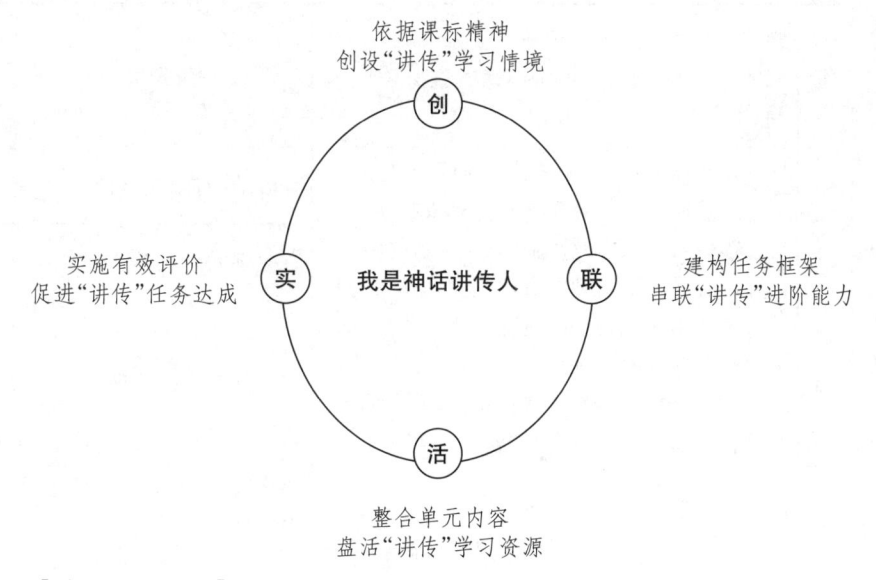

```
           依据课标精神
         创设"讲传"学习情境
              (创)
               │
实施有效评价           建构任务框架
促进"讲传"任务达成 (实)─ 我是神话讲传人 ─(联) 串联"讲传"进阶能力
               │
              (活)
         整合单元内容
         盘活"讲传"学习资源
```

【单元评价方案】

"我是神话讲传人"过程性评价量表

讲传情境	评价人	讲传章	评价标准	评价角度	评价结果
家庭讲传	同学家长	完整章	1.能借助插图、表示动作和时间的词语及事情的发展顺序,梳理故事的起因、经过、结果,学习把握文章主要内容的方法 2.能圈画想象神奇的语句,在批注、想象、交流中,感受故事的神奇和盘古的崇高形象 3.完整讲传盘古开天地的过程	起因	☆
				经过	☆
				结果	☆
邻里讲传	同学邻居	生动章	1.能厘清人物关系,按照起因、经过、结果的顺序,讲好普罗米修斯"盗"火的故事 2.能抓住触动自己的情节,从环境、语言、动作、配角等多个角度,抓住关键词品读想象神话,揣摩人物的心情,感悟人物的品质 3.能借助想象,生动讲传故事	想象环境	☆
				想象语言	☆
				想象表情	☆
				想象动作	☆

219

续表

讲传情境	评价人	讲传章	评价标准	评价角度	评价结果
班级讲传	同学 老师	融汇章	1.通过运用学到的方法进行群文阅读，通过品读和想象感受神农和女娲为了造福劳苦大众勇敢顽强、甘于奉献的精神 2.试着运用学到的方法把女娲从各地拣来五种颜色石头的过程讲清楚、讲生动 3.通过品读和联想体会当代"神农"袁隆平和当代"女娲"屠呦呦的形象和品质，尝试在讲传中古今联结	有联结的神话人物	☆
				有关键的事迹描述	☆
				有精神动力的体现	☆
年段讲传	同学 老师	多维章	1.能讲准字音、讲对停顿，讲得流利，背诵讲传 2.能在合作学习中，结合注释，运用学过的方法把故事讲完整、讲生动，感悟精卫勇敢无畏和坚持不懈的精神 3.能在讲传中颂扬"当代精卫"，传承精神	面向听众，讲传音量适中，自信大方	☆
				注意起因、经过、结果，把内容讲传完整	☆
				展开想象，加上表情、动作，讲生动	☆
				联系时代事例传讲民族精神	☆
				联系自己的经历凸显理解	☆
云上讲传	同学 浏览者	升华章	1.梳理近期阅读，进一步感受神话神奇的特点 2.熟练运用已学方法，讲传《嫦娥》，连接现实，进一步感受神话的精神	能联系课外阅读积累，选择讲传不同的神话故事	☆
				能在讲完整、讲生动、联系时代精神的基础上，结合自身成长讲传	☆
云上讲传	同学 浏览者	创编章	1.能根据神话人物的特点，选定角色编故事 2.能借助问题和情境图，把故事的起因、经过、结果写完整 3.能选择情节大胆想象，把故事写生动	能确认人物、地点、事件	☆
				所经历的事情和你的生活实际联系紧密，有起因、经过、结果	☆
				展开丰富的想象，人物的表现要跟他的特点相符	☆
				故事情节要有波折和起伏	☆
				写下自己的表现或想法	☆

联一支古今英雄歌——第三课时(练习课)《女娲补天》教学设计。

环节一:读图想象,感知神话之奇。

①根据自读提示阅读《女娲补天》,思考故事的起因、经过和结果。

②梳理故事内容,抓住关键词句谈神奇。

a.全文理一理。梳理故事起因、经过、结果。

b.为她赞一曲。再次读故事,你会怎样评价女娲呢?这样评价她的理由是什么?

c.神奇我来说。故事神奇的地方有哪些?找出关键词句说一说。

③借助插图展开想象,丰富炼石补天的情境。

a.找到女娲炼石及补天的句子,读一读,画出描写她补天过程的词语,谈谈自己的感受。(拣→燃→炼→补→杀→斩→杀→烧→撒)

b.出示普通石头图,想象五彩石和普通石头的不同,思考女娲是从哪里找到赤、青、黄、白、黑五种颜色的石头的?怎么找到的?她是怎样补天的?

c.学生分组交流。

④以导图为支架,绘声绘色讲故事。(学生分组汇报学习成果)

环节二:听读片段,引导阅读完整故事。

①听师生共读"快乐读书吧"的"神农尝百草"故事片段,思考:人物之奇体现在哪儿?

②聊人物之奇,进一步体会神话故事的魅力。

a.全班交流。

b.拓展阅读完整故事,想象他献身时的想法。

c.选择自己喜欢的一段深入品读,用一两个词赞扬神农。

环节三:品读情节,感受名人追梦信念。

①自主阅读《袁隆平的梦》《诺贝尔奖获得者——屠呦呦》两份资料,了解他们的事迹。

②抓关键情节,谈触动之因。

③展开想象,描绘未来前景。

环节四:勾连对比,建构成长路径。

我是神话讲传人——联一支古今英雄歌

训练

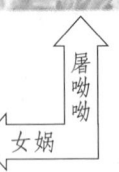

融汇章

故事内容	讲传评价
有关联的神话人物	☆
有关键的事迹描述	☆
有精神动力的体现	☆

屠呦呦 ← 女娲

讲传要求 把《女娲补天》这个神话故事完整、生动地讲给班级同学听，讲完后，再讲讲同样拥有造福人类精神的屠呦呦的故事哦！古今联结，唱响古今英雄赞歌。

①出示神农氏、袁隆平、女娲、屠呦呦颁奖词，学生朗读对比，发现异同。

颁奖词

你是一位真正的勇者。
因誓言要尝遍所有的草，
最后因尝断肠草而逝世。
忘我无我，
为黎民百姓找到充饥的五谷，
医病的草药，
牺牲自己，
却换来百姓的安康幸福。
——致神农氏

颁奖词

他是一位真正的耕耘者。
当他还是一个乡村教师的时候，
已经具有颠覆世界权威的胆识；
当他名满天下的时候，
却仍然只是专注于田畴。
淡薄名利，
一介农夫，
播撒智慧，
收获富足。
他毕生的梦想，
就是让所有人远离饥饿。
喜看稻菽千重浪，
最是风流袁隆平。
——致袁隆平

颁奖词

你美丽、善良，
面对一千度的烈焰，
你没有犹豫，
没有退缩。
不畏辛苦寻找五彩石，
只为拯救人类。
为人类撑起一片蓝天，
送来绚丽的云霞。
你就是人们的守护神！
百姓们爱你！
——致女娲

颁奖词

青蒿一握，
水二升，
浸渍了千多年，
直到你出现。
为了一个使命，
执着于千百次实验。
萃取出古老文化的精华，
深深植入当代世界，
帮人类渡过一劫。
呦呦鹿鸣，
食野之蒿，
今有嘉宾，
德音孔昭。
——致屠呦呦

②把《女娲补天》和《诺贝尔奖获得者——屠呦呦》两个故事融合起来,练习讲传,争"融汇章"。

③小结:神话故事蕴含民族精神,从女娲到屠呦呦,颂扬之歌一代代唱响,这是神话经久不衰的原因所在,同学们在讲传神话时,要古今勾连,传承民族精神。

(四)案例评析

部编版教材四年级上册第四单元以"神话故事"为人文主题,旨在让学生在阅读神话故事中体会超自然的元素和非凡的人物形象,感受其生动的情节和人们丰富的想象力和创造力。本单元语文要素"了解故事的起因、经过、结果,学习把握文章的主要内容""感受神话中神奇的想象和鲜明的人物形象""展开想象,写一个故事"的设定旨在引导学生阅读神话故事时,能理清故事的发展脉络,了解故事的发生、发展和结局;注意观察和感受这些神奇的想象和鲜明的人物形象,体会它们的魅力;激发自己的想象力,从神话故事的情节、人物、主题等方面获得灵感,结合自己的生活体验和思考,创作属于自己的神话故事。

在本单元的教学设计中,以和润语文的"和合共生"为指导思想,教师深入解读、挖掘教材内容,梳理了各要素在教材、本单元中的分布,解析了本单元教学内容内在逻辑关联后,结合学生的学情确定了单元学习目标,依据课标精神,创设"讲传"学习情境,设计了"我是神话讲传人"的大的任务情境。随后,遵循四年级学生身心发展规律和核心素养形成的内在逻辑,整合单元内容,盘活"讲传"学习资源,以"我是神话传承人"这一主题为引领,建构任务框架,设计了"追一段开天辟地史""品一份造福人间情""联一支古今英雄歌""颂一位神奇化身人""梳一脉民族精神传""编一篇神力愿景文"这六个学习任务群,串联"讲传"进阶能力。此外还设计了"完整章""生动章""融汇章""多维章""升华章""创编章",将本单元语言运用、思维能力、审美创造及文化自信的核心目标转化为师生可做、可量的教学手段和工具。在任务活动中分层嵌入教师、学生、伙伴、家长的过程性评价和总结性评价,发挥多元评价主体的积极作用,以实现评价的导向作用,促进"讲传"任务达成。

特别是《女娲补天》一课的教学。它是第四单元第四篇课文,在本次大单元设计中教师将其调整至第三篇,定位为大单元情境——"我是神话讲传人"两节新授课后的练习课,旨在指导学生运用前两课所学方法阅读故事,练习讲传。

在"联一支古今英雄歌"的课时情境任务中以"群文阅读"为依托,链接"快乐读书吧"中《神农尝百草》,补充讲述当今在强国路上执着追求理想,造福人民的袁隆平、屠呦呦的故事。以"联想想象"为抓手,将学生引入神话,运用在前两课中习得的方法,梳理主要内容,发挥想象,试着把女娲从各地拣来五种颜色石头的过程说具体、说生动。而后又走进现实,通过挖掘主人公的具体行动感受人物的美好品质,使学生在阅读中联结古今,获得精神的洗礼,在讲传中传承精神,完善人格,争讲传"融汇章"。并尝试运用课文的表达方法,培养学生的想象力。学生联结古今,感受人物的美好品质,在讲传中传承精神,完善人格。

总之,本案例充分展示了和润语文"和合共生"理念,有效实施"教材融合——语文大单元教学,围绕任务群统整教材"这一路径。在整个教学设计中,教师打破了传统单篇课文教学的局限,不仅注重知识的传授和技能的训练,更强调知识的融合和迁移应用。不仅有助于提高学生的语文核心素养和综合能力,更有助于培养学生的创新精神和实践能力,为他们未来的学习和成长奠定坚实的基础。这一教学模式的实践和推广,对于推动小学语文教学的改革与发展具有重要意义。

二 学科融合——语文项目化学习,全面打通学科壁垒

(一)理论来源

《义务教育语文课程标准(2022版)》指出跨学科学习"旨在引导学生在语文实践活动中,联结课堂内外、学校内外,拓宽语文学习和运用领域;围绕学科学习、社会生活中有意义的话题,开展阅读、梳理、探究、交流等活动,在综合运用多学科知识发现问题、分析问题、解决问题的过程中,提高语言文字运用能力"。

(二)理论阐释

在新课程改革的浪潮中,传统学科教学模式已难以满足学生多样化的学习需求,学科融合应运而生,成为促进学生全面发展的关键策略。和润语文所倡导的"学科融合"学习模式,站在更高的教育视角,致力于营造融合教学的氛围,提高学生的学科关联能力。通过设计融合性的学科学习,丰富学生的学习体验,使学生在跨学科的融合实践中,自然而然地整合与运用多学科知识,打破固有的学科界限,拓宽知识视野。

这一模式的核心在于知识的综合应用与实践能力的培养。学生在参与具体项目任务时,不仅深化了语文知识的应用能力,更在合作、沟通、解决问题等方面获得了全面提升。更重要的是,通过知识的实际运用,学生真切感受到学习的实用价值与生活的紧密联系,从而激发持久的学习兴趣与内在动力。这一模式为学生的全面、可持续发展奠定了坚实基础,为培养具备跨学科素养和综合实践能力的未来人才提供了坚实支撑。

如何落实学科融合,全面打通学科壁垒?可以尝试以下教学路径。

1.挖掘教材内容,探寻学科"融点"

要实现学科融合,首先要深入挖掘教材内容,找到不同学科之间的"融点"。这些"融点"可以是共同的主题、相似的情境、相关的知识点等。例如,在教授与环境保护相关的课文时,可以引入地理学科中关于环境问题的知识,让学生从不同角度了解环境保护的重要性。同时,还可以结合科学学科中的实验方法,引导学生设计环保实验,探索环保措施的有效性。

2.立足语文本位,把握学科"融度"

在探寻学科"融点"的基础上,需要立足语文本位,明确学科融合的"融度"。这里的"融度"指的是在融合其他学科知识时,应保持语文学科的主体地位,确保语文学科的核心素养得到培养。例如,在设计跨学科项目时,应以语文实践活动为主线,引导学生通过阅读、写作、交流等方式表达自己的想法和感受。同时,在融合其他学科知识时,应注重培养学生的语言文字运用能力,确保语文学科的核心素养得到落实。

3.拆解活动任务,探究学科"融法"

为实现有效的学科融合,需要拆解项目化学习中的活动任务,探究学科融合的"融法"。这里的"融法"指的是在融合不同学科知识时采用的具体方法和策略。例如,可以采用问题导向的方法,引导学生从跨学科的角度提出问题、分析问题、解决问题。同时,还可以运用项目驱动的方式,让学生围绕一个具体的项目任务展开跨学科的学习和实践。在拆解活动任务时,应注重任务的层次性和递进性,确保学生在完成任务的过程中能够逐步深入理解和掌握相关知识点和技能点。

4.组织多元评价,检测学科"融效"

评价是检验学科融合效果的重要手段。为实现有效的评价,需要采用多元化的评价方式和方法。具体来说,可以从以下几个方面进行评价:一是评价学生的跨学科知识整合能力,看学生是否能够综合运用多学科知识解决问题;二是评价学生的实践操作能力,看学生是否能够在实践中运用所学知识;三是评价学生的学习状态,看学生是否对跨学科学习保持积极的态度和兴趣。同时,还可以采用学生自评、互评、教师评价等多种方式进行评价,确保评价的客观性和公正性。通过组织多元评价,可以及时了解学生的学习情况和问题所在,为教学提供反馈和指导,确保学科融合的效果得到落实。

总之,和润语文秉承"和合共生"的理念,通过挖掘教材内容、立足语文本位、拆解活动任务和组织多元评价等策略的实施,可以有效实现学科融合的目标,为学生的全面、可持续发展奠定坚实基础,为培养具备跨学科素养和综合实践能力的未来人才提供有力支持。

(三)案例论证

部编版教材三年级下册《火烧云》教学设计。

环节一:初识云之美。

①出示思维导图,回顾单元学习。

②出示朋友圈截图。揭题读题。

③任务驱动:学着大作家萧红,为火烧云发"朋友圈"。

④预习答疑,梳理脉络。

a.交流疑问。

"火烧云"是什么?

天空中为什么会出现"火烧云"?

我也见过红色、橙色的晚霞,我感觉并没有那么鲜艳壮观,是不是萧红写得太夸张了?

b.解决疑问。

联系课文理解火烧云就是同学们常见的晚霞、朝霞,学习"红彤彤"。

回顾科学课上一起做的实验,展示实验记录单,交流、理解火烧云是怎样形成的。

听科学老师的专业讲解,明白为什么萧红看到的火烧云比平常大家见到的火烧云更艳丽壮观。

c.梳理内容。

根据课文,设想"如果萧红发朋友圈,她会发几条,发什么内容",交流预习时梳理的思维导图。

环节二:欣赏物之变。

①读萧红第一条"朋友圈"(第一自然段)。

②交流。读完萧红的这条"朋友圈",你想为她点赞吗？理由是什么。

③模拟体验。用美术老师给的七彩玻璃纸模拟霞光,让事物"变"颜色。(小孩子的脸、红公鸡、黑母鸡、小白猪……)

④学习写法。明明要写"霞光",却写了地面上的那么多景物。

⑤欣赏摄影师用镜头记录的霞光。

⑥朗读指导。

环节三:品读云之色。

①读第三自然段,了解这个自然段讲了"火烧云的变化极多",包含形状和颜色的变化。

a.圈画:四个"一会儿"。

b.思考、交流四个"一会儿"写出了火烧云什么特点。

②找出颜色词(边说边把词贴黑板上)。归纳分类,整理颜色词。

第一类:ABB单色。

第二类:混合色。

第三类:事物比喻色。

a.拓展积累表示颜色的词。

b.教师补充播放《满庭芳·国色》视频。

c.欣赏、跟读、摘抄颜色词(桃红、凝脂、缃叶、群青、沉香……)。

③借助词贴背诵。

④片段仿说。结合自己的观察,模仿这样富有变化的文字。

⑤小组交流,师生点赞共评。

a.写出景物的变化;(一颗星)

b.用上颜色词;(一颗星)

c.语句通顺。(一颗星)

环节四:课堂小结。

【作业超市】

必做：

1.分类积累表示颜色的词语。

2.完成课文第三自然段仿写。

选做：

1.【美文诵读的云彩】录制《火烧云》第三段美文诵读小视频，请家长推送到朋友圈。

2.【文人笔下的云彩】（出示在作业单中）：

(1)晚霞的颜色是自淡而浓，自金红而碧紫。朝霞的颜色是自浓而深，自青紫而深红……（冰心《寄小读者》）

(2)一会儿，霞上渐渐有了灰暗的地方；鸡冠花的红色变成了深紫的。又隔了一会儿，霞散开，一块红的，一块灰的，散成许多小块……（老舍《四世同堂》）

3.【科普书中的云彩】课后继续观察早、晚天空中的云朵的颜色、形状变化，有兴趣的同学可以阅读《云彩收集手册》。

4.【画家眼中的云彩】欣赏挪威画家爱德华·蒙克的画作《呐喊》，感受美丽鲜艳的火烧云。

（四）案例评析

《火烧云》这篇课文以"变"字统领全篇，以生动的笔触描绘了火烧云的瑰丽景象，使自然之美、人与物之美在"变"中表现得淋漓尽致。其独特的美学价值和丰富的科学内涵，为跨学科教学提供了天然的"桥梁"。在这一课的教学案例中，和润语文"学科融合——语文项目化学习，全面打通学科壁垒"的理念得到了充分体现。

案例中，教师以《火烧云》这篇课文为起点，不仅深入解读了课文本身的语言美、情感美，还巧妙地联结了科学、美术、摄影、音乐等多学科知识"融点"。例如，通过与科学老师的合作实验，解释了火烧云形成的科学原理，使学生从科学的角度理解火烧云，了解萧红笔下的火烧云为何如此壮观；通过美术老师的色彩模拟，让学生直观感受火烧云色彩的丰富与变化，借助《满庭芳·国色》视频，欣赏众多中国传统颜色，再引导学生跟读其中几个，如桃红、凝脂、缃叶、群青、沉香，使学生不仅感受到传统颜色的画面美，更感受到中国文字形容颜色的诗性美，提升学生的审美情趣和文化自信；借助摄影视频让学生感受霞光带给大地的变化。通过设置丰富的跨学科作业,融合科学、美术、信息,开阔学生视野,多方位了解火烧云,从而落实语文核心素养,也提高学生综合素养。以上多元的跨学科的知识融合,为学生提供了全面的学习视角,丰富了他们的学习体验。

在教学过程中,教师始终立足语文本位,注重培养学生的语言文字运用能力。无论是梳理课文脉络,品读云之色,还是片段仿说等环节,都紧紧围绕语言文字的运用展开。同时,在融合其他学科知识时,教师也特别注意把握"融度",注重保持语文学科的核心地位,确保语文学科的核心素养得到培养。这种立足语文本位的学科融合,既拓宽了学生的知识视野,又强化了语文学科的基础地位。

本案例通过拆解活动任务,探究了学科融合的"融法"。教师设计了多个层次递进的学习任务,如梳理课文内容、品读云之色、片段仿说等,引导学生逐步深入理解和掌握相关知识点和技能点。同时,在任务实施过程中,教师还注重学生的实践操作和体验,通过模拟体验、视频欣赏等方式,让学生在实践中感受知识的魅力和价值。这种基于任务驱动的学科融合方法,有效激发了学生的学习兴趣和探究欲望,促进了他们的思维发展和能力提升。

本案例还通过组织多元评价,检测了学科"融效"。教师采用了学生自评、互评以及教师评价等多种方式进行评价,不仅关注了学生的跨学科知识整合能力和实践操作能力,还关注了学生的学习状态和情感态度。这种多元化的评价方式,有助于全面了解学生的学习情况和问题所在,为教学提供反馈和指导,确保学科融合的效果得到落实。

综上所述,在《火烧云》一课中,教师为学生营造了一个民主、生动、活泼的学习环境,将和润语文"学科融合"有效落实,全面打通学科壁垒。不仅拓宽了学生的知识视野,还提升了他们的综合实践能力和核心素养,为学生的全面、可持续发展奠定了坚实基础。

三 校内外协同——语文学习共同体,促进个体生命完全发展

(一)理论来源

《义务教育语文课程标准(2022年版)》强调语文课程应促进学生语言文字运用能力的全面发展,构建开放而有活力的语文课程。

(二)理论阐释

随着教育理念的更新和技术的快速发展,小学语文教学面临着新的挑战和机遇。为了培养学生的综合素养和终身学习能力,我们需要构建一个校内外协同的语文学习共同体。这一共同体不仅包含学校内的课堂教学,还扩展到家庭和社会,形成了一个全方位、多层次的学习网络。通过校内外资源的有效整合和共享,为学生提供一个更加广阔、更加丰富的学习空间,促进他们的个体生命完全发展。

和润语文倡导的"校内外协同"的语文学习共同体强调学校、家庭和社会三方的紧密合作,共同为学生打造一个全方位、多层次的学习环境。在这一共同体中,学校作为教育的主阵地,发挥着核心作用;家庭作为孩子的第一所学校,承载着重要的教育责任;社会作为教育资源的重要提供者,为学生的学习提供有力支持。通过校内外资源的有效整合和共享,我们可以为学生的全面发展提供有力保障。

如何构建校内外协同的语文学习共同体,促进学生的个体生命完全发展?我们可以从以下几个方面入手。

1.校内环境优化与资源整合

第一,创建跨学科学习空间。在校园内创建跨学科学习空间,如阅读角、文学社、科学实验室等,鼓励学生进行跨学科学习和交流。

第二,丰富校园文化活动。组织丰富多彩的校园文化活动,如诗歌朗诵会、作文比赛、戏剧表演等,激发学生的学习兴趣和创造力。

第三,教师团队建设。加强教师团队建设,提升教师的专业素养和教育理念。鼓励教师开展跨学科合作教学,共同设计富有创意的教学活动。

2.校外资源拓展与实践机会增加

第一,家校互动平台搭建。建立家校互动平台,如家长微信群、家校联系册等,加强学校与家长的沟通与合作。鼓励家长参与孩子的学习过程,提供家庭支持。

第二,社区资源利用。充分利用社区资源,如图书馆、博物馆、文化中心等,为学生提供丰富的课外学习机会。组织学生参加社区活动,增强社会责任感和实践能力。

第三,社会实践基地建设。与相关企业、机构合作建立社会实践基地,为学生提供实践学习的场所。通过实地参观、实习等方式,让学生深入了解社会现象和行业特点。

3.学生综合素质培养

第一,自主学习能力提升。通过设计开放性问题、引导式阅读等方式,培养学生的自主学习能力。鼓励学生自主探究、解决问题,提升学习主动性。

第二,团队协作与沟通能力培养。组织小组活动、合作项目等,培养学生的团队协作和沟通能力。让学生在合作中学会分工协作、相互支持。

第三,创新思维与批判性思维训练。通过案例分析、角色扮演等方式,训练学生的创新思维和批判性思维。鼓励学生从不同角度思考问题,提出新观点和新方法。

总之,校内外协同的语文学习共同体为促进学生的个体生命完全发展提供了有效途径。通过优化校内环境、拓展校外资源、培养学生综合素质等多方面的努力,我们可以为学生创造一个更加丰富多彩、充满活力的学习环境。在这个环境中,学生不仅能够提升语文能力,还能够培养自主学习、团队协作、创新思维等多方面的素质,为他们未来的学习和生活奠定坚实基础。让我们共同努力,为学生的全面发展创造更多可能性。

(三)案例论证

部编版教材五年级上册第七单元项目式学习之"自然之美的发现与守护"。

话题简介:

生活中从来都不缺少美,只是缺少发现美的眼睛!细心观察,我们的生活处处都有美景。利用学校项目式学习"走进植物园",在科学老师的带领下,打卡厦门"后花园"——植物园吧。鲜艳烂漫的花卉园、奇趣可爱的多肉区、惬意悠闲的热带雨林……用相机和文字记录下你发现的美吧!

活动形式:

①用一张照片、一段文字或视频记录植物园的美丽。

②语文口语交际课:我的美景我来说——通过照片或视频向大家展示自己发现的美。

③同学互评,选择优美图文,美术课上制作明信片,寄给远方的朋友。

④利用假日小队活动,与家长一起开展一次环保读书会及环保志愿者活动。

⑤科学课,学习生物多样性和生态平衡等知识。

⑥语文习作课,在前面几项活动的基础上创作一篇关于自然保护的演讲稿。

⑦通过音乐课、语文课,家长协助,选择配乐、制作PPT、指导演讲,开展一次环保宣讲活动。

(四)案例评析

本案例以五年级上册第七单元的项目式学习为例,展示了如何通过跨学科融合、家校合作、社会实践和网络学习平台等多方面的努力,实现校内外资源的有效整合,为学生提供丰富的学习体验和发展空间。

1.校内协同:打造跨学科融合的学习环境

(1)主题确定与资源整合

五年级语文教研组围绕"自然之美"这一主题,整合了语文、科学、艺术等多个学科的内容,设计了一个跨学科的语文大单元教学项目。项目以"探索自然,感悟生命"为主线,通过一系列实践活动和作品创作,引导学生走进自然、观察自然、感悟自然,从而提升他们的语文应用能力和综合素质。

(2)跨学科融合的教学活动

在项目实施过程中,教师通过跨学科融合的教学活动,让学生在实践中学习和运用语文知识。例如,在科学课上,学生学习了生物多样性和生态平衡等知识,随后在语文课上,他们结合所学知识创作了一篇关于自然保护的演讲稿,并通过角色扮演的形式在班级内进行演讲。此外,学生还利用美术课上学到的绘画技巧,绘制了自然景色的图画,并在语文课上进行了描述和分享。

(3)合作学习与团队协作

在项目推进过程中,教师注重培养学生的合作学习能力和团队协作能力。他们组织学生分组进行实地考察和实践活动,让学生在小组内分工合作、相互支持。通过小组讨论、成果展示等方式,学生不仅学会了如何与他人合作解决问题,还提升了自己的表达能力和沟通能力。

2.校外协同:拓展学习共同体边界

(1)家校合作,共促成长

学校积极与家长沟通合作,共同促进学生的语文学习。在项目启动阶段,学校通过家长会向家长介绍了项目的目标和内容,并邀请家长参与项目的设计和实施。在项目实施过程中,家长积极参与孩子的学习过程,与孩子一起进行实地考察、收集资料等活动。同时,学校还组织了家庭读书会等活动,让家长和孩子一起阅读相关书籍、分享阅读感受,共同提升语文素养。

(2)社会实践,增强体验

为了让学生更深入地了解自然和生命之美,学校组织了丰富的社会实践活动。例如,教师带领学生参观了植物园,让学生亲身感受自然的魅力。此外,学生还利用假日小队活动参与了环保志愿者活动,如捡拾垃圾、种植绿植等,通过实践行动为保护环境贡献自己的力量。这些社会实践活动不仅丰富了学生的学习体验,还增强了他们的社会责任感和实践能力。

在本案例中,学生在跨学科融合的学习环境中提升了语文应用能力和综合素质,在家校合作和社会实践中增强了社会责任感和实践能力。同时,学校也通过多元化的评价方式和素养化评价标准更全面地了解了学生的学习状况和发展方向,为他们提供了更有针对性的指导和帮助。然而,在实施过程中也存在一些问题和挑战,例如如何更好地整合校内外资源、如何更有效地激发学生的学习兴趣等。未来学校将继续探索和创新校内外协同的教学模式,为学生的全面发展创造更多可能性。

第四节 多元评价篇

为全面贯彻落实"双减"政策和中共中央、国务院印发的《深化新时代教育评价改革总体方案》、教育部等六部门印发的《义务教育质量评价指南》等重要文件精神，结合学校的生态评价体系，基于学生未来发展和终身教育的视角，聚焦培养学生积极适应未来环境的能力，促进学生语文核心素养的提升，和润课堂尝试建构多元评价体系。

"多维互嵌、和力生长"是就评价内容中的学科互涉性角度而言的，语文学科实践需要在语言、文化、审美、社会、生命等维度上更具与学生核心素养发展相适应的充分广度、充分深度和充分关联度。作为评价方式，多元评价在本质上是去单一化评价的产物，它适用于不同学科，主要表现为评价内容、评价方式与评价主体的多元化。用评价制度和评价方式引导学生的行为，让学生在教学目标的引导下形成规则意识和良好的行为习惯，发掘学生的最大潜能，促进学生多彩发展。

"多元融合、和鸣共生"是就评价的方式和主体而言的，指语文课程标准所强调的教师在教学实践中应充分发挥评价的诊断、导向、激励、启发等功能，将教师评价与学生评价、直接评价与间接评价、口头评价与书面评价等多元评价方式融合，让每个学生充分体验到成功的快乐，激发学生情感共鸣和学习积极性。和润语文更是强调评价的内容和主体多元化，评价的方式多样化。通过多元的评价，使学生在语文学习中敢表达、会表达、乐于表达，师生之间情感和鸣共生。

坚持"五育并举"，从德智体美劳五个维度促进学生全面发展，用"多维互嵌·多元融合·和力生长"助推学生全面成长，实现学科目标与学生素养发展的同步同频，以实际行动破除"唯分数、唯成绩"的怪圈，激发学生生长的内动力。（表5-1）

表5-1 传统评价模式与多元评价模式的对比

评价维度	传统评价模式	多元评价模式
评价功能	注重甄别和选拔	注重发展功能
评价内容	较为片面,强调文化测试	多维度(问题解决、能力测验等)
评价主体	较为单一,多为教师	多元化(管理者、家长、学生自身等)
评价方式	纸笔测试	多样性(定量+定性、电子档案袋等)

在促进"多维互嵌"的评价体系中,和润语文提出了以下三个基本策略。

第一,和"智"并进——评价内容多维度。语文课程评价内容多元化体现了加德纳提出的多元智能理论。评价内容应包含语文学科知识,以及语文作为交流工具所承载的其他学科知识。也就是说,对学生能力的评价除了考查学生语料积累、语言技能及语用能力的情况外,还应考查学生在语文学科融合课程中对其他学科知识的理解及相关技能掌握的情况,从而评价学生是否达到语文学科融合教学的课程目标,以及是否实现了综合能力的发展。和润语文注重培养学生的多元思维和表达能力,旨在通过多样化的教学内容和不同类型的评价方式,激发学生的学习兴趣和动力。

第二,和"试"共行——评价方式多样化。随着教育改革的深入,核心素养逐渐成为小学教育的核心目标。纸笔测试和非纸笔测试双试并行的教学方式逐渐受到重视。纸笔测试忽略知识、能力累积的过程,其"一考定终身"的评价方式一直为学生、家长和教师所诟病。《义务教育语文课程标准(2022年版)》提出的形成性评价与总结性评价相结合和"教—学—评"一体化设计等要求,促使非纸笔测试评价方式的研究成为中小学教学研究的热点。和润语文认为非纸笔评价方式主要用于动态学习过程中的形成性评价。

第三,和"力"共评——评价主体多元化。评价主体多元化是指评价过程中涉及多种评价主体,不仅包括教师对学生的评价,还可能包括学生对自己的评价、同伴之间的评价等。评价主体的变化也带来了评价方式的改变。从学生的角度来看,对评价的全方位参与不仅能够让他们更熟悉课程目标,还有利于他们养成主动反思、在互评中相互学习的习惯。在核心素养视域下,小学语文教学评价应注重评价主体的多元化,以促进评价目标与评价行为的匹配。

章节导览图

和力共生篇
- 主张：以人为本　因材施评　多元评价　和力共进
- 关键：营造"多维互嵌　和力共进"的激励式评价体验

- 和"智"并进——评价内容多维度
  - 注重培养学生的综合素质
  - 强调跨学科学习
  - 注重与现实生活相结合
  - 充分利用现代科技手段
  - "厦门逗阵行"之"咱厝庆中秋"

- 和"试"共行——评价方式多样化
  - 设计多元化的纸笔测试题目
  - 增加非纸笔测试在评价中的比重
  - 借助智慧平台搭建完善的评价体系
  - "劲竹成长之旅"之"笋芽儿竹林大冒险"

- 和"力"共评——评价主体多元化
  - 动态学习空间，转换多元评价主体
  - 评价目标和行为相匹配
  - 形成性评价和总结性评价相结合
  - 《中国美食》跨学科作业设计

一、和"智"并进——评价内容多维度

（一）理论提出

《基础教育课程改革纲要（试行）》指出："评价不仅要关注学生的学业成绩，而且要发现和发展学生多方面的潜能，了解学生发展中的需求，帮助学生认识自我，建立自信。发挥评价的教育功能，促进学生在原有水平上的发展。"

《义务教育语文课程标准(2022版)》提出:"课堂教学评价是过程性评价的主渠道。教师应树立'教—学—评'一体化的意识,科学选择评价方式,合理使用评价工具,妥善运用评价语言,注重鼓励学生,激发学习积极性。"

(二)理论阐释

就评价内容而言,新课程理念下课堂教学评价既要体现共同性,更要关心学生的个性;既要注重结果,更要关心过程。评价注重的是学生学习的主动性、创造性和积极性。评价可以是多角度的原有水平的提高,既要达到基础教育培养目标的要求,更要发现学生的潜能,发挥学生的特长,了解学生发展中的需求,帮助学生认识自我,建立自信,最终促进学生素养的全面提升。

多元评价和"智"并进,建立在儒家思想提出的要坚持以人为本的基础上,以提高学生的语文素养,促进学生人格的和谐发展为根本目标。教师应乐于从多个角度来评价、观察、接纳、赏识学生,发现并发展学生的潜能,不但关注学生的学业成绩,而且关注学生的全面发展,尤其要重视培养学生的能力和创新精神。为培育多元化人才,和润语文注重培养学生的多元思维和表达能力。通过多样化的教学内容和不同类型的评价方式,激发学生的学习兴趣和动力。评价内容多元化,让学生在评价过程中全面发展,在和"智"并进中,学生自然将优势领域的特色迁移到弱势领域中去,从而促进其弱势领域的完善。

如何有效促进多元评价和"智"并进?和润语文认为主要从四个方面努力。

1.注重培养学生的综合素质

和润语文倡导的是一种全面发展的教育观念。它不仅强调语言知识的学习,更注重培养学生的思维能力、审美观念和人文素养。通过丰富的课程内容和多样化的教学手段,和润语文鼓励学生积极参与、主动思考,培养他们的批判性思维和解决问题的能力。例如,二年级下《神州谣》仿写中,为了适应大部分学生畏难心理,教师巧搭写作支架,先让学生扫一扫厦门风光二维码进行厦门特色景色感受,再出示厦门资料包让学生进行景物特点填写,然后出示《福建谣》的仿写,再让学生继续仿写《厦门谣》。如此巧搭梯度支架,让学生拾级而上,摘取仿写的学习果子,最后的评价是班级仿写高手展示仿写内容并配上插图,小组成员带上作品登台展示,分享自己的创作感受。这堂课,对文本内容进行延伸、修改、重组、再创造,让教材成为学生自主发展的载体,使课堂呈现出文与画融为一体、交相辉映的美好情境。再从学生参与程度、学生朗读自己所写篇目时表达出的热爱家乡的情感等方面去评价,以评促写,培养学生的综合素质。

2.强调跨学科学习

语文不仅仅是一门独立的学科,更是与其他领域紧密相连的综合体。和润语文多元评价导向下,语文学科融合教学不是语言学科与其他学科简单无序的拼接粘连,而是以素养培养为导向,在推动课程核心目标达成的过程中实现语言学科与其他学科的有机融合。倡导跨学科的学习方法,将语文与数学、劳动、音乐等学科有机结合,让学生在深入理解语文知识的同时,拓宽视野,培养跨学科的思维方式。如在寒假作业设计中设计以"欢喜庆龙年"为主题自制一本《当地春节文化研究手册》,记录自己在春节中体验与研究的历程。制作说明:围绕春节文化主题,如春节的历史起源、节日活动、节日饮食、历法、传说等主题。这就需要学生调动各学科的知识去完成这本手册,如用美术学科知识去设计描绘插图,节日饮食方面还需要劳动技能,春节传说会涉及历史等。学生最终将多方面的知识吸收并内化为自己的认知和感悟,并在学习过程中实现自主训练,深化创作及情感。

3.注重与现实生活相结合

语文学习的最终目的是应用于实际生活。和润语文紧密结合社会热点和学生生活经验,引导学生观察生活、思考社会现象,培养他们的社会责任感和公民意识。这种与现实生活的紧密结合,不仅增强了学生的学习兴趣和动力,也提高了他们在实际生活中运用语文的能力。部编版教材二年级下册《青蛙卖泥塘》一课的课后作业是学习老牛的话术,学习委婉地表达建议,让人容易接受并且愿意去改变。我们的课后拓学单就给出现实生活中的一些和学生息息相关的生活场景,如上课在课本上画插图、边走路边看课外书等,让学生自由选择一处用老牛的话术去解答。

4.充分利用现代科技手段

随着多媒体、网络等技术的发展,智慧化教学进入课堂,教学平台、电脑也逐渐成为语文课堂教学内容的载体,该主体的优势在于其在短时间内能完成对大量学生语文学习的测评,且可以进行精确记录,有利于实现个性化、持续化、全面化的评价。从学生的角度来看,对评价的全方位参与不仅能够让他们更熟悉课程目标,还有利于他们养成在人工智能评价平台反思自己的习惯。和润语文打破了传统课堂的局限性,为学生提供了更加丰富多样的学习资源和互动平台。这种教学方式不仅提高了学生的学习效率,也培养了他们的信息素养和数字化学习能力。比如课前的调查问卷,口语交际课堂前要收集孩子平时的表达习惯,利用问卷星形成数据记录孩子课前的交际基础,很快就能根据学情诊断出交际的难点和要点。

(三)案例论证

部编版教材二年级下册大单元作业设计"厦门逗阵行"之"咱厝庆中秋"。

【"厦门逗阵行"跨学科作业设计】

咱厝庆"中秋" 赏月品节日文化

中秋月饼一面镜,照甲大厅光映映。街头巷尾博月饼,厝内喊甲大细声。孙内细汉中一秀,阿姐博无让大兄。博着对堂安嬷赢,安公博着状元饼。

[注释]①照甲:照得;②厝内:家里;③喊甲:喊得;④大细声:大小声,形容博饼场面热闹;⑤细汉:年纪小;⑥大兄:大哥;⑦安嬷:奶奶;⑧安公:爷爷。

1.以上闽南童谣《中秋节博饼》中的博饼是厦门人家喻户晓的习俗,还是国家级非物质文化遗产,以下骰子组合哪个是"状元"?(　　)

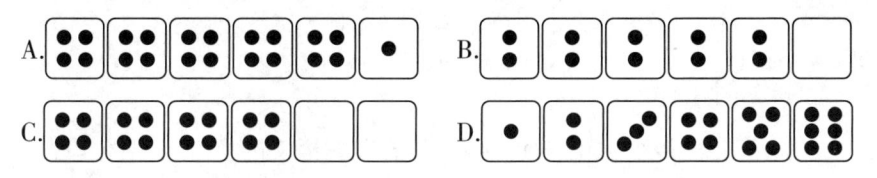

A. ▦ ▦ ▦ ▦ ▦ ⚀　　B. ⚂ ⚂ ⚂ ⚂ ⚀

C. ⚄ ⚄ ⚄ ⚄ ⚀　　D. ⚀ ⚂ ⚄ ⚅ ⚅

2.中秋节(八月十五),在厦门当地又称为"八月节""团圆节",你还知道哪些厦门人对传统节日的别称?

3.厦门日光岩牌月饼享誉中外,但现在月饼层出不穷,请你来帮他们设计一款新式月饼(可以从外形、颜色、材质、馅料、味道等方面去制作,还可以为其配上个性化宣传语),争当厦门最好的创意月饼设计师。

4.你还对厦门传统节日的习俗了解多少?选择你最感兴趣的一项习俗,通过各种方式,如询问长辈、翻阅书籍、上网查资料等,整理该习俗的相关信息。

我最感兴趣的节日_____习俗是_____;通过_____方式,我了解到以下信息:_____

阅中秋 读绘本

5.鹭可给大家推荐几本关于中秋节的绘本,快去读一读,了解不同地域文化的中秋节,和厦门的中秋节文化比一比,你觉得厦门的中秋节有特色在哪里?请你在中秋节为主题的班会课上说一说。

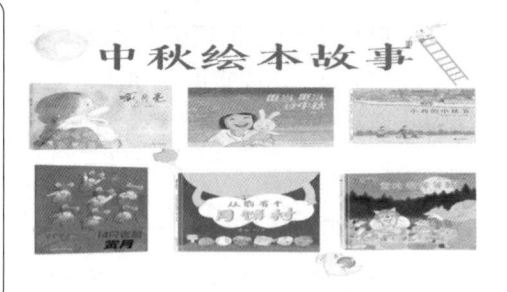

(四)案例评析

本单元围绕"传统文化"这一主题,结合和润语文的核心思想,创设"厦门逗阵行"的真实情境,紧扣厦门地区现实生活的闽南地域特色,跟随着厦门新吉祥物"鹭可"一起畅游厦门,领略厦门人的浪漫。通过"品海鲜""尝古早味""庆中秋""游厦门"四个富有厦门特色的主题情境,以第三单元课文内容为依据,加入厦门乡土教材中的传统节日以及国家级非物质文化中秋博饼,以厦门特色风光以及闽南童谣等作为命题的主要文本素材,结合当下本土特色主题情境,串联四大任务,形成系统性、趣味性、多样性的作业任务群。

首先,在第一题中,结合了当地富有特色的口口相传的闽南童谣,富有人文素养,引人入境,和学生情感达到共鸣。再以骰子为节日的载体切入到中秋节特色的博饼文化。这样的设计不仅让学生愿意挖掘童谣内涵,也会更加注意生活与课本知识的链接。

其次,在第二题中巧妙地利用节日的别称,再一次让学生走进厦门特色的传统节日,并回忆节日时长辈对该传统节日的称呼,提醒学生注重平时的语言积累,知道节日文化就在我们的身边。

再次,第三题让学生当一回月饼设计师,这是和美术学科、劳动学科进行了跨学科融合。学生不仅要设计,要构思,要调味,还要画出心中满意的月饼,同时写一份设计宣传文案,这能调动他们各方面的能力。

最后,在第四题中将本地文化自信激发出来。博饼过中秋是厦门特色,也是非物质文化遗产,学生通过阅读大量和中秋有关的绘本,最终会发现厦门的中秋节最有意思,最有仪式感,促使他们更加热爱祖国热爱厦门。并且这个环节是要让学生说出来,特别能锻炼学生的资料收集能力,也能培养学生的高阶思维和口头表达能力。在主题情境中,从课堂到生活,有梯度地提高识字能力,让学生能将课内学习到的识字方法,迁移到本次作业中,解决生活中熟悉的情景任务。

二 和"试"共行——评价方式多样化

(一)理论依据

《义务教育课程方案(2022年版)》在"课程实施"中指出:"注重动手操作、作品展示、口头报告等多种方式的综合运用,关注典型行为表现,推进表现性评价。"

(二)理论阐释

多样的评价方式包括传统的纸笔测试,还有问卷、访谈、档案袋、表现性评价等非纸笔测试。不同评价内容需要与之相匹配的评价方式。纸笔测试主要评价学生的词汇语法运用和阅读理解能力,而非纸笔测试则更侧重于评价学生的口头表达、实际应用能力以及创造性思维等方面。非纸笔化评价方式主要用于形成性评价,非纸笔测试既关注学生学科素养发展的结果,又关注学生学习的努力程度和进步状况。纸笔测试和非纸笔测试并行,可实现对学生学习的全程评价和全要素评价。

如何做到评价方式多样化,纸笔测试和非纸笔测试双试并行？可从以下五方面进行努力。

1.设计多元化的纸笔测试题目

遇到记忆性知识的基础题型考查,和润语文采取情境化考查。基于任务情境,设计问题情境时,要面向全体学生,选择与学生生活经验相符且能将核心知识转化为技能的问题情境,从而把学生带入一个熟悉而又陌生的学习环境,引导学生饶有趣味地投入学习。力争情境逐步推进,还原学习过程,有利于提升学生的综合素养。将具体的词汇或者日积月累的古诗放在创设的情境中,减少难度,将课本的知识点加以提炼,在校本作业阅读理解题型中,引入资料袋、知识锦囊,或者微课,让不同层次的学生可以顺利作答,增加对学生思维能力和实际运用能力的考查。在总结性纸笔测试中,探寻编拟情境化试卷,将记忆性知识点放在具体情境中去考查,这种"润物细无声"的检测方式深受学生的喜爱。例如三年级下期末测试,创设语文游园闯关活动,用"火眼金睛"考查辨析多音字,用"美文诵读"考查文言文断句,用"普通话测试站"考查学生对轻声字词的掌握,阅读理解选择当下热门的航天科普展等。在纸笔测试中增加题目的趣味性,贴近学生生活,贴近时政。以此让学生在完成作业时身心再一次被优秀的中国文化浸润。

2.增加非纸笔测试在评价中的比重

《关于进一步减轻义务教育阶段学生作业负担和校外培训负担的意见》《深化新时代教育评价改革总体方案》《义务教育语文课程标准(2022年版)》等文件都在指向"培养什么人、怎么培养人、为谁培养人"的核心目标。现阶段大部分小学的低段游考检测在定义和形式上产生了一定的变化,从唯分数观走向过程评价观,增设了许多的考评项目,从原来的单一纸质考评走向非纸质化考评,通过观察学生在课堂上的表现、小组讨论中的贡献以及口头表达能力等进行评价。非纸笔测试,要围绕学生核心素养的形成。教师在进行课程设计时,不仅要设定课程目标,还要制订能力评价目标,而且评价方式的选择与能力评价目标应具有支撑关系。如福建省厦门实验小学二年级上期末非纸笔测试设计了以"跟着鹭可游乐园"为主题情境的测评项目。该项目整合了语文学科识字与写字、阅读与鉴赏、表达与交流、梳理与探究等语文实践活动的目标,以学

校卡通形象鹭可为学习小伙伴,在学校体育馆布置了乐园中的不同站点,设计了以下四个任务情境:

第一,导览图上明路线。根据导览图上的提示,读出乐园站点的名称;小组组队商量游乐园的路线。

第二,湖心亭里赏画面。根据湖心亭走廊上的画面,选择对应的诗句;发现画上的景物和字的偏旁的联系。

第三,童心剧场有故事。对不同的故事按主题进行分类;看图片说故事。

第四,美食餐厅见文化。结合菜单认菜名;根据自己的理解给菜名分类;推荐一道闽南传统节日里的美食,说说理由;劝说浪费粮食的小伙伴。

以上四个任务情境紧紧围绕"游乐园"的主题情境设计,结构化的测评内容使任务情境整体性更强。同时,每一项任务的情境设计贴近学生的生活实际,容易激发学生参与测评的兴趣,唤醒学生的情感体验和认知经验,引导其在逐个完成任务的过程中灵活运用知识,培养关键能力。

3.借助智慧平台搭建完善的评价体系

完善评价体系,将纸笔测试和非纸笔测试的结果进行整合,构建评价—反馈—改进—追踪的评价闭环,形成对学生全面、客观评价的良性循环。根据和润语文的"双试并行"理念,从低年级开始,我们将知识点进行组块化测试,如在期中时我们组织对拼音拼读能力的纸笔化统一测试,再进行评价,评价反馈后再进行趣味化非纸笔拼读能力闯关挑战,进一步强化学生的拼读能力。而期末的总结性评价,也是结合一年级知识点,在动态化组块评价中分析学生的薄弱项,再进行重组双试考核。从学生入学进行的第一项数据开始,教师就借助校园智慧平台,将传统的单一学习评价方式向人工智能评价方向转变,由传统的学力测试向信息化转变,真正实现教育教学新业态。借助"班级优化大师"设立观测点,进行综评体系的系统架构,以学生发展为视角,建立数据规范与标准,对所得分值进行集中采集与个性整合,利用大数据平台科学分析,精准助力个体成长,实现学生全场景数据报告。

(三)案例论证

"劲竹成长之旅"之"笋芽儿竹林大冒险"(低年级(笋芽儿)、中年级(小青竹)、高年级(劲竹))。

总设计说明:劲竹是学生小学阶段学习体验的终极目标,六年光阴打造劲竹般的学习精神,任尔东南西北风,学习之心依旧坚定。本次非纸笔测试在一年级下进行,这一阶段正是学生知识启蒙的笋芽儿阶段。四项闯关任务测试融合听说读写,其中前面三关为非纸笔,最后一关为纸笔,注重考查学生书写能力和表达能力。

①劲竹成长之旅——笋芽儿爱识字。

设计意图:通过创设情境进行各种形式的识字测评,考查学生的识字能力,让学生产生自主识字的兴趣。

情境创设	笋芽儿们,欢迎来到竹林下,开启你们的汉字探险之旅,希望你们在旅途中用你们的聪明才智解决路途中遇到的困难
评价内容	认读偏旁和生字从本册要认的偏旁和生字中抽取,组成新字,三字、四字词语或词组
评价形式	学生在三份试题中随机抽取一份,准备1—2分钟,进教室后开始拼字认读考核,由老师给予评价,家长助理记录成绩
评价标准	<table><tr><td>评价等级</td><td>A</td><td>B</td><td>C</td><td>小计</td></tr><tr><td>具体标准</td><td>能正确、熟练认读,读错的字数控制在3个字以内</td><td>能比较正确、熟练认读,读错的字数控制在5个字以内</td><td>能正确认读,读错的字数控制在8个字以内</td><td></td></tr><tr><td>评价说明</td><td colspan="4">识字考核中对停顿、感情等方面不作要求学生天生有语音方面缺陷的不算错误,因方言问题错误的,酌情合计扣分,识字中重复的字错误只算一个计分</td></tr></table>

②劲竹成长之旅——笋芽儿爱朗读。

设计意图：孩子对语言的领悟能力不仅表现在读写上,也表现在背诵积累上,诗文的积累可以提高孩子的语言运用能力,提高文学素养。

情境创设	笋芽儿们,"腹有诗书气自华",让我们徜徉在动人的文字里,在优美的诗文中展示自己的魅力吧
评价内容	自选背诵一篇课内诗歌,随意抽取认读盲盒,组队认读一首课外原创儿歌,需出现5—8个不在本册识字范围内的生字,并标注好拼音
评价形式	从本册要认的生字中随机抽取生字,组成儿歌进行认读;背诵一篇课文考核时学生在提供儿歌盲盒中随机抽取一份进行认读,组队展示

评价标准	评价等级	A	B	C	小计
	具体标准	有团队精神,能正确、熟练认读儿歌和拼读生字拼音,并能有感情背诵课文,错误控制在10%以内	较有团队精神,能比较正确、熟练认读儿歌和拼读生字拼音,并能正确背诵课文,错误控制在20%以内	没有合作意识,能正确认读儿歌和拼读生字拼音,并能正确背诵课文,错误控制在30%以内	
	评价说明	诵读考核中对朗读感情不作要求,以鼓励为主。着重关注音节拼读和正确朗读、背诵			

245

③劲竹成长之旅——能说会道小竹宝。

设计意图：让学生具有口语交际的基本能力，学会倾听、表达与交流，初步学会运用口头语言文明地进行人际沟通和社会交往。

情境创设	笋芽儿们，让我们走进世间百态，选择一幅你最喜欢的生活缩影图，走进它，让我们畅所欲言吧
评价内容	看图完成情景问答，随机填空，完整把图画的内容说清楚
评价形式	展示三幅生活情景图，学生选择其一进行梯度作答
评价标准	<table><tr><td>评价等级</td><td>A</td><td>B</td><td>C</td><td>小计</td></tr><tr><td>具体标准</td><td>看清图意，根据提示完成口头填空，语言流畅有条理，表达完整，明显错误控制在1处以内</td><td>看清图意，根据提示完成口头填空，语句通顺，明显错误控制在2处以内</td><td>看清图意，根据提示基本完成口头填空，错误控制在3处以内</td><td></td></tr><tr><td>评价说明</td><td colspan="4">要求声音响亮、口齿清楚、发音准确、自信大方，能够根据话题正确叙述，学会与他人合作</td></tr></table>

④劲竹成长之旅——笋芽儿妙笔生花。

设计意图:经过层层闯关,最终进入写字环节,在卷中创设贴近学生生活的情境,关注学生的书写,使学生在收获中感受评价的美好!

情境创设	笋芽儿们,竹林下的探险之旅肯定给你留下了很深刻的印象,请你根据试卷的提醒,书写本次探险之旅的感受吧
评价内容	以一年级需要掌握的生字为主要母版,设计情境,组成本次的学习体验,让学生尽情书写
评价形式	本次成长之旅结束,年段统一找时间进行纸笔化书写
评价标准	<table><tr><td>评价等级</td><td>A</td><td>B</td><td>C</td><td>小计</td></tr><tr><td>具体标准</td><td>能正确书写看拼音写词语,错误控制在1处以内</td><td>能正确书写看拼音写词语,错误控制在3处以内</td><td>能正确书写看拼音写词语,错误控制在5处以内</td><td></td></tr><tr><td>评价说明</td><td colspan="4">全体学生统一参加书面考核,教师巡视并观察、记录学生写字姿势,并将写字姿势作为考核成绩的一部分</td></tr></table>

此外,运用"劲竹成长之旅"非纸笔测评学习品质观测量表,深化评价。

学习品质	评分标准		
	A (3个笋宝宝)	B (2个笋宝宝)	C (1个笋宝宝)
学习兴趣	积极了解任务,乐于参与本次测评,能主动用学过的方法解决问题	能较积极地参与本次活动,积极性不强,被动等待等问题	积极性不强,被动等待任务布置,对解决问题没有兴趣
倾听习惯	听人说话时,目光注视说话者的眼睛,体现出对他人的尊重,不做小动作	听人说话时,目光基本注视说话者,在听人说话时基本不做小动作	听人说话时,目光游离,虽做小动作,但被提醒时停止
表达能力	声音响亮,仪态大方得体,能够语言流畅地表达自己的想法	声音较响亮,能清晰表达,但是比较不自信,尚能表达自己的想法	声音较小,不够自信,扭捏,紧张,无法表达自己的想法
合作能力	小组任务分配合理,积极参与	参与不够积极,需要团队参与,有较强的团队意识	参与不够积极,需要团队参与
小计			

(四)案例评析

1.创设情境,按需定测

本次劲竹成长之旅,是一次纸质化和非纸质化双试并行的新测试样态,总设计理念中,以"需求"定测,激发个性,注重趣味,发展学生个性。结合学校文化,将学生在校的六年形象化成笋芽儿长成劲竹的过程,学习竹的精神,利用竹林探险的情境,紧紧抓住孩子的兴趣,让他们在游戏化中完成此次非纸质化测试。

2.因材施评,满足需求

每一个闯关都有等级评价,和润语文理念下的形成性学习品质观测量表也有在本次测试中使用。在实施过程中,家长及学生的抽样样本数据,证明了学生在考评过程中,能够有效体会并间接培养"五个能力",即独立自主能力、合作探究能力、实践运用能力、自信展示能力和品德制约能力,这也反馈出学生在考评参与中不仅收获了知识,也尝试了与同伴的合作交流,更重要的是通过生活实践增强了学习的动机和自信心。

3.智慧平台,为评赋能

本次测试形式中非纸笔化测试闯关的前三关注重创设与学生生活经验相结合、具有跨学科挑战性的真实性任务情境,同时创新非纸笔测评的实施路径,梳理了学评目标、内容、任务、情境等要素。而纸笔化测试将知识点重组,分散在适当的测试时效区间,利用智慧平台进行针对性的测试反馈。纸笔化测试评价方式以划分等级、书写评语为主,而非纸笔化测试则是多元化评析,呈现的形式是评价化量表,形成了双试并行的评价新样态。

三 和"力"共评——评价主体多元化

(一)理论依据

《义务教育语文课程标准(2022年版)》提出,将评价的主体变成多元性的,包括教师、教育管理者、班主任,也包括家长、同伴、学生自己、社会人士,评价反馈更加多主体,多角度。过程性评价应该遵循以下原则:评价情境应体现真实性;评价主体应该体现多元化;评价方式应体现多样性;评价内容应体现全面性;评价反馈应体现指导性。

(二)理论阐释

评价主体多元化是指评价过程中涉及多种评价主体,不仅包括教师对学生的评价,还可能包括学生对自己的评价、同伴之间的评价等。评价主体的变化也带来了评价方式的改变。教学评价通常可分为自评和他评。自评既可以是学生的自评,也可以是学生团队的自评;他评通常是指教师的评价,当评价主体是学生时,他评也表现为学生互评。随着智慧化教学进入课堂,教学平台、电脑也逐渐成为语文课堂的另一种他评主体,该主体的优势在于其在短时间内能完成对大量学生语文学习的测评,且可以进行精确记录,有利于实现个性化、持续化、全面化的评价。从学生的角度来看,对评价的全方位参与不仅能够让他们更熟悉课程目标,还有利于他们养成主动反思、在互评中相互学习的习惯。这样的多元化有助于全面了解学生的语文素养,促使评价更加客观全面。

1.动态学习空间,转换多元评价主体

以学生为主体,根据学生的学习场域,转换评价主体。在动态学习空间,转换多元评价主体,如课堂的学习中,我们可以由教师、学生合作学习的伙伴、学生合作学习的小组、学生自己来对学习进行评价,而在家中可以引入家长对学生学习过程、态度和学习成果的评价,从而全面、客观地反映学生的学习情况。学生自评可以培养学生的自我认知和自我管理能力;同学互评可以培养学生的团队合作和批判性思维能力;家长评价可以加强家校之间的沟通,让家长更加了解孩子的学习状况。如在口语交际中的上台展示环节,和润语文主张在课中学习单中插入组内交流评价表,以及班内组与组直接交流的评价表,待班内交流结束后,根据动态的评价表中的评价主体比如组内评、组与组直接互评、教师评等展示,再进一步修正。如果是课前和课后学习单则侧重家长评和自评。评价的收集有助于教师在课堂及时把握学情,相机指导,使得课堂更加高效。

2.评价目标和行为相匹配

在确定评价主体后,需要制定明确的评价目标,如评价学生的语文基础知识、语言表达、阅读理解、写作能力等。评价目标的制定应与语文课程教学目标相一致,从而确保评价的有效性和针对性。针对不同的评价主体和评价目标,应设计合理的评价行为。例如:教师可以采用课堂观察、作业批改、测验考试等方式进行评价;学生可以自评学习过程、互评学习成果等;家长可以参与学生的课外活动、观察学生的日常表现等。这些评价行为应注重定量与定性相结合,全面反映学生的学习情况。

3.形成性评价和总结性评价相结合

立足学习过程,及时反馈调整。通过多元评价主体和合理的评价行为,可以及时获取学生的学习情况,从而进行有针对性的反馈和调整。教师应对学生的学习情况进行及时反馈,帮助学生发现问题并找到解决方案。同时,教师还应根据评价结果及时调整教学策略,提高教学效果。将形成性评价与总结性评价相结合,可以使教师更全面地了解学生的学习状况,为教学策略的调整提供有力依据。同时,这种评价方式也有助于激发学生的学习兴趣,培养他们的自主学习能力。例如,教师可以设定一个以整本书阅读中的"阅读理解"为核心的学期教学目标,在教学过程中进行形成性评价,在期末时进行总结性评价。通过这种方式,教师不仅能全面了解学生的学习状况,还能针对性地帮助学生提升阅读理解能力。

(三)案例论证

汤吟莹指导的跨学科比赛参赛作品《中国美食》跨学科作业设计(设计者:林筱蘋、张淑颖、黄真真)。

中华美食探秘之旅评价表

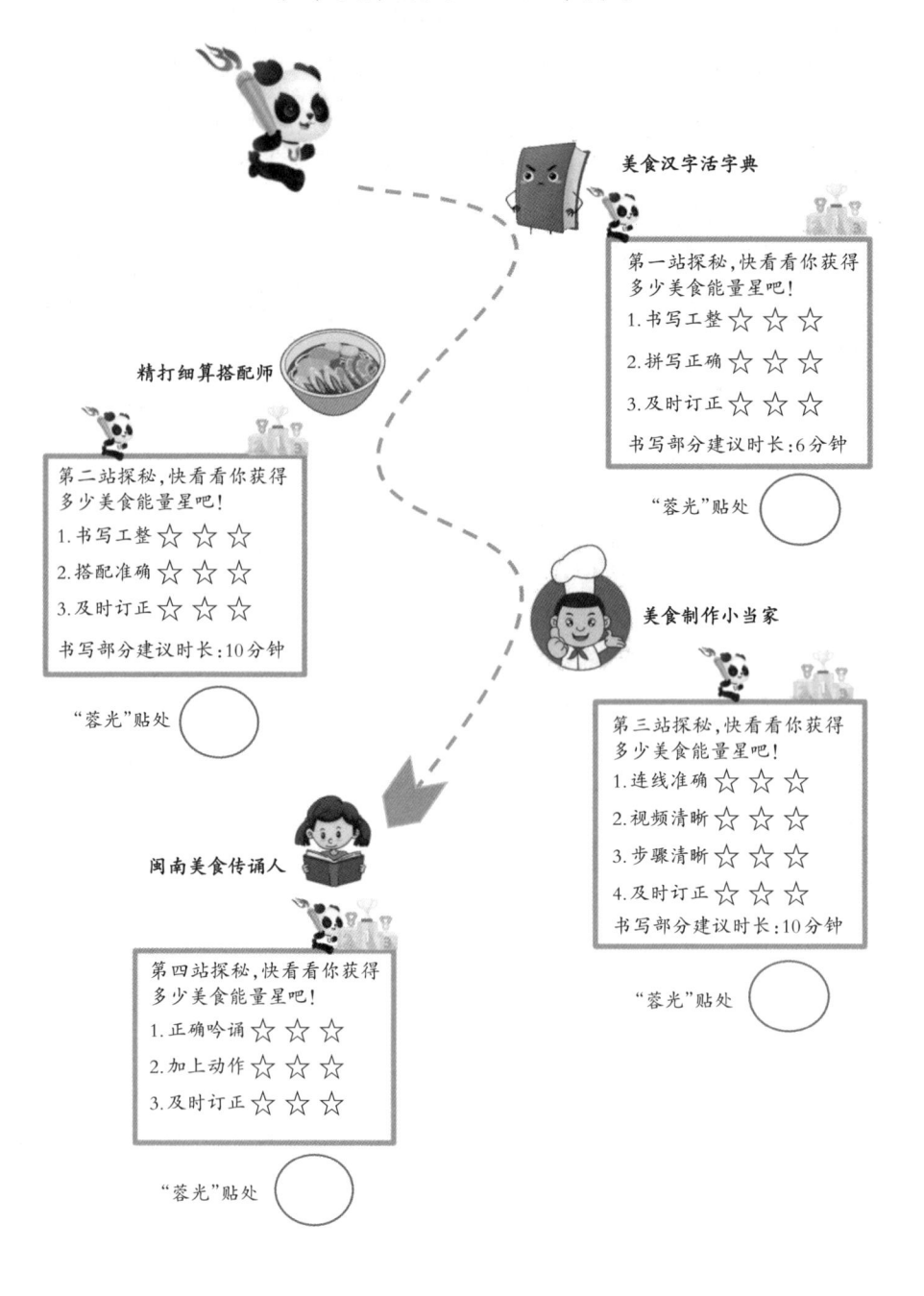

美食汉字活字典

第一站探秘,快看看你获得多少美食能量星吧!
1. 书写工整 ☆ ☆ ☆
2. 拼写正确 ☆ ☆ ☆
3. 及时订正 ☆ ☆ ☆

书写部分建议时长:6分钟

"蓉光"贴处

精打细算搭配师

第二站探秘,快看看你获得多少美食能量星吧!
1. 书写工整 ☆ ☆ ☆
2. 搭配准确 ☆ ☆ ☆
3. 及时订正 ☆ ☆ ☆

书写部分建议时长:10分钟

"蓉光"贴处

美食制作小当家

第三站探秘,快看看你获得多少美食能量星吧!
1. 连线准确 ☆ ☆ ☆
2. 视频清晰 ☆ ☆ ☆
3. 步骤清晰 ☆ ☆ ☆
4. 及时订正 ☆ ☆ ☆

书写部分建议时长:10分钟

"蓉光"贴处

闽南美食传诵人

第四站探秘,快看看你获得多少美食能量星吧!
1. 正确吟诵 ☆ ☆ ☆
2. 加上动作 ☆ ☆ ☆
3. 及时订正 ☆ ☆ ☆

"蓉光"贴处

评价说明

1. 每一站拿到8颗及以上☆可获得金色"蓉光" ；拿到5—8颗☆得银色"蓉光" ；拿到3—5颗☆得铜色"蓉光" 。
2. 获得3枚金色"蓉光"即可探秘成功获得"中华美食小当家"荣誉称号。
3. 及时订正才有复活机会，重新获得☆。
4. 请根据每一站的完成情况填写总评表，统计☆的情况。

备注：☆是美食能量星。"蓉光"指大运会的奖牌，在这里指探秘奖牌。

总评表

项目名称	闯关时效（书写部分）（自评）	闯关情况（师评）	复活（师评）	"蓉光"情况
美食汉字活字典	（　）分钟	（　）☆	（　）☆	（　） （　） （　）
精打细算搭配师	（　）分钟	（　）☆	（　）☆	（　） （　） （　）
美食制作小当家	（　）分钟	（　）☆	（　）☆	（　） （　） （　）
闽南美食传诵人		（　）☆	（　）☆	（　） （　） （　）
探秘成功领奖台	能否获得"中华美食小当家"称号（　）			

小朋友们你们好,我是成都大运会吉祥物蓉宝。第31届世界大学生夏季运动会在成都隆重举行,中餐厅推出一系列中国美食,外国运动员Tom对此很感兴趣,让我们一起走进中餐厅,开启美食探秘之旅吧!

探秘第一站:美食汉字活字典

1."火"字大变身

(1)这是橱窗里的菜单,请找出"火"字的变形并写在田字格中。

(2)请你根据菜式图片将菜单补充完整。

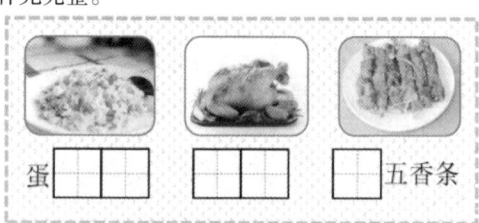

蓉宝提示:火字和其他字组成新字时,在不同的位置书写不同。

蛋□□ □□ □□五香条

2."炸"字大变音,欢迎来到"炸"物馆!

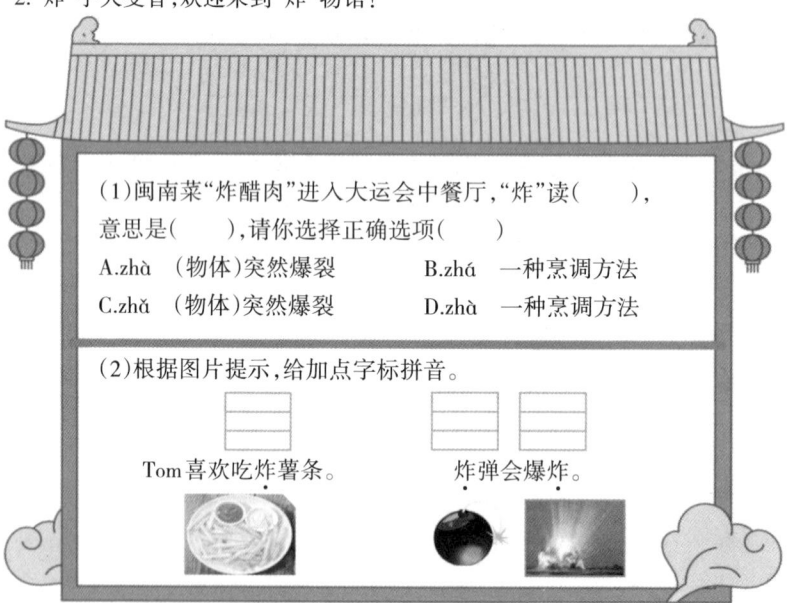

(1)闽南菜"炸醋肉"进入大运会中餐厅,"炸"读(　　),意思是(　　),请你选择正确选项(　　)

A.zhà　(物体)突然爆裂　　　B.zhá　一种烹调方法

C.zhǎ　(物体)突然爆裂　　　D.zhà　一种烹调方法

(2)根据图片提示,给加点字标拼音。

Tom喜欢吃炸薯条。　　　炸弹会爆炸。

> 原来汉字里面还藏着这么多的秘密,真是太神奇啦!我忍不住想尝尝中国美食啦!

探秘第二站:精打细算搭配师

八大菜系：中国自古就民以食为天,饮食文化已达几千年。中国人按不同口味对各地菜肴进行总结归类,主要分为八大菜系,分别是鲁菜、川菜、粤菜、苏菜、闽菜、浙菜、湘菜、徽菜。闽菜以"香"、"味"见长,烹调技法以蒸、煎、炒、焖、炸、炖为特色。其中沙茶面、海蛎煎、佛跳墙等尤为著名。

Tom中午想尝尝闽菜特色之一——沙茶面,他有50元,请你在以下食材中进行挑选,帮他准备一碗沙茶面,注意荤素搭配,营养均衡。(食材填序号即可)

今日食材

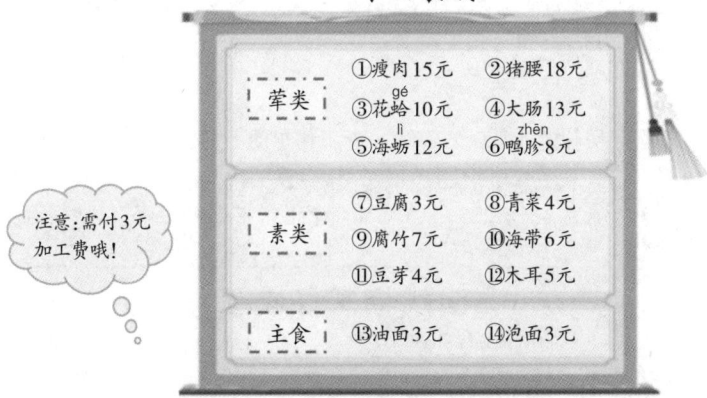

荤类	①瘦肉15元	②猪腰18元
	③花蛤(gé)10元	④大肠13元
	⑤海蛎12元	⑥鸭胗(zhēn)8元

素类	⑦豆腐3元	⑧青菜4元
	⑨腐竹7元	⑩海带6元
	⑪豆芽4元	⑫木耳5元

| 主食 | ⑬油面3元 | ⑭泡面3元 |

注意:需付3元加工费哦!

沙茶面推荐菜单

荤类食材:＿＿＿＿＿

素类食材:＿＿＿＿＿

主食:＿＿＿＿＿

价格:＿＿＿＿＿

探秘第三站：美食制作小当家

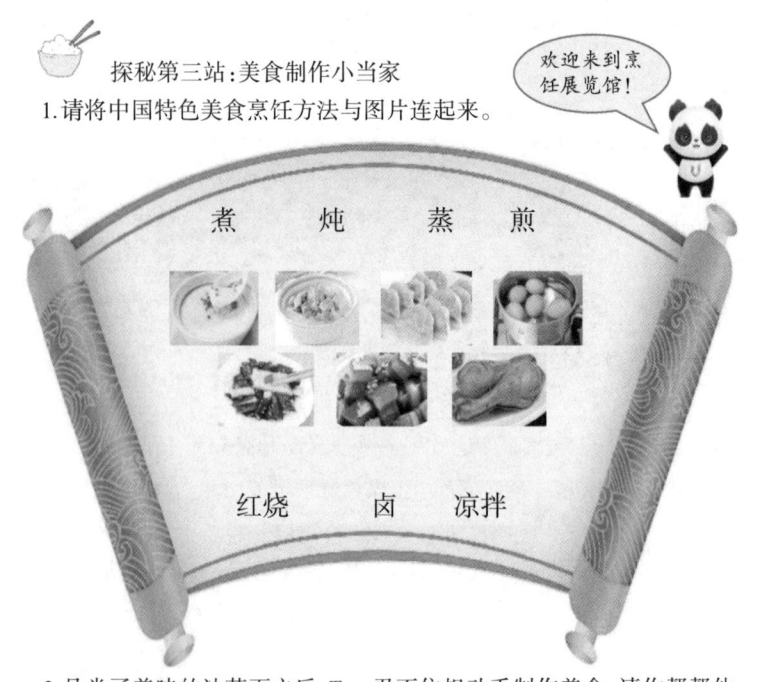

1.请将中国特色美食烹饪方法与图片连起来。

欢迎来到烹饪展览馆!

煮　炖　蒸　煎

红烧　卤　凉拌

2.品尝了美味的沙茶面之后，Tom忍不住想动手制作美食，请你帮帮他。

关卡一：请你在爸爸妈妈的帮助下做一道拿手好菜，可以仿照例子也可以选择自己喜欢的美食进行制作，并录视频上传到朋友圈，分享你的美食日志。

面线糊烹饪教程

准备面线糊需要的食材

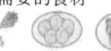

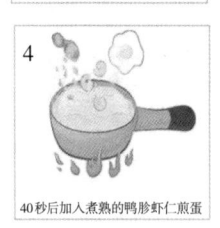

湖头面线　青葱　虾仁　鸭胗　地瓜粉　鸡蛋

1. 葱白爆香
2. 加入清水煮沸
3. 加入面线用锅铲将面线摊开
4. 40秒后加入煮熟的鸭胗虾仁煎蛋
5. 用地瓜粉加入冷水搅拌后一边沿着锅一圈慢慢倒入一边搅拌
6. 最后加入葱花盐进行调味

关卡二：Tom看了大家制作的美食日志后，对闽南烧肉粽非常感兴趣，请你根据图片在横线上填上动词，将包粽子的过程补充完整。

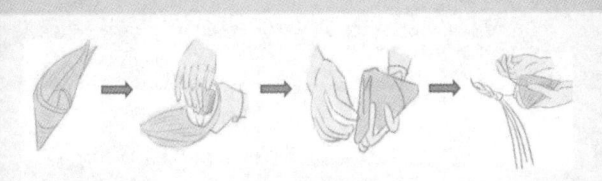

每到端午，家家户户都飘溢着粽香。粽子的制作也是有讲究的，首先把粽子_____漏斗形状，粽叶中间可不能有漏洞。接着把肉、糯米等食材_____粽叶里，然后用力将粽叶_____，最后用粽绳把粽子_____。这样粽子就包好了。

蓉宝小课堂：
闽南有肉粽也有碱粽。碱粽是在糯米中加入食用碱煮熟而成，食用时加上蜂蜜或白糖，尤为可口。肉粽的材料有肉、香菇、蛋黄、虾米、笋干等。

探秘第四站：闽南美食传诵人

Tom在用餐时听到中餐厅里播放了一首闽南童谣《闽南小吃谣》，他觉得很有趣，请你当当小老师，教他念童谣。如果你能加上动作那就更棒了！

《闽南小吃谣》

一的炒米香　　二的炒韭菜　　三的锵锵滚

四的四果汤　　五的菜头酸　　六的烧肉粽

七的土笋冻　　八的炸菜粿　　九的牛肉羹

十的蚵仔煎　　来呀来呀！加刀剪！　　输的要请客，请呀！请大家！

第五章 和润语文案例式解读

闽南童谣内容丰富,充满童趣,感兴趣的小朋友可以试着学习《月娘月光光》这首童谣。

《月娘月光光》
月娘月光光,
起厝田中央。
月娘月光光,
起厝水花园。
月娘月光光,
起厝照眠床。

祝贺小朋友们探秘成功,获得"中华美食小当家"的称号!在大家的介绍下Tom对中国美食有了更深的了解,已经彻底爱上了中国美食。中国美食还有好多好多奥秘等着大家去发现哦!

（四）案例评析

1.核心素养融题目,注重作业系统性

《义务教育语文课程标准(2022年版)》指出:"设立跨学科主题学习活动,加强学科间相互关联,带动课程综合化实施,强化实践性要求。"作业是语文课程的重要组成部分。因此,语文作业设计需要学科融合视域,要有学科融合的"大广角"和"全领域",提升语文作业与其他学科的最大关联度,设计图文组合、素养融合、实践综合、跨媒介表达等特色鲜明的跨学科作业,突出跨学科作业的情境性和实践性,以激发学生跨学科作业兴趣,发展学生核心素养,实现作业全面育人目标。

本次作业基于部编版教材二年级下册第三单元《中国美食》一课,将课内作业与课外实践进行了拓展联结。该单元是围绕"传统文化"展开的识字单元,设计以课内联通课外,融合多学科,力争学生通过课堂学习感受中国美食文化的博大精深之余,链接生活,做生活的有心人,迁移运用所学,在具体现实情景中解决复杂的问题,融合多学科知识、技能、思维,利用多学科的参与、协同与配合,系统地分析问题,创新问题解决的策略、程序或方案。

2.情境营造串任务,呈现作业趣味性

本次跨学科作业将思维发展与提升的评价行为密切结合,题目由易到难,利用资料包和插图降低难度,使大部分学生愿意动脑作答。

采取情景化活动设计,激发学生的识字兴趣,引导学生在语文实践活动中,将教科书与中国其他美食文化相链接,将识字与生活经验、口语表达、地方特色课程闽南童谣等相联系,提高语言文字运用的能力,促进核心素养的形成,实现五育并举的育人目标,培养具有中国魂、闽南根的社会主义接班人。

3.多主体评价激潜能,立足过程促成效

多元化评价富有特色,《中国美食》是二年级下册识字单元的一篇课文,本课重点学习和火相关的汉字。作业以第31届大运会为依托,设计吉祥物蓉宝、外国友人Tom和学生进行四关的美食大探秘,探秘过程中重视及时评价,借助"蓉光"奖励,吸引学生积极探秘,成功获得"中华美食小当家"称号。

本次《中国美食》跨学科作业设计,作业设置趣味化,立足评价主体多样化,进行多层评价,满足不同需求。在学生课后完成的学习场域,形成性评价在家中主要由学生自己评价和家长评价组成。在课中交流会侧重组内评价和教师评价,而总结性评价则由教师主导。另外,评价一次后还有复活的机会,促使学生积极地二次订正直到掌握知识点。分站的评价要点就是评价的目标,以目标指挥评价行为,这些评价行为应注重定量与定性相结合,全面反映学生的学习情况。

评价中把学生作为评价的中心,根据学生的情况,针对不同的题目采取不同的评价标准。不同的学生评分标准也不一样,教师在进行有效评价的过程中,结合大运会奖牌来吸引学生在学习场上如运动员般拼搏,获取成果。通过这样的评价,使学生体验到语文学习的快乐,进而有效发挥不同评价方式的作用,让学生在语文学习中取得进步。